"西农模式"案例研究丛书

科技改变社会：
苹果产业发展中的技术变迁与社会转型

农业治理研究课题组◎著

中国社会科学出版社

图书在版编目（CIP）数据

科技改变社会：苹果产业发展中的技术变迁与社会转型／农业治理研究课题组著．—北京：中国社会科学出版社，2021.5

（"西农模式"案例研究丛书）

ISBN 978 - 7 - 5203 - 8312 - 7

Ⅰ.①科… Ⅱ.①农… Ⅲ.①苹果—产业发展—研究—中国 Ⅳ.①F326.13

中国版本图书馆 CIP 数据核字（2021）第 076141 号

出 版 人	赵剑英
责任编辑	马　明
责任校对	赵　洋
责任印制	王　超

出　　版	中国社会科学出版社
社　　址	北京鼓楼西大街甲 158 号
邮　　编	100720
网　　址	http://www.csspw.cn
发 行 部	010 - 84083685
门 市 部	010 - 84029450
经　　销	新华书店及其他书店

印刷装订	三河弘翰印务有限公司
版　　次	2021 年 5 月第 1 版
印　　次	2021 年 5 月第 1 次印刷

开　　本	710×1000　1/16
印　　张	18
字　　数	286 千字
定　　价	98.00 元

凡购买中国社会科学出版社图书，如有质量问题请与本社营销中心联系调换
电话：010 - 84083683
版权所有　　侵权必究

科技改变社会

（代序）

2019年9月5日，习近平在给全国涉农高校的书记校长和专家代表回信时指出：中国现代化离不开农业农村现代化，农业农村现代化关键在科技、在人才。新时代，农村是充满希望的田野、是干事创业的广阔舞台，我国高等农林教育大有可为。

西北农林科技大学建校86年来，在研究农业科技、培养农技人才、推广农业技术方面做出了重要贡献。学校在农业科技推广方面进行的探索和取得的成绩是对习近平总书记回信精神很好的一个回应。1934年建校之初，学校就"未建系组，先办场站；未开课程，先抓科研"，设立农村事务处，后改为农业推广处，大力开展农业科技推广与农民技术培训工作。中华人民共和国成立以后，以赵洪璋院士为典型代表的西农专家，为新中国的粮食安全做出了不可磨灭的贡献。

2005年，西北农林科技大学开始创建以大学为依托的农业科技推广模式，在陕西的白水、眉县、合阳等地建立了一批试验示范站。经过十多年的探索，该模式在推动农业科技推广与推动农业农村现代化发展方面取得了显著成效，被称为"西农模式"。从2015年起，我们组建农业治理研究课题组并开始关注试验示范站对县域农业农村社会发展的贡献问题。2017年，课题组撰写出版了《推广的力量：眉县猕猴桃产业发展中的技术变迁与社会转型》，专门对眉县猕猴桃试验示范站的发展、建设与试验站对眉县猕猴桃产业发展的贡献等问题进行论述。同时，我们也开始对白水、千阳等地的试验站和苹果产业进行研究。过去几年时间里，我们多次到陕西白水、千阳、合阳和甘肃庆城等地进行专门调研，试图进一步厘清"西农模式"对县域农业与农村社会发展的贡献。

2005年，白水苹果试验示范站建立。当时，白水的苹果产业正处于发展的低谷期，果农扩大种植规模的积极性不高。经过校县十多年的合作，"西农模式"在白水县取得成功。截至2017年底，白水苹果种植面积从43万亩增加到55万亩，占全县总耕地面积的76.3%；年产量从30万吨增长到57.75万吨，年产值从5.2亿元增长到34亿元；果农年人均苹果收入由2005年的3200元增加到8600元。2016年，白水县被中国果品流通协会评为"全国现代苹果产业十强县"，入选"中国果品区域公用品牌价值榜"前十强，品牌估值43.97亿元。2017年，白水苹果被中国优质农产品开发服务协会评为"最受消费者喜爱的中国农产品区域公用品牌"。2018年，白水苹果品牌价值达到48.46亿元，白水县荣获"全省苹果矮化栽培试点先进县"和"全省果业转型升级示范县"。

2012年，西北农林科技大学与甘肃庆城县签订合作协议，建立苹果试验示范站。到2018年，庆城县苹果种植面积从26万亩增加到41万亩，其中，新增矮化种植果树面积8万亩，挂果果园面积20万亩，苹果产量达到19万吨，产值增加到8.6亿元，苹果产业为全县农民人均收入贡献3629元，占到农民人均纯收入的30%。同样是在2012年，位于陕西省宝鸡市的千阳苹果试验示范站建立，也在很短的时间里推动当地的苹果产业迈上了新台阶。不仅如此，在陕西合阳，受白水苹果试验示范站的辐射影响和西北农林科技大学农技专家的影响，苹果产业也取得了良好的发展业绩。

从课题组的观察来看，"西农模式"的发展说明农技推广是可以改变社会的关键力量。首先，促进了县域农业经济的发展，推动了农业现代化的进程。在陕西白水，到2018年，全县共发展涉果企业114家，其中，国家级龙头企业3个，省级13个，市级17个，还有23家企业取得进出口经营资格；全县已有2.3万人的经纪人队伍，272家从事各类包装及生产资料经营的企业；县域机制冷藏能力达到47万吨，电子商务交易额8亿元，出口18万吨，年实际加工、营销总量超过200多万吨，微电商超过1000家。在甘肃庆城，截至2018年，全县已有2个部级、17个省级、18个市级苹果产业示范园，创建出口苹果质量安全示范区5.23万亩，绿色农产品认证1.02万亩；建成12个乡镇果业服务站，108个果业协会及合作社，36家储藏、包装、加工和运销企业，选聘100名专职农民技术员，成立果树服务队16个。全国多家知名果企在这里建立营销分支机构，庆城县与家乐福、华联等大型连锁超市签订了农超对接合同。

其次，科技扶贫效果明显。在白水和庆城等地，苹果种植已经成为帮扶贫困户，进行产业扶贫和科技扶贫的主要抓手。2017年，白水县面向23个贫困村，共免费发放苗木120万株；对于辐射带动贫困户户数不低于流转果农户数的30%、集约化种植苹果树50亩以上的合作社和企业，给予50%的苗木补贴；出台《贫困户发展产业补奖办法》，对贫困户当年新建苹果示范园，每亩补贴1000元；为雹灾易发区的262户贫困户，免费搭建防雹网。同年，白水苹果荣获"中国果业扶贫突出贡献奖"。2018年，白水县通过政府补贴政策，为贫困户新建果园1705.69亩。而在庆城，全县贫困户果园种植面积达到3.4万亩，涉及7815户27701人；全县依靠苹果产业实现稳定脱贫的贫困户已有2509户9033人，占贫困总人口的22%。

再次，培养了一批"一懂两爱"的乡村人才。白水苹果试验站建立之初，就在全县范围内有意识地选择20多个苹果种植技术不高但学习技术意愿强烈的农户作为村级示范户，对他们进行技术培训和技术指导，甚至专门到田间地头提供针对性建议。经过不断的学习培训，他们种植苹果树的技术日益成熟，直接经济收益持续增加。以白水苹果的"名片"曹谢虎为例，据园艺站站长的资料记载，曹谢虎种植的6亩果园，2010年时的总收益已经达到12万元，但是到2014年这个数额惊人地增长到了30万元。不仅如此，经过十多年的发展，他们几乎无一例外地成为乡村经济条件相对较好的农户，并且也是几乎无一例外地成为合作社理事长、企业经理或种植大户。除了这批人外，凡是种植面积达到一定规模的农户，他们的家庭经济收入都不错，夫妻留守村庄一起谋发展的户数较多。这个群体的农民在学界被称为"中坚农民"，是乡村干部的主要来源和后备队伍，构成乡村治理和乡村振兴的主要依靠力量。

2017年9月，西北农林科技大学牵头成立"瑞阳、瑞雪苹果推广联盟"，试图以此破解苹果新品种推广难题。当时，已有陕西和甘肃等苹果主产区30家从事苗木生产、种植、营销和服务的各类相关企业和合作社加盟。2018年5月30日，陕西白水现代苹果产业协同创新研究院宣告成立，中国苹果界泰斗级专家束怀瑞院士担任该研究院名誉院长，西北农林科技大学教授、著名苹果专家赵政阳担任该研究院首任院长。2019年12月28日，杨凌西农瑞阳瑞雪苹果发展联合会正式成立，会员单位扩大到陕、甘、晋、鲁四省共52家，而瑞阳瑞雪在全国的推广面积已经达到8万亩。目前，白水县委、县政府已经出台《大力发展10万亩瑞阳瑞雪矮化苹果新优品系示范基地建设的决定》，计划从2018年到2022年，年均发展瑞阳瑞雪苹果种植面积2万亩。这意味着白水苹果试验站选育的瑞阳瑞雪苹果新品种将会得到快速推广，成为新时期科技助力脱贫攻坚和乡村振兴的重要载体。

本书受西北农林科技大学"推广团队"培育项目"'西农模式'对县域农业与农村社会发展的贡献力研究"和"产业兴旺引领型乡村振兴示范村跟踪调查研究"的资助，是集体智慧的结晶，全书由赵晓峰负责章节布局和稿件统筹，第一章到七章分别由冯小副教授、魏程琳副教授、陈靖博士和课题组指导毕业的研究生翟正、王晶晶、杨凡及正在中国农业大学攻读博士学位的许珍珍撰写。书稿的最终完成，还要衷心感谢每一位参与调研与讨论的老师和同学们。

当前，西北农林科技大学已经出台"升级版大学推广模式建设实施方案"，从管理体制、协同机制、平台和队伍建设等方面继续推进农技推广管理体制机制改革创新。学校设立科研推广型教师二级岗位、设立推广基金，启动科研推广型青年教师招聘计划，突出质量导向优化试验示范站（基地）绩效考核，修订《推广业绩津贴核拨办法》，将地方政府（企业）配套经费提留10%纳入年度推广绩效奖励津贴发放体系自主发放。同时，学校出台《西北农林科技大学科技成果转化管理办法》，将成果完成人的奖励比例由60%提高到80%，并将教职工科技成果转化业绩纳入职称晋升和岗位聘任指标体系。这些措施都有助于激发科教人员从事农业技术推广的积极性，为学校实现建立百年老站的梦想提供源源不断的人才支撑。

农业治理研究课题组
2020年3月1日

目 录

第一章 "西农模式"在白水 …………………………………（1）

第二章 "西农模式"在庆城 …………………………………（23）

第三章 "西农模式"在千阳 …………………………………（60）

第四章 白水试验站的农技推广 ………………………………（82）

第五章 快速兴起的土地托管模式 ……………………………（113）

第六章 合作社主导的农技推广模式 …………………………（160）

第七章 农技推广支撑苹果产业发展的甘井经验 ……………（196）

附录一 小农经营现代化的新走向 ……………………………（242）

附录二 基层农技服务供给结构的变迁 ………………………（254）

附录三 阳县苹果产业科技扶贫成效研究 ……………………（269）

第一章

"西农模式"在白水

"西农模式"是指大学发挥农技推广作用的一种组织方式，主要是指以大学为依托，以建设服务于产业的试验站为核心，以基层农技人员为骨干，以推进农业产业化和农民增收为目的，通过在农业主导产业中心地带建立永久性的农业试验示范站（基地），为现代农业产业的发展提供全产业链的技术服务。本研究从全面而整体的视角围绕白水县苹果的农资供应、果园生产、苹果销售以及初加工的产业链考察西农试验站对白水苹果产业发展的社会经济效果。

一 白水县苹果产业发展基本情况

白水县位于陕西省东北部，处于关中平原与陕北黄土高原的过渡地带，是关中与陕北的咽喉要地，因境内白水河而得名。全县总面积986.6平方公里，耕地面积72万亩，辖10镇，共194个行政村，总人口30万。截至2017年，全县果园面积已达55万亩，年产量达到57.75万吨，年产值增长到34亿元，果农人均苹果收入增加到8600元。

白水县因其地理位置，北邻洛川、南攘蒲城、西靠铜川、东接澄城，位于陕西苹果主产区的中心地带，是周边县域苹果贸易的集散中心，拥有亚洲最大的苹果交易市场。白水不仅仅是苹果生产、交易中心，也是苹果生产所需物资的集散中心、冷链深加工中心。围绕苹果产业所需的生产资料，物流运输、加工贸易带动了白水县域经济的发展。劳动密集型苹果产业的发展，解决了大量的本地农民就业问题。

苹果种植是白水农户家的主导经济产业、家庭的主要收入来源。村子里的农户基本上家家户户有果园。由于果树是劳动密集型作物，农民劳动力大多数务农，外出打工的很少。仅有所谓的新生代农民工，即初中毕业的青年人不愿意从事果园生产，选择进城务工。因此，农村里最大的特点是，基本不存在留守现象（留守儿童、留守妇女、留守老人），不同于其他因劳动力外流而依靠打工经济生活的村庄。从耕地面积的作物安排来说，现在农户家庭的种植安排基本上是七分果三分粮的格局，害怕风险的小农既不会将全部土地栽成果树，也不会全部种植粮食，而是将一半甚至更多的土地发展成果园，剩余土地种植小麦、玉米以食用。务农劳动力方面，村子里均是夫妻双方从事果园和粮食种植，30来岁的夫妻到60多岁的夫妻从事果园实属常态，但是农户的果园面积、生产差异与家庭结构的差异存在高度关联。

二 白水苹果试验示范站十年变迁

白水县苹果试验示范站是在老校长的指导下始建于2005年，借鉴国外大学农业科技推广经验，目的是以大学科技源头为依托，在区域主导产业中心地带，建立产学研三位一体的永久性农业试验示范站。白水县苹果试验示范站（以下简称试验站）是学校探索政府推动下的"以大学为依托，基层农技力量为骨干"的农业科技推广新模式的首批实践。学校专门设立农业推广人才编制，从学校体制资源对推广人才进行支持，进而组建苹果育种、栽培、病虫害防治、储藏、果品加工等多学科领域的专家，组成专家组作为试验站的专家队伍，深入白水县苹果产区，针对地方产业发展现状，积极与地方政府合作，共同推广先进技术，服务于地方经济发展。十多年来，试验站在白水的苹果产业发展、果农苹果管理技术提升、农民增收等方面发挥了直接的重要作用。

（一）农技推广的群众路线：试验站初期工作方式与白水苹果产业发展

白水县有种植苹果的历史传统。白水县处于黄土高原的过渡地带和陕西苹果大县的中心，有良好的自然生态条件和区位优势。在20世纪80年代中后期，农民普遍开始发展小面积的果园，一亩、二亩的土地，家里仍然主要是种植小麦、玉米。后来随着苹果市场需求的扩大，苹果效益增加，果农们开始逐步扩大果园种植面积。到了2005年时农户们已经发展成了半粮半果的格局，即家里的承包地一半用来种植粮食作物（小麦、玉米），一半用来种植苹果。这时期农民在果园管理中一直是传统的果树思维，即树大、树多、产量高、效益高。在果树的管理方面，仍然是大田作物式的管理方式，比较粗放，没有单独的果园管理理念。在苹果销售方面，农民主要是散卖。南方来的客商通过本地的苹果贩子（即经纪人）进行收购，直接进入南方批发市场。白水县当时的苹果储藏（冷库）和深加工工厂远没有现在发达。苹果的生产和销售都是低端路线，单一的销售渠道，苹果整体产业也没有品牌理念和品牌意识。

白水县近30年的果树，绝大多数是20世纪90年代嫁接的秦冠老品种，果树面临衰退、老化期，而且普遍存在严重的早期落叶病和果树腐烂病，果园效益极差。农村开始出现大量挖树、改种粮食或者外出打工现象。西农专家们进入白水后，依靠县政府和各乡村基层组织力量的积极配合，开始走访各村、寻找解决问题的突破点。当西农专家们进入白水时，试验站办公楼正在筹建，没有固定的住所，只能租住农民的窑洞，专家们迎难而上，立即走进了农民的田间地头，开始了入村、住户的工作。

农技推广工作的开始，着实艰难。每个专家定点包乡镇包示范户，每个栽培专家在一个乡镇定点包100亩示范园，与农民工作、生活在一起，进行苹果生产周期的全程指导。当时，农户家条件都很差，吃住生活都很简朴。虽然条件很艰苦，但专家教授们仍然持续地住在村里，进行实时指导。教授专家们对于所包的示范农户，不仅仅是简单地指导果园的果树栽培和病虫害防治，正如试验站的杜志辉老师说，"更重要的是与农民谈心，做心理辅导工作"。一项新技术的推广、使用，打破农民心理障碍极为关键。因为当时白水县整体的苹果生产一直处于下滑趋势，栽了近30年的苹果树（老品种、秦冠）存在普遍的落叶病和腐烂病，很多农民的苹果投资遭遇病虫害影响、种苹果不赚钱、没有经济效益，农户开始大量地伐树，转为粮食作物，或者对果园抛荒，外出打工。西农专家们面对的具体形势很严峻，一方面是大量乔化栽培的老果园，面临果树衰退期，经济效益低；另一方面外出打工经济效益较高，外界需求拉力较大，推广苹果种植技术面临巨大困难。

例如如今的明星人物——曹谢虎，当初他的果园效益不好，也在筹谋准备出去打工。杜志辉老师当时就住在作为包点示范户之一的曹谢虎家。杜老师进村指导之初，见到最多的场景是农民聚在一起，商量着如何外出打工挣钱。杜老师看到此情景，做得最多的工作是与农民谈心、稳民心。一方面给农民讲苹果发展趋势与未来图景，一方面通过自身的技术知识对农民的果园进行精心指导，为农民的果园效益而努力。专家们与农民打交道，不是像政府的农技员一样，来家里或者果园里随便讲一通就走了。专家们则是长期住在用户家，手把手的一步一步的教，而且在苹果的一个生产周期结束后，还会继续的关注，并指导他在村子里做示范工作，思想工作和技术指导双管齐下，获得了示范户的初步信任。

这一时期的工作，主要是老果园的改造。首先是对老果园间伐。果农们的老果园，树冠很大，侧枝较多，果园里的树也很密，间距和行距与树的比例不合理，果园的整体产量很低，而且结出来的果实品质也很差，卖不上价，果园效益很低。对老果园进行间伐、改造，是为了提高果园的通风，利于果树吸收营养。但是这一改造技术遭遇果农传统思维的阻力，即树多结出的果子多、产量多、自然效益高；不仅如此，而且很多果树都是农民亲手栽培、管理了几十年的劳动成果，对果树也很有感情。传统的经济逻辑和情感因素使得间伐技术的推广面临诸多困境。由于老果园的间伐后，第一年效益会受损，第二年开始回升，第三年才会有质的突破，即果树产量和苹果品质都会提高。间伐技术的经济效益需要时间来验证，然而这恰恰正是西农专家们打开工作局面的重点。专家们便与包点示范户进行协商，对少部分果园进行改造，甚至承诺对其受损效益进行适当补贴。思想教育、技术指导和风险分担三者合一才获得了示范户们的信任。当然，经过间伐技术的果园在专家们保驾护航式的全程指导后获得了明显的经济增效。

在与农民一起生活、一起工作的过程中，专家们在果树栽培和具体生产管理的实践中，与那些老果农积极地相互交流、学习。从土壤性质、气候变化、果园花果管理过程中的病虫害防治等等，专家们都积极地向当地农户学习和请教，尊重老果农们的本土经验。在实地的技术推广和病虫害防治过程中，果园的具体生产情况有时很多并未出现在专家们的试验室里，有些问题他们都没见过。例如，有一个果农经常发现果树的树皮被虫子咬的痕迹，但不知道是什么问题、不知道是被什么虫子咬坏的。农技干部都没见过此种情况，西农专家们也没在教科书或者试验室遇到过，面对此问题，专家们开始也在积极思考、寻找解决问题的办法。后来听说有一个很勤奋的老果农，白天在果园里发现不了虫子，他就晚上拿着手电筒蹲在地里，守株待兔，发现是当地的一种蟋蟀咬的，终于找到了问题的根源。类似这样，在初始的农技推广工作中，试验站的专家们都会虚心地和当地果农们相互交流，学习果园管理实践，与果农们形成了良好的互动交往方式。专家们不仅了解农民的果园，也了解农民们的生产生活，专家们与农民们相处中的低姿态、硬技术的指导为试验站的工作打开了局面。

除了苹果生产技术指导外，专家们为了让农户们看到直接的经济效益，还多方面地启发和指导示范户的苹果销售观念。让示范户对自己的苹果分类、针对需求客户，从大量一次性的散卖，变成多层次的、多渠道的销售，基本的散售到初级包装销售，提升销售理念，增加销售利润，从生产、销售都是以农民为本的服务指导工作。这一时期专家们采取群众路线式的农技推广思路，从苹果生产的具体实践中与果农们相互学习，向果农们低姿态地学习、硬技术地服务与指导，促使果农改变传统的管理思维和销售理念。专家们群众路线式的农技推广工作使得西农试验站在白水县扎下根、立稳足，打开了工作局面。

（二）农技推广的体制路线："1+3+5+5"模式激活与重组了基层农技推广力量

当西农专家逐步打开工作局面后，获得示范农户的信任，但需要长久立足，获得广泛的推广效应，仍然需要基层组织和社会广泛多元组织力量的协作与支持。在2006年的时候，白水试验站与白水县政府启动了校县联合科技示范工程，即采取示范园+示范户的模式，在公路边包建示范园，引导农民免费参观、指导；在村里发展示范户，以示范户带动效应推广苹果科技技术。刚开始时，试验站有10名专家在各乡镇、各村、示范户蹲点，参与苹果生产周期的全程指导和管理。由于每个专家的科研方向、研究特长、工作经验和作风不一样，对于农户们的指导也会有些差异,有时候还造成了一些技术选择和具体操作的盲乱。为了实现果农们接受技术的一致性和专家们推广的一致性,开始制定了一套有关苹果生产的总体技术方案。这套总体性的技术方案主要包括土肥水综合管理、高光效树型管理、病虫害综合管理、花果管理四大方面,它们全面整体地概括了果园管理的全部生产环节。在具体推广方式上,采取通俗易懂的方式介绍给农民,尽量让农民一听就懂、一看就会、一用就行。

试验站在开始的探索工作的过程中和县乡农技体系一起努力,制定了符合当地民情的推广体系,开始为"1+2+4+4",现如今发展为"1+3+5+5"模式,也即政府宣传的1355人才培训工程。具体是指,1名西农教授专家带县乡政府农技体系中的3名县乡科技工作者,1名县乡级科技工作者带5名村级推广员,1名村级推广员发展5名示范户。在村庄里,对于村级推广员和科技示范户则采取3年为一个周期,实行动态化的指导、帮扶制度。

"1+3+5+5"的技术推广体系的核心是试验站的专家权威激活与重组了基层组织的农技推广体系。首先专家们带3名技术员,培养了早期一大批技术过硬的实干专家。在试验站建立之前,这些技术专家虽然是政府农技体系或者果树站的技术专家,但是他们因为平时忙于所属单位的行政工作,而疏于实践的技术学习和操练。俗话说,业精于勤,荒于嬉。这些农技站和园艺站的技术工作者几乎都是每天待在机关办公室,很少有下村入户的实践机会。一方面是税费后期组织经费的缺乏,无法基于组织体系下村入户指导;另一方面是因为果农对他们的不信任,农技员自身的技术操作既缺乏理论学习又缺少实践还不如当地的老果农,自然无法使人信服。当时的实际情况是,当地的农民在村集体组织县乡农技员进行果树修剪技术的培训指导时,农技员来了,果农们不愿让他们进园子,害怕农技员给剪坏了。政府基层组织的农技体系式微与乏力时,也失去了果农们的基本信任。

因为试验站仅10个人,专家力量远远不足,需要培养后继人才,"1+3+5+5"模式搭建了一个新型的技术平台,培养了一大批农技工作者和普通的果农科技示范户,即新型的果农技术人才。在"1+3+5+5"的组织模式下,第一批培养了20多名县乡技术人员。这后来逐步成为县乡体制中的主导技术力量。技术工作者与西农专家们一起长期待在村子里，理论知识与实践知识的相互结合，加上专家和农民一起对果园的直接管理、技术操作、病虫害问题判断和防治技术的现身说法，专家、科技工作者、果农们之间的交往，是将技术学习与交流融入日常生活、情感友谊之中，而非之前的干部对农民、上对下的等级体系中的枯燥的、干瘪的理论知识的宣讲。他们一起参与、一起交流、一起等待，到果园收获，农户收益增加的同时，专家们和科技工作者们也获得了工作的价值和意义。技术推广融入农民的日常生活、友情的交往之中，自然而然地就将科技成果顺利地输入农民的果园之中，也重新将干部（科技工作者）与农民的群众联系激活，使得之前的农技推广体系重新焕发生机，变得活力无限；在这个过程中，更重要的是技术权威和情感纽带的结合重建了政府基层组织在农村新的权威和合法性，也重新激活和整合了国家公益性的农技推广力量和资源，真正地做到了为农服务之目标，这在后税费时期重塑了新的国家与农民关系。

（三）农技推广的精英路线：新型农业经营主体发展与试验站推广方式的开拓

从 2005 年西农苹果试验站建立以来，十余年的发展，试验站面对的果农群体也在发生悄无声息的变化。白水县的苹果生产一直是秉持着家庭小农户的耕作传统。从 2008 年白水县的现代果业发展战略的提出和相关项目的推进，苹果生产也在朝着规模化、集约化、标准化的方向前进。每年财政支持的现代果业项目数以千万的投资，引导苹果产业结构调整、升级、转型，力推现代新型果园的发展。从 2011 年开始，为了调整产业结构，推进规模化的集约化果园，针对白水存在大量的老果园的现实，政府接受试验站的技术建议，推行新型果园的矮砧密植栽培技术。对于新栽培的矮化树苗的新果园，政府对苗木开始实行免费发放，对黑地膜、竹竿、水泥杆都给予相应补贴，全县矮化果园以每年新增 2 万—3 万亩的速度发展。新型的矮砧密植栽培由试验站专家提供技术支持、政府提供行政动员，二者合力发展矮化果园。从政府的现代果业发展战略和具体政策的落实，到 2013 年家庭农场政策的全面铺开，县政府以及各基层组织都在通过各种措施大力培育新型经营主体，力图早日达到现代果业的发展目标。

1. 新型农业经营主体的发展

自从2013年全国热推家庭农场以来，白水县也不例外，由支持合作社的发展转为重点支持家庭农场发展。从行政上来说，县长主抓培育新型农业经营主体，推动现代果业的发展。通过行政动员，行政命令规定至少每个乡镇发展1个集约化果园，多1个给予奖励。针对100亩以上集中连片的大户，定为家庭农场。同时县政府也在引进资本进村流转土地，建立规模化果园。目前在杜康镇、林皋镇已经有四五家大公司正在流转土地、栽植了矮砧密植的幼苗，建立了新果园。

按照县果业局局长的发展规划：用行政手段、市场思维来改造白水产业。在白水苹果发展方面，用产业航母的理念，从技术、品种方面进行布局，引导产业转型、升级。从2014年到2020年，发展1000个家庭农场（100亩以上），4000个种植大户（50亩以上）；3大品牌板块，早、中、熟品种结构搭配，打开市场错位；发展6个功能园区，以西农试验站为核心的试验科研园区、果业生态园区、果业旅游园区、果业机械化操作园区、苹果文化特色园区、家庭农场特色园区。

由于新型矮砧密植栽培的新果园，前期的技术和资本投资较乔华的果园都要高，技术管理要精细化，资本投资（水肥管理、树形管理）跟进相当重要。由于较高的资本投资和技术水平，普通农户投资兴趣不大。白水县80%的果树在未来几年都将面临衰退、老化，需要调整这种苹果生产的局面，政府只能依靠培育新型经营主体来调整产业结构，提升苹果产量。截至2015年7月，白水全县范围内初步统计：种植大户（50亩以上）237个，100亩以上的家庭农场65个，规模化、集约化种植的企业果园基地近万亩。总体来算，新型农业经营主体的经营面积超过2万多亩。

在这样的发展势头下，作为校、地（渭南市、白水县）共建的试验站也需要调整自己的工作方式和推广思路。自2013年家庭农场和企业果园基地、示范园发展规划实施以来，政府通过政策鼓励、生产资料（苗木、竹竿、地膜等）的补贴、基础设施项目（灌溉设施、生产道路等）和冷库建设项目的扶持，着手大力培育新型经营主体的同时，农技推广思路和方式也在逐步发生转变。首先服务对象在调整，由之前的普遍的小农户为主的普通果农逐步向作为新型经营主体的家庭农场、企业农场（示范园）、合作社方向倾斜。之前专家下村、干部入户，与群众生活在一起，"技术指导+情感交流"的推广思路，农民与专家相互交流、在生产实践双向学习的过程中进行农技推广，后续逐步转变为专家讲课，举办培训讲座的方式。在此可简称为，由之前的群众路线变成现在的精英路线。按照农民的话语，培训都是走上层路线。现在的技术培训，是集中化的，将家庭农场主、合作社理事或技术员以及公司技术员统一集中起来，拉到西农苹果试验站进行系统的技术指导和培训。

2. 采取集中培训的精英式农技推广思路

从近几年的农技推广思路来看，一方面果农在试验站前期的技术指导下，基本掌握和有效提升了对自己老果园的生产管理。果农们也不再需要最初的那样手把手的教或者全程跟踪指导。另一方面来看，试验站专家人力有限，培养的科技示范户或者技术骨干，仍然需要他们发挥主动性，工作方式有所收缩，着力在培养乡村的骨干技术力量方面。因此，从农村的实际情况来看，专家们下村入户的机会少了，主要是做集中培训。由于前期几年的推广工作获得了良好的社会影响，试验站已声名在外，作为一个高校开放性的农技推广组织，也有责任和担当来推广自己的新技术和新的科技成果。近几年试验站对外界的培训邀请、政府的农技培训任务或者国内外的技术交流座谈会应接不暇，专家们疲于奔命式的做讲座、搞培训。当然，无论是政府自己集中组织的培训，还是企业、社会组织办的集中培训，都会邀请专家前来系统讲课。而这些听课的学生，主要是当地的家庭农场主或者合作社带头人、企业的技术员，并非是三五亩自家经营的果农。其中这些集体培训，一般是将培训对象（即家庭农场主、企业技术员、合作社理事长）统一拉到试验站的培训大楼中，做封闭式的系统培训。对于这种集中培训，大部分是公益性培训，在渭南市以内的单位组织的培训，试验站均不收取任何费用，由地方政府支付培训对象的伙食、住宿费用。若是外地（例如甘肃、宁夏等）的集中培训，试验站可以收取少量培训费，用于试验站的日常运作费用。

3. 集中培训与技术的隐性排斥

首先，普通果农很少参加培训，参加培训的多是家庭农场主、合作社、企业的技术员。因为果农的技术学习一般是通过传统的生产进行，很少有通过试验室的封闭空间学习的习惯。当专家在园子里实时指导，普通果农则会主动参观、询问，顺其自然地进行技术学习。一旦放入封闭的空间，进行系统培训，要脱离农民在村社的家庭、果园进行理论化的知识输入，自然而然，农民的兴趣不大，而且积极性也不高。集中培训式的农技推广在普通果农那里远没有之前群众路线式的推广方式有效。其次，集中培训的讲座或者技术课程覆盖面有限，自然使得培训机会与普通果农存在距离，也使得普通果农逐步远离了公益性的农技推广资源。在白水县域内，普通果农不再像苹果试验站建站之初那么容易获得农技资源。另外，针对这些规模化经营的新型农业经营主体，技术需求和面对的问题与小规模的果农也不一样，存在品种和栽培技术的差异，集中培训的技术人才很难具有广泛的示范、推广效应。因此无论是从培训对象，还是具体推广方式，相比于建站之初专家们的群众路线式的农技推广路线而言，可将集中培训称为精英式的农技推广路线。然而这种精英式的农技推广路线很难再像群众路线那样具有可示范推广的复制效果，很难从家庭农场主推广到广大的一般农户那里，这就使得技术培训之初就建立新的技术壁垒，形成新的技术排斥效应。这种集中培训加强了果农的分化，使得家庭农场主能够较快、较系统地获得新技术，而普通小规模果农则难以获得新技术信息和指导、学习机会。因此需要面对多元化的经营主体建立多层次、多渠道的推广方式，不能一概用新型农业经营主体的视野来完全替代小规模农户。白水县90%的果农仍然是小农，新型经营主体仅仅是近几年的产物。作为应对多元化经营主体的需求，试验的农业科学技术培训和推广应该统筹、全面地考虑，才能最大化地发挥高校科技服务于社会、服务于产业、服务于农民的作用，不能让公益性的高校科技资源和政府体制性资源成为少数精英主体，即新型经营主体，或可称之为少数利益主体的私有资源。

（四）试验站的溢出效应：科技人才的培养及其示范推广效应

试验站在"1+3+5+5"的组织模式下，培养了大批的技术人才，提高了政府行政事业单位科技工作者的理论水平和业务实践能力。试验站专家第一批培养出来的技术骨干力量，包括20多名科技工作者，他们跟着试验站专家经过几年的持续学习，在自己的工作岗位上纷纷实现了初级职称到中高级园艺师的跨越,也培养了大批乡村的新型果农科技人才。其中大部分专家包点的示范户后来成为白水果农中的技术骨干力量和技术精英,在他们的示范带动下,整体地提升了白水果农的科技应用和科技管理水平。

1. 育苗的外地供应到本地化

科技人才是产业发展的主导力量和核心技术推动力。试验站在白水农技推广中对于苹果产业发展最直接的驱动力在于苹果育苗技术的提升和推广。2011 年之前,白水的苹果幼苗几乎绝大部分都是从外地购买,80%的果苗依靠外地供应商。因为白水果农们和科技工作者的育苗技术不精,水平不高,使得自己本土繁育的树苗成活率太低,以至于本地育苗一直发展不起来。当试验站的专家进入白水,了解了白水的气候变化、雨水土肥的实际情况后,繁育幼苗和幼苗栽培在试验站专家的技术指导下,很多技术员和果农逐步掌握了育苗的关键技术要领和一套水肥管理办法。试验站的科技力量在 2011 年的时候,完全改变了白水的育苗市场。从 2011 年开始,白水的苗木市场开始由本地苗木供应商占领。苗木繁育的带头人大多数都是乡村合作社理事自己在做。截至 2015 年,全县最大的 4 个苗木供应商,有两个农民专业合作社(曹谢虎领办的合作社,林秋芳的家庭农场领办的合作社),两个公司(兴华公司的苗圃基地,四季乡联合社的苗圃基地)。公司的苗圃基地负责人主要是乡村社会的果农技术精英。例如,兴华公司在大杨村的苗圃基地负责人为高万堂,他是村里的土专家,在试验站进入白水县后,通过多次参加试验站的培训,与专家们的交流、学习,考取了高级农艺师资格证,最后被兴华公司聘请为公司的技术总负责人,主要管理公司的育苗基地,在公司的资本流转大量土地的情况下,建立了白水县最大的苗圃基地,成为本县最大的苗圃供应商。这四大幼苗供应商凭借过硬的育苗技术,使他们的苗圃基地逐步占领了全县的苗木市场。白水基本实现了本地化育苗。

2. 合作社的广泛发展

试验站的专家们依靠群众路线式的工作方式,培养了大批的科技工作者和作为科技示范户的果农技术精英。这些果农技术精英后来纷纷成为村里的苹果专业合作社的带头人。他们在农技示范、推广,苹果生产、销售方面发挥了产业领头军的作用。

例如收水乡的赵根子，他在梅立新教授的帮助下，现在成为乡土社会中远近闻名的务果精英。他原本是在供销社上班，后来供销社系统改革，回家务农，开始管理果园。他对果园的生产管理技术完全不懂，主要是在父亲那里习得农村传统的栽培、管理方法。当西农的专家教授——梅立新教授2005年在收水乡搞讲座、技术指导、集中培训时，他积极地去坐在教室里第一排，听完课后，主动去找梅老师请教问题，给梅老师讲述了自家果园的情况。家里的果园栽了七八年了，光长树、不结果。过了几天，梅老师和赵政阳教授就到他家来了，给他家的果园做了一个系统的改造方案。首先是将果园进行改造，即间伐，隔一行挖掉一些树。这对很多人来说是很难接受的，当时赵根子心里虽然觉得可惜，舍不得，但他相信教授的权威，认为他们是苹果界的最高权威了，"不相信他们，相信谁呢？"对技术权威的简单服从使得赵根子接受了专家们的建议，同意伐树。6亩多果园，300棵树，挖掉上百棵，只剩下不到200棵。然而，第一年树挖掉后，来年（2006年）春天倒春寒，霜冻太大，花期遭受了严重的霜冻灾害，后来效益不明显。2007年果园虽没有遭受自然灾害，由于间伐后，树型的长势本身需要2—3年的过渡期，整体效益仍然一般。直到2008年，果树从修剪、施肥到打药全程听取专家们的建议，间伐后的效益才有明显的好转，当年果园里就引来附近的很多果农参观。

自从赵根子的果园进行间伐改造后，按照西农试验站专家们的管理方案，果园效益逐步好转，也带动了临近周边部分果农们的主动学习。过了3年，收水乡的果园绝大部分都采取了间伐技术，基本完成了老果园的改造工作。

赵根子家的果园遵从试验站专家的建议，获得了直接的经济效益。在这个过程中，他经常向专家们学习、积极参加试验站的技术培训，而且也积极向试验站专家反馈自家果园的管理情况，通过和专家们的密切的交流、沟通、学习，他由一个完全不懂苹果管理技术的普通农民，现在成为远近闻名的果农技术精英。他不仅学习了果树的栽培、管理经验，还学习了新的有机绿色生产理念。他果园的苹果管理得好，果实大，颜色也很漂亮，但就是卖不了高价。后来在政府和专家们的宣传下，他决定发展有机苹果，进行绿色生态种植。他开始饲养十来头猪，连续养了五六年，猪粪直接用于果园施肥，采用试验站推广的一些物理杀虫技术，例如趣味幼虫瓶、杀虫板等，降低农药施用次数，不断地改进土壤，水、肥进行持续的调整，他家的苹果是当地最好的优质苹果，已经达到了绿色标准，还未达到有机标准，他正在往这个方向努力。他的果园现在已经和一个西安的公司签订了订购合同，保证生产绿色苹果，每年果实收获后，公司来检测，合格后按照高于市场价的20%售卖。这一点也直接提高了果园的经济效益。他的6亩果园比别人的10亩果园效益还要高。他的苹果生产和销售备受周边邻居羡慕，不仅果子大、产量高，而且卖的价格高。对于赵根子来说，他的苹果从来不愁销售。他认为，苹果质量上去，就不缺销路。他自家居住条件（建新窑）和交通工具（买小汽车）直接得益于果园的经济效益的增加。

现在他家从村子里的普通家庭，成为当地的富裕家庭，从村庄里的普通阶层进入了富裕阶层。基于他对技术的学习和果园管理的丰富经验，现在他不仅是县政府果业局下的村级技术员，而且还是收水乡五泉村的合作社理事长。2011年，他和村民小组里的一些农户商量，注册成立了一个果农专业合作社，因为他年纪大了，只想专注于果园的生产管理，因此他带头的合作社，仅仅只是服务于果农的技术指导，并没有像其他的合作社从事生产—销售产业化的运营。在他的带领下，约有20户农户，从他身上直接学习了全套的果园管理技术，并认同他的绿色生产理念。在技术服务上，不论是现如今作为村级技术员的身份，还是作为合作社的管理者，他对周边农户的技术示范和指导直接提升了五泉村临近四个队的苹果生产和果园管理技术水平。这是在"1+3+5+5"的组织模式下培养起来的普通果农技术精英，果农技术精英们成立合作社在更大范围推广了试验站专家们的试验室技术，使得试验室的技术在行政组织力量的示范和带动效应下，结合乡村民间社会组织力量进行广泛推广，服务果农，大大提升了农民的苹果生产技术。

类似于赵根子的案例在白水县每个乡镇每个行政村比比皆是，除了很多只是纯粹服务于苹果的技术生产之外，还有大量的"1+3+5+5"的组织模式培养起来的果农技术精英逐步在做全产业链的农民专业合作社，例如赵述明领办的仁和专业合作社，已经发展为国家级示范社，把普通农户组织起来，成立了针对不同果农的产销合作社，囊括了农资供应、育苗、果园，以及冷链系统，整体提升了白水果农苹果的生产管理技术水平，并且多层次、多渠道地拓宽苹果销售网络。像这样在乡村普遍的果农技术精英们组织的专业合作社成组织、有规模化的发展，使白水县的合作社发展很快，由最初的类似于赵根子、曹谢虎、赵述明这样的示范户带动起来的合作社也广泛发展，截止到 2015 年，全县已经有 186 个合作社，其中包括企业领办的 60 个合作社，有 100 多个是果农合作社。虽然其中很多合作社尚存在不规范问题，但广泛遍布乡村的苹果专业合作社的快速发展带动了全县整体苹果产业的发展。

3. 企业的发展和技术提升

除了果农合作社之外，白水县域内的私营企业也逐步增多，果农生产的增加自然带动了苹果销售和企业加工行业的发展。这些企业的技术队伍除了公司内部的专业技术员之外，还请了西农专家或者果业局的专家做公司的技术顾问。公司果园基地的管理者和技术负责人无一例外都是乡村社会成长起来的果农技术精英，不仅具有丰富的苹果生产经验，也在试验站的专家学习和政府农技培训中掌握了新的现代管理和生产技术，成为公司、企业的技术核心队伍。在白水县内，著名的企业有宏达公司，主要依靠冷库和销售，还有覆盖苹果全产业链业务的兴华公司，从育苗的苗圃基地、果园基地、有机肥厂、养猪场、冷库、苹果深加工厂等，整个公司业务覆盖苹果产业的产前、产中、产后各个环节，是白水县最大的省级龙头企业。兴华公司的苗圃基地和果园基地，都是聘请了当地的果农技术精英。这些果农技术精英，早期自身就有种植苹果的丰富经验，后续经常参加试验站的培训，到试验站参观、学习，参加政府组织的专家讲座，现如今其中有许多人考取了农艺师资格证，或者中高级的职业农民资格证。一方面源于丰富的苹果生产经验，经历了果树的幼苗、成型、繁盛期、衰退期，经历过果树成长每个阶段的问题、症状；另一方面由于掌握了过硬的新型技术，即从果树栽培、基地管理到病虫害防治的一整套综合技术，他们都成为公司基地的技术总监。如此看来，试验站的专家们在"1+3+5+5"的组织模式下，专家技术和基层组织农技力量为社会中的企业和公司培养了大批的核心技术人才。

由于这些合作社、企业在前端的农资供应方面都会面临果农们在果园管理中的具体技术问题，果农针对自己的果园实际生产情况，在化肥的选择、果树的修剪、打药的药品选择方面都会直接咨询这些农资零售商。合作社或者企业或多或少、直接或者间接地为果农的技术指导与服务提供了许多有效的农技知识和信息。

三　校地合作的试验站建设：公益性农技推广力量与商业性农技推广力量的竞争与发展

近十多年来，一方面，随着社会消费结构的改变，我国农业快速地从旧农业（粮食、大田作物栽培）向新农业（经济作物；蔬菜、水果等高技术作物种植）转型与调整，农民种植经济作物的快速发展滋生了大量的农业科技新需求，农民迫切地希望获得新的技术指导提升农业新技术应用能力，通过技术来致富，是新时代农民发展的重要方向。另一方面，随着农业产业化程度的提高和农业经营主体的多元化，各类经营主体对农业科技的需求也趋于多元化，固有的由政府主导的单一农技推广方式已经难以适应这一现状，需要探索和寻找新的推广路径。

政府原有的农技体系和物资供销体系难以应对市场经济带来的冲击，特别是 2010 年以来，农资市场全面放开，任何投资主体（国企、外企、个体私营企业）都可以进行投资，抢占农资市场的利润空间。一个明显的现象是自从 2010 年之后，乡村的农资市场竞争异常激烈，在各乡镇或中心村，一个街道均能发现十几、二十多家农资零售、代销店。在激烈的竞争中，农资厂商不仅仅着眼销售体系，寻找乡村的代理点来为其抢占农资市场，同时也在努力提供农技推广服务工作，以农技推广服务来销售自己的化肥、农药。他们在相应的农时节令来村里组织技术指导、培训，通过专职的技术员包村、包镇的方式来全面力保旗下品牌的客户。对于农资厂商、企业以销售农资为本质的农技推广服务，可统一简称为商业性的农技推广服务。它的农技服务和农资销售是捆绑在一起的。这种技术服务＋农资供应于一体的组织力量具有强大的竞争力。例如企业的技术专家和业务员到村里进行农技指导培训，是带着化肥和农药下村的，使得技术指导落到实处。同时，企业一方面用很多赠品来吸引农户，一方面用虚假的低价、折扣来"欺骗"农户购买农资。这在农村非常普遍，同时乡村街道和中心的农资零售店也是农民获取农业科技信息和科技指导服务的重要力量。

（一）公益性与商业性农技推广力量的现状：技物分离

在白水县，可以将试验站和政府的农技推广体系称为公益性的农技推广体系。在我国，公益性农技推广力量和商业性农技推广力量两者并存是普遍的现象。农业科技推广是一项公益事业，单靠高校或者政府的组织体系难以满足不同农户的需求。从农产品销售的市场放开，再到农资市场的全面放开，有需求有利益的地方，就有资本来投资，占据市场利益。一般来说，以前政府的公益性农技体系仅仅提供技术指导和技术服务，化肥、农药等相应物资的配套则由以往作为集体经济组织的供销单位负责。后来二者力量都在逐步式微，在农村的影响力不断下降，以至于政府的农技推广体系面临诸多困境。西农试验站进入白水，主要也是负责技术问题，进行技术攻关、示范、再推广。试验站在技术上对政府农技人员进行培训、指导，提升他们的技术实力。整体来说，试验站提升了县乡基层组织农技推广员的技术实力和业务水平，同时，在技术推广方面与政府农技体系的长期合作也恢复了地方果农们对政府农技体系的基本信任，恢复了政府公益性农技体系的权威与合法性。

试验站进入白水后，一开始的包乡镇、包示范户的群众路线式的工作，在群众中间打下了良好的基础，后来与地方政府的合作，即"1+3+5+5"组织模式，在白水县的果农当中获得了广泛的声誉，也奠定了公益性技术力量的权威和信任的基础。

商业性农技体系主要通过一级一级的代理商和技术员在推广。首先，人力有限，一个大的区域一般只有一个专职技术员，依靠农资代理人做兼职技术员，做一些服务、指导工作。在乡村的农资店那里，这些店主自身技术知识都很难与果农相比，因为他们主要进行农资经营，果园经营、管理得一般；其次，他们仅仅只是向果农介绍农药的药性、药效、化肥的功效，并没有系统的技术指导能力和知识体系，而且农资店主对农户讲解的这些知识还需要果农自身的判断和辨别，进而确定接受与否。不过，他们的优势在于，一方面以农资店为代表的商业性技术力量与果农的物理距离最近，就在农民身边，而且与农民是乡土社会的熟人关系。这相比公益性力量具有便捷的时效性；另一方面，农资店一般都会给农民赊贷农资，解决果农的部分生产资金难的问题。从以上两个方面来看，这明显突出了公益性力量与商业性力量的各自优劣。

仅从技术层面来看，公益性力量和商业性力量有明显的差异，同时这二者之间也是分离的。因为对接农民、销售农资的代理并不是真正的技术员，也不懂得实际的果园生产管理问题并有针对性地给果农推荐农药，一般是推荐贵的、利润空间高的农药或者化肥，而真正懂得技术的试验站和国家的公益部门又不可能从事经营性的农资服务工作，所以，现实中存在普遍的技物（技术、物资的配套）分离问题。即简单来说，懂技术的不能提供农资服务，提供农资的不懂技术。

（二）试验站技术服务对商业性服务力量的技术引导和技术支持

农业科技技术是一整套体系，包括果树栽培、水肥管理、树形管理、病虫害防治、花果管理等诸多方面，而且每一个环节都涉及农资的供应。无论是树上管理还是树下管理，都需要正确的水肥供应和营养供给。即使果农掌握了什么时节该如何操作，如果没有正确的化肥配方或者农药防治，依然得不到好的果园效益。试验站提供了扎实的技术操作和管理知识，但是物资的市场供应很难与之相匹配，或者说协调一致，因为市场的商业经营必须遵从市场原则，以服务换取利益。

农技与农资的配套供给问题超出了试验站可以解决的范畴，但毫无疑问是一个重要的实践难题。因为农资的选择和农药及化肥的施用与农技推广效果高度相关，学会了技术操作，仅仅是农技推广的第一步，能够对症使用正确、适宜的农资才能达到技术效果。因此，从广泛的乡村来说，仍然是存在普遍的技物分离问题。开农资店的人不懂得真正的果园生产管理技术，懂技术的部门或者组织无法生产、提供农资。

当然，试验站包括国家农技部门在内的公益性农技系统很难从本质上改变这一格局，然而，试验站和国家农技部门的合作却可以做一些有效的引导工作。一方面，试验站在白水的技术指导和培训培养了大批的科技人才和普通的果农技术精英以及企业的技术骨干力量。广泛的多层面的技术人才的培养和人才队伍的示范带动功能提升了白水果农的整体水平。这使得果农有能力作出一些农药、化肥选择，选择适合自己果园需求的农资。另一方面，乡村很多农资店代理人既是早年政府农技部门调整后进行自我创业的干部，又是乡村重要的知识精英，也是乡村的富裕阶层，同时还有新一批农资店代理商是近几年新发展起来的，主要是合作社带头人，目的是提升农业服务一体化的水平和质量，发展农资配送服务业务。商业性服务系统的第一线，接触果农的零售商主要是上述两类人群。他们在乡村能够占据主要的市场份额和稳定的客户群，也是得益于他们从公共系统获得的技术指导和技术支持。上述的科技人才在从事经营性的农资服务中，毫无疑问是对混乱的商业性推广力量有所助益。他们自身掌握了更多的生产管理技术知识后，可以在进行田间土壤的施肥、病虫害的防治时，有效地针对性推广农资，降低果农的农资使用风险。

（三）新时代的"农企合作"：对技物配套的探索

目前白水县的公益性农技推广力量和商业性推广力量在技术、农资供应方面出现新的探索路径，即"农企合作"模式，也就是政府的农技部门（公益性技术力量）和农资企业（商业性技术力量）合作，政府的农技部门提供技术支持，农资企业提供农资服务，目的是共同合力引导、规范基层的农资市场，为农民提供有质有量的真农资。该县已经初具规模的企业主要有以下几种合作方式："三农"公司＋县供销社，其农资市场占有率60%；北环农资＋农业局（农技中心、苹果站），其农资市场占有率为20%，其主要服务小农户；另外便是刚兴起的有机市场，由四季乡联合社＋果业局合作，主要做有机化肥的供应和技术服务。

这些农资企业主要是做农资代理销售，与政府农技系统合作，一方面是力图扩大自己的市场份额，抢占农资市场，但同时他们也必须服从政府的一些公益服务需求，比如农资销售品牌的控制或者义务性的果农培训项目。例如，"三农"公司，它属于县供销社控股的公司。公司销售的农资品牌是由省总社确定品牌目录，在这个目录当中，县供销社根据本地需求确定代售品牌。一般来说，以国产大品牌为主。北环农资公司则是联合邮政储蓄银行和农业局一起合作，给小农户提供免息贷款，但要求农户必须购买北环代理的农资，利息由政府和北环公司共同负担。农业局农技中心作为北环公司主要的技术力量为农民提供服务。四季香联社和果业局合作，力推有机化肥，为白水县有机苹果大县的发展服务。向广大果农宣传有机理念，果业局负责相关的技术支持。

试验站虽不是"农企合作"的主体单位，不论从农技中心还是果业局、园艺站的技术队伍来说，都与试验站有紧密的联系。"农企合作"这种方式，从宏观层面来说是公益性力量与商业性力量（市场力量）的合作，来提高农村的社会化服务水平，形成了经营与服务的二合一。但其合作的本质仍然是农资销售企业依托政府的公益性农技推广组织力量、农技人才，用自己公司的管理和运营方式在做农资配送业务，拓展农资市场。这种合作模式才刚刚开始2—3年，最大的变化是，农企合作的农资企业的市场份额增长很快，逐步在农资市场竞争中占据领先地位。从农户目前的效应来看，由于农企合作的农资企业的代理农资比较具有可信度，农民易接受，并持续使用。因为农户仍然是从农资店购买农资，方式与之前没有差别。从具体的技术服务来说，果农们面对果园的生产管理以及病虫害防治问题，仍然是求助试验站培养起来的果农技术精英。这种模式在农技推广方面未见有明显的效益。因为目前这种模式的核心仍然是在农资服务，未来如何还有待进一步的观察和评估。

四 白水试验站面临的主要问题

白水试验站自2005年建站以来，校县共建、校市共建的发展历程都说明了试验站的公益服务性。作为公益性单位，试验站的发展仅能靠地方政府和学校的财政支持；建站之初的目标是建成一个作为产业中心的永久性试验站，为地方的产业发展做出高校科技服务于社会的应有贡献，将高校科技成果服务于地方产业，提升西农在地方的服务能力和社会影响力。该站是集技术示范、科研研究、人才培养、国内外技术交流于一体。然而在经历了十多年的公益性发展之后，试验站自身也面临诸多亟须解决的问题。

首先，财政困难。试验站内的专家、老师只享受西北农林科技大学校内薪酬和试验站的岗位补贴，人事、财政管理属于西农。试验站本身不是独立的人事、财政实体，属于校、市、县共建单位，试验站集科研、技术示范、推广职能于一体，在白水所作的技术指导和培训均属于公益性服务，不收取任何费用。试验站每年承担的培训、参观、交流接待、学生培养等任务，均需大量的资金，2014年运转支出150万元。然而，实际获得的校内财政支持40万元、白水县支持30万元、渭南市政府支持30万元，空缺部分均由试验站的专家拿自己的项目经费贴补。仅仅是试验站的日常运转，都需要持续地获得财政支持。

其次，管理问题。试验站作为一个单位，或者组织，其本身并没有专职的管理、行政服务队伍，一直是专家兼职管理。由于试验站的专家工作繁忙，推广、培训工作应接不暇，一方面需要集中精力负责技术攻关和技术推广任务，另一方面还要花时间、精力来协调或管理站内的日常琐事。试验站开始仅仅是由一个专家队伍组成，工作任务单一，现在经历了十多年的发展，从社会上获得了良好的声誉。社会影响力的增加，自然也带来了试验站与日俱增的日常接待、培训、交流任务。试验站专家已经无法完成兼职性的管理工作，目前由果业局派的业务员到试验站兼职办公，对其进行协助。试验站作为一个囊括科学研究，技术示范、推广，学生、科技人才的培养以及国内外的技术交流等职能的公益性组织单位，没有建立一个专业化的管理队伍或者组织体系为其长久的发展做出科学规划和严格管理。

再次，后继无人。由于试验站的专家，自身也面临着高校统一的体制考核压力，高校任职需要做科研，依靠科研评职称。试验站的第一批专家早期依靠科技推广的群众路线获得了社会影响，创造了明显的社会效益，为试验站打开了局面。老一批专家由于自身技术实力和成果转化，依靠农技推广成果获得职称。然而，现在这一批实干的专家们如今绝大多数临近退休年龄，没有年轻人来接班。如今，高校的科研考核是重点，是职称评定的核心指标。高校体制引导老师们做科研，无力去做科技的示范推广工作。虽然学校专门设立了推广系列的人才编制体系，依据推广编制招聘了新教师和推广人才，但由于现在的新老师依然需要完成教学、科研任务，才能获得职称。他们一方面投身教学、试验和科研工作，没有精力去试验站做技术服务工作，另一方也不愿意去试验站工作。因为各地的试验站都在乡村里，生活、休闲娱乐条件远不及城市，而且新聘用的年轻老师往往也无法沉下心来待在试验站。白水试验站走过了十多年，现在已经面临着巨大的转型压力，专家们把精力逐步收缩，重点放在基础研究、示范园建设以及培训人才方面。让科技人才去做技术推广工作。在技术推广方面，由以前的"我（专家）主动"变成了现在的"你（果农）主动"，果农们需要主动学习的，来试验站请教或者参加培训，试验站专家们均会耐心指导；或者果农主动打电话咨询，专家们都会给予解答，但不同于以前下村入户式主动的群众路线式的推广方式了。现在试验站在白水县乃至全省、全国的声誉都是依靠前人（第一批老专家）的奉献获得的，试验站必须要走出"前人栽树、后人乘凉"的循环，必须再出发，秉持并继续发扬老一辈专家们的光荣传统。

最后，技物分离问题。在农技推广工作中，或者科技成果的转化过程中，需要相关要素的配合，才能在生产当中产生综合效益。试验站的专家们只负责果树栽培技术、树形管理、水肥管理、病虫害防治知识的培训，但无法提供相应的物资（化肥、农药）。因为试验站的专家告诉了果农什么时候该施什么化肥，什么时候用什么药，即使果农们掌握了相关技术，知道怎么操作，但面临纷繁复杂的农资市场，果农有时候买到的是假药，甚至买不到对应的农药。这样即使懂技术，也无法将果园管理出更好的效果。专家们有的研发了相关的农资配方、药物配方，但是无法运用到生产，因为试验站不可能自己生产、卖药。其中有一年，试验站通过试验，尝试着做了几种农药，以成本价卖给果农，后来做不下去了。因为在民间，大家都相传"试验站开始卖药了"，这有损试验站的名声。另一方面，果农们认为试验站的农药是公家的，可以免费拿，不愿意出钱买。在身份认定方面，果农们认为试验站是公家的，公家就等于免费。面对以上种种原因，试验站尝试提供农药的实践失败了。未来如何从制度上予以支持或者引导，使试验站的技术（土壤的检测、化肥配方和农药配方）真正落到农田，为农民服务，这个问题确实值得研究。因此，很多专家在做培训和指导时，会有很多企业推广员出来游说专家，让专家们宣传自家品牌的农资。企业很愿意找试验站专家，利用教授专家们的声誉和专家权威来推广自家的农资。专家教授们在讲课、培训时，多少肯定会有意推广某个品牌。但是一般都会选择大品牌、质量有保障的品牌推广。只提供栽培操作技术，水肥、树叶、花果管理知识，仅仅是农技推广的一小步，重点是相应物资的配套，包括化肥、农药的配套。只有二者结合、配套，才会产生质量双丰收的果实。

第二章

"西农模式"在庆城

经过集体经营阶段，庆城县政府20世纪90年代开始将苹果定为县域重要产业，并开启了"政府主推—行政主导"的产业发展模式。2008年前后，1990年代栽植的苹果树进入盛果期，果农收入明显超出粮食收益，全县果业发展基础奠定。这一时期，全国苹果市场已经形成，然而，该县苹果种植经营仍处于粗放经营阶段：田间管理粗放、果品品种老化、新农业技术应用滞后、果品质量普通且主要面向中低端市场，市场竞争力低下，全县果业陷入"有量无质"的发展瓶颈。

2012年，庆城县与西北农林科技大学签订合作协议，着力从苹果品种和栽培技术方面寻找突破，开启了庆城县苹果产业发展的新时期。在试验站示范指导和政府组织引领下，老园区乔化果树开始减伐更新，新园区开始大面积栽植新苹果品种，走矮化密植集约化经营的道路。经过多方努力，全县苹果面积从2012年的26万亩增加到2018年底的41万亩，新增果树面积16万亩（其中矮化树面积8万亩），间伐改造面积8万亩。在庆城县苹果产业发展中，市场力量、政府行为和技术力量起到至关重要的作用。

如何顺应市场、创造市场，以品质在市场中立于不败之地；如何打造优良的农技服务队伍，为全县果业发展提供技术保障；如何将新品种、新技术推广到田间地头，使"要我发展"变为"我要发展"，都需要政府从多个层面积极干预。在自然资源禀赋较差、市场机会较少、农民"靠天吃饭"的西北地区发展果业，本身就是一部脱贫史、也是一部致富史。以2012年为界，政府行为从行政强推—形式应付—农民抵触变为党建和示范双引领—注重实效—农民主动的农技推广模式和产业发展模式，这对全国农村产业发展具有重要意义。

一 庆城县果业发展概况

在陇东高原上，苹果成为农民振兴乡村的主要产业。截止到2017年，庆阳市苹果栽培已遍及市内96个乡镇1055个行政村，苹果栽培面积由1978年的7.8万亩增加到2017年的120.58万亩，苹果产量达到73.89万吨，实现产值40亿元。苹果产业为全市提供人均增收1509元，为农民提供人均纯收入1784元，占农民人均纯收入的22.31%；为贫困村农民提供人均纯收入800元，占贫困人口人均纯收入的22.40%。"庆阳苹果看庆城"，庆城县是庆阳苹果的主产区，在产业发展、技术更新和扶贫致富等方面具有代表性。

庆城县位于甘肃东部，泾河上游，辖15个乡镇，2个办事处，153个行政村，总人口32万，其中农业人口24万，总面积2693平方千米，耕地82万亩，其中山地占64%。该县地处陇东黄土高原沟壑区，介于北纬35°42′至36°17′之间，海拔介于1011—1623米之间，地势由西北向东南倾斜，属温带半湿润气候区，年平均气温7.8℃—9.6℃，无霜期169天，年均降水量537.4毫米，四季分明，雨量适中，光照充足，该县7项主要生态指标和6项辅助指标全部满足优质苹果生产要求，是我国苹果最佳优生区的核心区。该县所产苹果以其果形高桩、色泽鲜艳、蜡质层厚、酸甜适度、耐储耐运等特点享誉全国。

近年来，庆城县把苹果产业作为脱贫攻坚、脱贫致富的主导产业，坚持扩面与提质并重，突出现代栽培技术与传统经营模式相结合，依托西北农林科技大学庆城苹果试验示范站，在全县示范推广"老果园提质增效、旱地矮化密植、优质苗木繁育"三大技术，其中以间伐为主的郁果园提质增效技术应用8万亩，形成"白—赤—高"1个万亩提质增效环形示范带；旱地矮化密植建园技术应用9万亩，建成"庆城—南庄—玄马"、"庆城—玄马—卅铺"、"庆城—葛崾岘—驿马"和"熊家庙—驿马—桐川"4个万亩示范带。现已成功建成优质苹果苗木繁育基地1000亩，极大推进了全县苹果的基地化生产、产业化经营、品牌化发展。该县培育的瑞阳、瑞雪、蜜脆等新品种，已被国家评为优质果品。

截至 2018 年，全县共创建部、省、市级示范园 37 处 1.62 万亩（部级 2 个、省级 17 个、市级 18 个），"1+1" 县级包抓示范园 51 处 4700 亩，创建出口苹果（果产品）质量安全示范区 5.23 万亩，绿色农产品认证 1.02 万吨，GAP 认证 0.3 万亩。建成乡镇果业服务站 12 个，果业协会及专业合作组织 108 个，储藏、包装、加工、运销企业 36 家，选聘专职农民技术员 100 名，成立果树服务队 16 个。而今全国多家知名涉果企业在庆城县建立了营销分支机构，广东、浙江、四川等地客商在庆城县设立果品收购、储藏保鲜等企业 30 多家，大型连锁超市家乐福、华联、苏果等与庆城县签订了农超对接合同。该县还围绕苹果原材料生产出苹果圈、苹果汁、苹果酱、苹果醋、苹果酒等产品，远销到东南亚、欧洲等国际市场。

截至 2018 年底，全县累计果园面积达到 41.7 万亩，其中挂果园面积 20 万亩，果品产量 19 万吨，果品产值 8.6 亿元，仅苹果一项为农民人均收入贡献 3629 元，占农民人均纯收入的 30%。全县贫困户果园面积达到 3.4 万亩，涉及 7815 户 27701 人，其中贫困户挂果园面积 1.76 万亩，涉及 2801 户 10170 人；2013 年以来，全县贫困户新栽 2.8935 万亩，涉及 6427 户 25550 人；依靠苹果产业实现稳定脱贫的有 2509 户 9033 人，占全县总脱贫人口的 22%。苹果产业成为村民脱贫致富、乡村振兴的主要支撑。

二 庆城县苹果产业发展简史

庆城苹果历史悠久，中华人民共和国成立以来庆城苹果产业发展大致经历了 1955—1978 年、1987—2010 年、2012—2018 年三个发展阶段，从农业合作社时期的集体经营到分田到户后的私人化经营，到政府推动快速发展，再到新时期的品种和技术更新，苹果产业已成为助农增收、发家致富的支柱产业，绿色生态、提质增效将是该县苹果产业的未来发展方向。

（一）集体时代的苹果栽植（1955—1978 年）

基于庆城县的土壤气候环境，1951 年春末，西北水保所的技术人员将对长在庆阳市西峰镇南小沟村的泡果大树高接黄魁、红玉等苹果品种，进行适应性观察。第二年，黄委会西峰水土保持试验站在西峰镇东郊建起庆阳市第一个苹果园艺场，随后园艺场引进27个苹果品种栽植163亩苹果，开启庆阳苹果栽培之路。

在农业合作社时代，庆阳苹果发展以"不与粮棉争地"为基本原则，在"上山、下滩、进沟"方针指导下，以山地果园且以国营和集体经营为主来发展苹果种植。在这一时期，几乎每个生产队都有一片大小不一的果园，年终采摘的苹果也以分配给社员食用为主，并未转化为商品。虽然种植面积不大，商品化程度不高，但苹果管理的技术和种植经验在本地传承下来。

1979—1984年是全国苹果进行第二次更新换代的时期，庆阳地区引入秦冠苹果，该品种在当地表现良好，而且田间管理便捷。1980年代中后期，庆城县跟随全市步伐引进推广红富士苹果，为今天20余万亩的乔化苹果园发展奠定了基础，为全县产业结构调整找到了突破口。1980年初，分田到户政策为庆城苹果的普遍化发展提供了契机。庆阳市苹果产业发生三个重大变化：一是1980年分田到户之后，苹果种植由集体经营向个体经营转变，个别农户开始自行栽植苹果；二是栽培范围分布从山地扩展到平原，种植规模不断扩大；三是果园管理技术全面提升，传统方式正在发生深刻变化。

（二）产业结构调整下的苹果产业发展（1986—2010年）

1986年之后，庆城县苹果产业进入大发展阶段，在政府主导的产业结构调整政策推动下，该县的苹果无论是产品品种更新，还是技术引进抑或是栽种面积都得到快速、显著的发展。

1986年，红富士苹果开始在全国进行示范推广，甘肃省是11个省份之一，长富2号、秋富1号、长富6号在庆城县、合水县和宁县先行试栽，随后逐步得到大面积推广。庆阳现代苹果产业技术体系首席执行专家吴健君教授说："着色系富士苹果的成功引进、示范推广及优势特色地培育形成，无疑是对庆阳苹果发展贡献最大、影响最深的事件之一。"

凡是能跟上技术更新步伐更换苹果树品种、积极采用套袋技术的农户都成了致富先锋。赤城镇老庄村前支书陈明德说："我1986年种了7

亩苹果树，5年挂果，第二三年每亩产苹果1500斤，1.2元1斤，7亩果园年收入12000多元，一下子成了万元户。"村民都说："陈支书，开的车（货车）、建的房子都是全村最好的。万元户不得了啊。人人羡慕。"

1991年，庆城县苹果园面积仅有530亩，产量8600千克。经过政府大力推广。1992年，庆城县苹果园面积一跃达到5.850万亩，产量1.080万吨。1993年，苹果园面积7.070万亩，产量1.500万吨。在1993年，庆城县政府开始在赤城乡武家庄村果园推广疏花疏果管理技术。1996年，全面苹果园面积达到8.130万亩，产量2.490万吨，这一年，在塬区大面积推广果实套袋管理技术。2001年，庆城县的长富6号、新红星苹果在"甘肃省首届林果产品展览交易会"上荣获金奖、银奖，长富6号苹果被认定为2001年甘肃省优质瓜果蔬菜展销会名牌产品；同年5月，庆城县被农业部确定为全国首批100家创建无公害农产品（种植业·杂果）生产示范基地县。2003年，全县苹果园面积变为5.610万亩，产量2.800万吨；同年3月，申请注册"赤诚"牌无公害苹果专用商标；8月，召开全省无公害杂果示范基地县建设现场验收观摩会。长富6号红星苹果被评为第十五届中国西部商品交易会、第二届中国庆阳香包民俗文化节优质产品。

随后，政府开始大面积推广苹果栽植，全县每年的任务量是5万亩。2007年，苹果园面积达到21.44万亩，产量4.8万吨，当年新植果树5.23万亩；2008年，苹果园26.97万亩，产量8万吨，当年新植果树5.53万亩；2009年，苹果园21.440万亩，产量10万吨，产值1.5亿元，果农人均纯收入达到623.8元，占全县农民人均纯收入的21.9%，当年新植果园5.510万亩。2010年新栽果树3.100万亩，赤城老庄盛果园、驿马南极庙幼龄园、驿马涝池新建园分别获得庆阳市2010年度优质苹果"千百十"工程科技示范园建设一等奖。行政推动固然能够取得明显的进步，但也会留下诸多遗留问题，例如后期果业技术服务跟不上、果农大量砍树等问题。

（三）苹果技术更新与农民主动发展的新阶段（2011—2018年）

2000年以后，庆城县的乔化树老果园面临着树木郁闭、树体老化和生产能力下降等问题，老园区改造成为亟待解决的问题。然而，老园区改造面临两个困难：第一是技术问题，什么样的技术适合当地果业发展，容易被农民接受；第二是农民观念的问题，2008年之后果农收益明显增加，枝繁叶茂、高树结果的果树栽培理念根深蒂固，几乎无人愿意砍伐果树，"砍伐果树等于砍伐金钱"。

2012年，庆阳市政府与西北农林科技大学签署共建苹果试验示范站的协议。西北农林科技大学与陇东学院共同创立"宽行窄株、大穴浅栽、开带埋肥、浸水蘸根、浇水覆膜、防风护树"为特征的苹果矮化栽培模式，这一模式被称为"庆阳旱作建园模式"。试验站一方面积极倡导矮化密植、机械化耕作的现代园区管理技术，一方面积极推进老园区减伐改造。在市府、试验站和基层政府的努力下，2012—2018年，庆城县新栽植苹果树15万亩（其中矮化密植品种栽植8万亩，乔化树短枝结果品种栽植7万亩），老园区减伐改造8万亩。以试验示范站为技术推广中心的庆城农技团队，正在逐步实现"早果，丰产，优质，低耗，高效"的目标，更是积极推进集约化、信息化、机械化栽培技术。2011—2018年发展大事记简述如下。

2011年，全县苹果园面积达到21.440万亩，产量达到10.005万吨，产值2.38亿元。当年新栽果树5.13万亩，引进元帅系第三至五代的俄矮、阿斯、天汪一号、栽培二号、瓦里等5个新品种，引进矮化中间砧苗木的宫岐短枝、奥登堡、红盖露、秦阳、金世纪、柱状、爵士等7个品种。创建省级标准园三处1500亩（赤城老庄、范村、白马顾旗各500亩），主推果园生草覆草、高光效改良树形、土壤营养诊断与配方施肥等技术。获得庆阳市2011年度果业工作目标管理综合考核一等奖。县园艺工作站于当年5月正式更名为县果业局，11月升格为正科级事业单位。

2012年，全县苹果园面积达到21.440万亩，挂果园面积11.8万亩，产量11.7230万吨，产值2.87亿元，果农人均纯收入达到1176元，占全县农民人均纯收入的27.9%。当年新栽果树5.1万亩，庆阳市人民政府、庆城县人民政府与西北农林科技大学合作共建了西北农林科技大学甘肃庆城苹果试验示范站。全县首次在南庄乡新庄村、丰台村和庆城镇店子坪村规模推行旱地矮化密植栽植；在赤城乡周庄村创建农业部苹果标准园1200亩，在高楼乡太乐村创建省级标准化示范园1处500亩。邀请全国农机中心经作处处长李莉及国家苹果产业体系8名专家，首次在庆城宾馆举办了庆城县苹果产业发展讨论会。在2012年甘肃省名优苹果鉴评上，该县长富2号苹果获金奖，2001富士苹果、长富6号苹果、秦冠苹果获银奖，县果业局荣获2012全国名优果品交易博览会优秀组织奖。

2014年，全县苹果园面积达到22.9331万亩，挂果园面积12万亩，产量12.4028万吨，产值4.6亿元，果农人均纯收入达到1912元，占全县农民人均纯收入的33.7%。当年新栽果园1.4万亩（矮化6500亩，乔化6000亩），在马岭镇岳塬村、蔡家庙乡蔡家庙村苗圃基地创建省级标准化管理示范园2个，创建市级标准化示范园6个；实施老果园间伐改造1.05万亩；创建庆城县出口苹果（果产品）质量安全示范区5.23万亩、通过良好农业规范（GAP）认证2000亩，在蔡家庙乡蔡家庙村苗圃基地新繁育苹果苗木150亩。在全市赛园赛果鉴评活动中，庆城县荣获标准化示范园奖4个，全市务果能手、修剪能手6名，获务果状元5名、科技推广明星3名、苹果产业开发突出贡献奖1名，获苹果品质鉴评奖16个，其中金奖5个、银奖7个、铜奖4个。

2015年，全县苹果园面积达到22.9831万亩，挂果园面积12.56万亩，产量13.7049万吨，产值4.8亿元，果农人均纯收入达到2014.5元，占全县农民人均纯收入的30%。当年新栽果树3.8万亩（其中矮砧密植0.55万，乔化短枝0.8万亩、乔化2.45万亩），贫困户栽植1.45万亩，实施郁闭园间伐改造1万亩，在白马铺镇白马村、赤城乡赤城村、蔡家庙乡蔡家庙村苗圃创建省级标准化示范园2个，创建市级标准化示范园4个，通过绿色农产品认证10200吨。以西北农林科技大学苹果试验示范站技术为依托，首次推广瑞阳、瑞雪新品种。

2016年，全县苹果园面积达到23.0331万亩，挂果园面积15.7万亩，产量15.2639万吨，产值5.3亿元，果农人均纯收入达到2224元，占全县农民人均纯收入的30%。当年新栽果树4.34136万亩（其中矮砧密植1.25796万亩，乔化短枝0.8万亩，乔化2.2834万亩），其中贫困村贫困户栽植1.5027万亩，打造了"庆城—玄马—卅铺"和"庆城—葛崾岘—驿马"2个万亩矮化密植示范带，在赤城乡老庄村、庆城镇西塬村创建省级标准化管理示范园2个，重点完成郁闭老果园间伐改造12000亩，完成招商引资项目投资5000万元，实施了岐伯万亩苹果公园项目，新增贮藏量2万吨。培养果品骨干50名，培训营销经纪人120名，新建庆阳苹果直销店1家，建成电子商务示范店16家，成立了庆城旱地矮化密植苹果产业发展协会，在2016庆阳苹果鉴评活动上获得金奖16枚，银奖7枚，铜奖3枚，位居全市第一；接待了"陇原环保世纪行"13家媒体团队、"走出杨凌看示范"记者采访团来庆城县报道苹果产业发展，赴西藏拉萨、林芝成功完成苹果推介，积极参加云南昆明举办的第十四届中国国际农产品交易会。

2016年9月底完成苹果试验示范站技术服务中心建设，投入使用，并在试验站举办了全国中晚熟苹果品种鉴评会。庆城县果业局获庆城县2014—2015年度科技工作先进集体、2015年度全县精准扶贫精准脱贫先进集体、2015年度双联行动先进单位"民心奖"。

2017年，全县苹果园面积达到23.0661万亩，挂果园面积达到18万亩，产量16.4850万吨（其中贫困户0.33万吨），产值8亿元（其中贫困户0.11亿元），苹果为农民提供人均纯收入2300元（其中贫困户农民提供人均收入826元），苹果占农民人均纯收入的29%。当年新栽果树3.14588万亩（矮砧密植0.89124万亩，乔化短枝1.6919万亩，乔化0.56034万亩），贫困户栽植1.2483万亩，创建玄马镇沟垴村、房里村，驿马镇夏涝池村、东滩村，马岭镇石立庙村，白马铺镇肴子村共6处省级标准化示范园2800亩，创建桐川镇张旗村、南庄乡何塬村、白马铺镇顾旗村共3处市级标准化示范园1530亩。

2017年，全县确定了51个县级"1+1"包抓示范园4700亩；郁闭园间伐改造4250亩，在蔡家庙乡蔡家庙村苗圃基地新繁育苹果苗木130亩，新建果库4处2.03万吨、社团组织11个；赴郑州、上海参加果品展销推介会2次；成功举办了2017年中国庆阳农耕文化节庆阳苹果开园采摘暨赛果大会，西北农林科技大学书记李兴旺和庆阳市市长朱涛为西北农林科技大学庆城苹果试验示范站进行了揭牌；全市苹果苗林产业现场推进会，评选出全市苹果产业开发科技贡献奖1家、兴果富民带头人1名、专业村11个、优秀企业（合作社）4家，赛果大会获得金奖8枚、银奖4枚，以"庆阳苹果果真好"为主题，配合录制了"CCTV 7乡村大世界"栏目。

表2—1　　1991—2018年庆城县水果产量统计（县统计局数据）

单位：万亩，万吨

年份	果园合计 面积	果园合计 产量	苹果 种植面积	苹果 产量
1991	0.131	0.985	0.053	0.86
1992	5.914	1.194	5.85	1.08
1993	7.142	1.615	7.07	1.5
1994	7.816	1.968	7.74	1.82
1995	8.64	2.261	8.56	2.09
1996	9.803	3.592	8.13	2.49
1997	10.203	3.135	8.46	2.76
1998	10.59	4.23	8.73	2.77
1999	11.91	3.401	8.99	2.71
2000	3.546	3.909	3.06	2.29
2001	6.16	4.07	4.06	2.87
2002	14.17	4.536	7.42	3.24
2003	8.71	5.236	5.61	2.8
2004	15.26	4.533	7.42	3.24
2005	17.03	4.617	9.18	3.5
2006	25.689	4.983	16.21	3.81
2007	30.925	5.802	21.44	4.8
2008	36.43	9.025	26.97	8
2009	30.91	12.167	21.44	10
2010	30.909	9.539	21.44	8.4
2011	30.91	10.979	21.44	10.005
2012	30.911	11.624	21.44	11.723
2013	30.9075	17.0096	21.4401	15.2
2014	30.9148	14.1952	22.9331	12.4028
2015	30.8626	15.8104	22.9831	13.7049

续表

年份	果园合计 面积	果园合计 产量	苹果 面积	苹果 产量
2016	30.9126	17.4102	23.0331	15.2639
2017	30.9126	18.1075	23.0611	16.485
2018			41.34821	8.9130

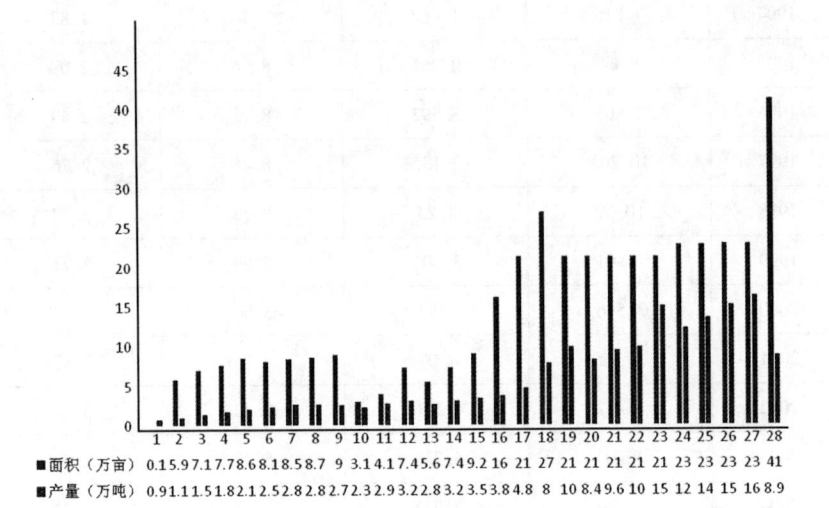

图2—1 庆城县苹果产业发展变化趋势

三 行政主导下的果业发展与困境

20世纪90年代以来，发展苹果产业一直是庆城县政府的工作重点之一，县政府"九五""十五""十一五"规划持续将苹果作为全县支柱产业，行政主导成苹果产业发展的主要特征。这一模式的优点是政府集中资源大力推广苹果种植，果园面积大幅提升，但由于农民栽培果树的积极性不高、政府农技服务缺位，导致果树成活率低、果品质量差，苹果产业发展遭遇瓶颈。

2011年底，庆城县在赤城、白马铺、高楼、驿马、熊家庙、桐川等南部塬区6乡镇以乔化密植模式逐年发展苹果面积达到17.3万亩，实现南部塬区苹果生产全覆盖。然而，这一推广过程却带着深刻的政府行政主导的烙印，其中也不乏官民关于是否栽培果树的争论。

陇东高原干旱少水，人饮水尚且无法保障，农作物更是无法灌溉。20世纪90年代，农民收入普遍较低、解决温饱成为农村农民面临的主要问题。在这种情形下，推广种植苹果势必遇到诸多难题，政府以行政任务和行政命令强推苹果树栽植，群众不理解、不支持甚至反对政府在自家承包田里栽果树，"干部前面栽（果树），群众后面拔（果树）"的现象屡见不鲜。

赤城镇是全县老果区的代表之一。据果农讲，1992年前后，赤城镇党委书记石正才（音）积极推进农户进行产业结构调整，他从山东调来苹果苗子免费发放给群众，在赤城镇工作的3年里，全镇苹果种植面积达到30%。随后接任的镇党委书记李振海（音）继续推进苹果栽植，到2000年，全镇苹果栽植面积占所有耕地面积的90%左右。而今的赤城镇镇域面积104平方千米，耕地面积4.31万亩，辖9个行政村61个自然村4253户17736人。2018年底，赤城镇苹果园面积达到3.97万亩，占耕地面积91.88%，苹果年产量达3.6万吨，总收入1.6亿元以上，赤城镇是全县两个没有贫困村的乡镇之一。

赤城镇老庄村支书陈明德回忆道：

> 1992年，农民都很穷，当地劳动力市场未兴起，一个壮劳力一天5元钱，如果没有关系还找不到工作。建筑工队也要挑人，你拜访工头几次，建筑队才要你，一天1.5元工钱。咱这地方一年只能种一季农作物，小麦、玉米、油菜收入少，仅能满足温饱。1992年，赤城镇来了个石正才书记，他从山东为大家调配苹果树苗子，强行栽种。但是，有的村民不理解，就把苗子给铲了。那时节，苹果管理技术后续培训少，村民不知道如何种植，积极性不高。20世纪90年代中后期，第一批苹果树见了效益，群众纷纷跟着栽植苹果。（陈明德，2019-05-22）

1990—2012年，各乡镇政府都有种植苹果树的行政任务，苹果苗发给农户，必须在麦田里栽下去，完不成任务考核过不了关。春秋栽植果树的季节，乡村分组包片入户做工作讲"种果树有多好"。当时在白马乡任副乡长的李景波说：

> 我们天天到农户家里做工作。配合你的，让你在他地里栽树。不配合的硬和你抗。有的人耐不住乡村干部软磨硬缠，便说，你们去栽吧，反正我不管。夏季收麦子的时候，农民让收割机直接把果树苗子也收了。（李景波，2019-05-28）

为了保证成活率，乡村干部每逢收麦时节就开始做收割机师傅的工作，严厉禁止收麦机收割果树苗。

> 我们干部跟着收割机，见了就发传单，告诉他们，如果他们把苹果树收割了，就不让他们走。（李景波，2019-05-28）

很长时间内，当地苹果树面积上下浮动不定，根本问题是果树栽下去的很多，成活下来的却很少。农民不愿意从粮农转为果农，因为他们对未来的不确定性充满恐惧。2002—2009年，李景波曾经在一块田地里连续种了8年的苹果树，都没有成功存活下来。

当时政府的考察方式也只是查苹果栽种面积，不查保留成活面积。在干旱的自然气候里，农民不接管苹果苗子，甚至故意损害果树苗，导致苹果成活率下降。在果树栽植上，群众不接受、不配合，政府只得应付。当然，政府也存在做表面文章的现象，例如镇政府的重点工作是在公路两边的田地里种树，也就是在领导看得到的地方栽树，上级来检查时，栽种面积也是大概估摸一下，并不精确测量。

事实上，自20世纪80年代起到2012年，庆阳市基层政府的中心工作都是计划生育，"会抓重点（工作）的领导才能得到上级表扬，才能在仕途上顺遂。当时果树栽植是假一票否决，计划生育才是真的"。

与政府强推相比，市场导向和示范引领的作用似乎更能让群众心服口服。赤城镇老庄村的贾兴武1999年开始栽植苹果树。90年代初，政府免费发果树苗给他们，他父亲不让栽，问他："树能填饱肚子吗？"贾兴武于是把果树苗送给别人，自己外出打工几年后，发现自己打工一年才挣3000元钱，而邻居家六七亩果树一年就能卖1万多元。于是他下定决心栽果树，没有修剪技术，他就免费去人家园子帮忙，以学习修剪技术，他还到处打听哪里有果树技术培训。两三年内，贾兴武就成了苹果栽植技术能人。5年后即2004年，他的苹果树开始挂果，9亩果树的苹果第一年就卖了5000元，第二年（2005年）卖了10000元，第三年（2006年）果树进入盛果期，收入4万元，贾兴武成为老庄村农民中致富最快的一户。

2008年，赤城镇请来了一位北京的果业专家，专家问村民怎么管理果树，大家都说不出个所以然，说是自己摸索的。果农园子里的果树都是高树，树上面果子大，树下面果子小。专家问为啥？为什么不修剪果树使它在一层结果？随之该专家提出砍树头、拉枝，将苹果树从纵向发展向横向发展转变，增强果树的透光、透气，使得果形匀称、果色鲜红。有果农说："啥专家啊，就是糊弄人的。我们自己种树20年，还不知道?!"老庄村的贾兴武和白金范两人率先将树修剪成平头树，过了两年，平头树效益明显，村民纷纷效仿。

而今赤城镇老庄村家家户户有果园，全村90%以上的家庭有小轿车，全村贫困户仅有3户未脱贫，一定程度上，该村的贫困户比山区农村普通户家庭条件还要好一些。如今，老庄村合作社的蔬菜大棚雇工1天出价100元都找不到人，足以说明果农因种果而脱贫、因技术而致富，这也正是2012年之后庆城县全县苹果产业发展的逻辑。

四 试验示范站：新技术服务保障苹果产业发展

2009年前后，随着市场经济在西部农村地区的深入，粮食市场稳定、苹果产业收益越来越明显，群众观念逐渐转变，开始从被动栽苹果树变为主动栽苹果树。以2012年庆城县与西北农林科技大学签署共建庆城苹果试验示范站为标志，庆城县整合既有政府部门技术力量、引入西农大专家和技术，继续与陇东学院合作，共同推动全县苹果产业在新一轮果业发展中占据领先地位。

2012—2018年底，全县新栽植果树15万亩，其中矮化密植果园8万亩，乔化短枝密植果园 7 万亩；减伐更新果园面积 8 万亩；全县形成 4 个万亩矮化密植果树带和 1 个万亩间伐更新果园带，新品种在当地表现良好，果农增收明显。

（一）不敢遇丰收年：市场倒逼技术变革

2017 年和 2018 年是苹果的荒年，冰雹、霜冻等气象灾害连续两年在甘肃、陕西等苹果主产区频发，第二年的苹果价格一路看涨，到 2019 年 5 月，苹果出库价格达 6—7 元/斤，庆城县果农普遍增收。

然而，2016 年全国苹果却是大丰收。2017 年，不论是果农还是果商都赔得"一塌糊涂"；2017 年过完年，客商就开始将苹果从果库拉出来送往果汁厂，后来果汁厂也不收了，他们就继续降价赔本投向市场，待市场饱和之后，眼看着季节将过，有的果商干脆将苹果倒入沟里。庆城县赤城镇、何家畔乡等地果库存货销售数据显示，当年每斤苹果最少赔一元钱，果商赔十几万到几十万元、上百万元不等。

经过这一场市场风险，苹果客商开始向果农转嫁市场风险，他们只收部分果子，其余的果子由果农自行投放到果库里（果农原先建造的果窖不能再用），一旦价格上升他们从果库直接收果子，这样既减轻了资金压力，又降低了市场风险。但果农却被置于不利地位。"好果子永远不愁卖！"2016 年的丰收年让人看到，全国苹果市场已形成，只有保证质量才能立于不败之地，而苹果质量的提升需要新技术的保障。

（二）试验示范站：技术护航苹果产业

庆城苹果试验示范站的成立，标志着庆阳市和庆阳县拥有了完备的苹果发展技术服务体系。试验示范站属于独立的事业法人单位，主要承担四方面工作：第一，果业病虫害防治和不同树形的筛选和培育，该项工作主要由西农专家和站内技术员负责；第二，技术推广，定期或不定期地组织培训，下乡推广瑞阳瑞雪等新品种，不断推广矮化苹果品种；第三，人才培养，西农专家为站上培养硕士生 15 名，同时培养了县乡干部若干名，日常的工作重点是培育农民技术员，保证技术服务的公共性；第四，搭建国内外技术交流的平台。

2012 年以来，以庆城县苹果试验示范站为中心的苹果推广技术主要有三项。

第一项技术是旱地矮砧木、密植、集约化经营技术。首先，矮化树 3 年挂果 5 年丰产，相对传统的乔化树 8 年挂果有很大优势；其次，矮化树田间管理方便，能够机械化耕作，节约人力物力；再次，果树树形小，男女老少皆可参加劳动，农村劳动力得到充分运用。每到果树生长管理关键环节，试验站技术员就会到田间地头进行拉枝、疏花、疏果、套袋、病虫害防治等技术指导。

第二项技术是老园区间伐改型技术。事实上，农民群众一旦习惯了一种技术和经营模式，便很难适应另外一种技术，尽管新技术有着明显的好处。这在间伐一事上表现明显。果农舍不得砍伐果树，一是因为不愿遭受一到两年的减产损失，二是不相信间伐的效果。为推进间伐改造工作，西农专家给县乡干部做工作，希望政府拿出一定的奖励政策，并从村干部和农民技术员的果园开始，同时组织其他果农参观，示范引领群众间伐改造老旧果园。

现年 57 岁的李喜恒，是赤城镇老庄村人，而今他的 10 亩乔化苹果树每年收入在 15 万元左右。2013 年，专家到他地里查看树形后，告诉他应该采取间伐措施。2014 年，他好不容易下定决心挖果树进行间伐，却遭到妻子阻拦，但他抱着试试看的态度还是挖了部分果树，第三年他看到果树间伐后，虽然产量有所下降但果品质量大幅提升，价格上去了，比之前收入还高。近几年，他自行间伐更新果园，果子开始走礼盒销售渠道，收入远高于周边果农，他总结道："越挖（果树），果子越能卖钱。"李喜恒的果园成为全县乔化树间伐技术示范地，每年接待数百人观看学习。

第三项技术是苹果苗木的无毒本土化培育。庆阳市的苹果苗子多数是从山东、杨凌等地运来，树苗经过长途跋涉有些损伤，导致成活率低。西北农林科技大学的赵政阳教授提出本地化培育苗木的建议，现已成功建设优质苹果苗木繁育基地 1000 亩，基本实现了全县苹果的基地化生产、产业化经营、品牌化发展。

试验站成立以来，在技术推广方面的具体工作主要如下几项。

第一，配合县果业局春秋两季栽植在玄马、葛崾岘、桐川、三十铺、马岭等塬区乡镇，仅 2018 年就新建矮化密植示范园 1 万亩，同时示范推广了"宽行密植、深栽浅埋、起垄覆膜、支架栽培、高纺锤形"的最新栽植技术,措施得当,栽植规范,同时在太白梁、蔡口集、土桥等山区乡镇新建山地新品种园、短枝型果园12140亩,成活率达90%以上。

第二,继续示范推广成龄果园提质增效"间伐改形"修剪技术和果园"肥水膜一体化"的肥水管理技术。在赤城、白马、高楼、驿马等乡镇建成间伐改形、肥水综合管理、病虫防治示范园4267亩。

第三,针对前多年栽植矮化苹果品种不纯、品种不好的问题,在各乡镇进行了高接换优工作,2018年建成新品种(瑞阳、瑞雪)高接换优示范园473亩。

对乡村社会而言,苹果试验示范站最大的作用之一就是培养人才:

> 试验站把农民技术员给培养出来了,农民技术员是果农中的技术精英,也是经济精英,有一定威望,有的担任村组干部。将他们思想误区、技术误区矫正后,并传播新技术新方法,他们再将技术传播给普通果农。同时,试验站定期给所有果农讲专门的防治技术和修剪技术,试验站专家还到田间地头手把手传授技术。(樊家庙村支书樊宾强,2019-05-26)

试验站在人才培养方面始终坚持"以技术培训为主要手段、以人才培养为重点",以加快新技术的推广与应用。2018年,试验站配合县果业局开展了"拉网式""地毯式"的果园夏季综合管理技术培训,技术人员组成服务小分队深入乡村,走进果园,实地讲解,现场指导示范,提高果农管理水平。结合庆城县2018年建档立卡贫困户果树栽培技术培训任务,在5月上旬、7月上旬及中旬举办果树栽培技术培训班3期,共培训300人,圆满完成了培训任务;10月份进行了庆城县苹果产业人才技术培训,共培训120人。试验站全年共接待来站调研、参观、学习的各级领导及果农共计1500人次。

试验站代表了庆城县苹果栽植技术的最高水准,做好苹果园区管理是试验示范的前提。试验站采取党员包片制度,将试验站果园分成8个板块,每人负责一个,根据功能设计做好示范引领工作。例如,果园展示区要用最理想的基础设施和技术手段保证苹果的颜色、果形和果质;

而果园发展区则用老百姓能够支付得起的基础设施材料来做结构设置，用农民偏好的低成本高收益方式来管理园区，如果说前者重形象，后者就是重效益。同时，示范站还要在站区之外设立民间示范田。2019年，示范站要抓30个示范户的示范田建设，选择尚未成形、个人发展动力强的农户30户，免费为其提供技术指导，条件是免费供其他果农参观，不实施额外补助政策，还要"听试验站专家的，不要听其他人的，否则难以保证指导效果。"试验站准备用两至三年时间在不同乡镇打造出一到两个不一样的果园，"让农民信服你的技术"。常务副站长李景波说："抓好示范站建设和示范户园子建设，才能立得住！"

（三）政府政策引导果品更新

2012年，庆城县委、县政府制定出台了《关于加快全县苹果产业发展的意见》《庆城县苹果产业发展规划（2013—2015年）》《庆城苹果标准化生产技术规程》《庆城县苹果产业考核管理办法》《庆城县果业技术人员考核管理办法》，提出了"双十双万"工程，即到2020年，全县新栽优质高效苹果10万亩，郁闭园间伐改造10万亩，盛果园亩均产值过万元，果农人均收入达到1万元。

同一年，县果业局成立，而且建成了西北农林科技大学甘肃庆城苹果试验示范站，乡级政府成立8个果业服务站，村级建立8个果业技术服务队，首次聘用了67名果业专职农民技术员。依靠西农技术，全县在南庄、庆城、玄马、葛崾岘、马岭、卅铺等乡镇推广了以矮化中间砧苗木为主的旱地矮化密植高效栽培技术；在赤城、白马铺、高楼、驿马、熊家庙、桐川等南部塬区6乡镇开始推广了以间伐为主的郁闭园提质增效改造技术；在蔡家庙乡建立了庆城县优质苹果苗木繁育基地，着力繁育适宜全县苹果栽植的优质本土化矮化中间砧、乔化短枝型和新优品种苗木。2013—2015年间，成功创建了庆城县出口苹果（果产品）质量安全示范区5.23万亩、通过良好农业规范（GAP）认证2000亩。

在乡村振兴和脱贫攻坚的新时期，县"十三五"规划把苹果产业作为脱贫攻坚、富民增收的首位产业来抓，制定了《庆城县苹果产业扶贫攻坚实施方案（2017—2019年）》《庆城县苹果产业"十三五"发展规划》，确定了六大工程，即优质苹果生产基地建设工程、郁闭园提质增效工程、幼龄园早果丰产工程、标准化管理示范工程、优质良种苗木繁育工程、果业人才培养工程；三大体系即社会化服务体系、加工贮藏营销体系、基地品牌认证体系等建设任务。全县开始在太白梁、马岭、蔡口集、土桥、翟家河等贫困山区乡镇栽植乔化短枝苹果树，首次规模推进山地苹果栽培。截至 2017 年底，全县示范推广"旱地矮化密植、郁果园提质增效、优质苗木繁育"三大技术分别达到 7.8 万亩、5.9 万亩、700 亩，推广面积位居全省前列，建成了 4 个万亩旱地矮化密植示范带，建成优质苹果苗木繁育基地，每年出圃优质苹果苗木 100 万株以上，顺利推进山地乔化短枝栽植达到 3 万亩。由此，全县形成了以赤城、白马、高楼、驿马、熊家庙、桐川塬区 6 乡镇为主的乔化提质增效主产区，以南庄、庆城、玄马、卅铺、马岭、葛崾岘 6 乡镇（办事处）为主的旱地矮化密植高效区和以太白梁、蔡口集、土桥、蔡家庙、翟家河 5 乡为主的山地苹果栽植示范区。

2018 年全县果品面积累计达到 41.7 万亩（其中苹果 41.3 万亩、贫困户 3.4 万亩），挂果园面积达到 20 万亩（其中苹果 18.1 万亩、贫困户 3884 亩），全县果品产量 19 万吨（其中苹果 18.6 万吨、贫困户 3998 吨），果品产值 8.6 亿元（其中苹果 7.8 亿元、贫困户产值 0.2 亿元），果品为农民提供人均收入 3629 元（其中苹果 3291 元、贫困户果农人均收入 722 元），苹果占农民人均纯收入的 30%。当年共新栽苹果树 30437 亩（其中矮化 11478 亩、乔化短枝 18959 亩），落实 2385 户贫困户建园 8514 亩。在蔡家庙乡蔡家庙村、白马铺镇肴子村积极开展苹果产业"三变"改革试点 2 处。完成 431 户果农参与"331+"果园托管 3054.5 亩（其中完成 173 户贫困户参与果园托管 1186.5 亩），实现了每个贫困户首批分红 3000 元。创建蔡家庙乡徐新庄村山地乔化、玄马镇樊家庙旱地矮化 2 处市级示范园 910 亩。

2018 年，全县实施郁闭园间伐改造 12183 亩，开展技术培训 115 期 12096 人次（其中建档立卡贫困户普通培训 2302 人次）。全年共新增赤城等果业合作社 6 家；增补果业专职农民技术员 16 名，落实 100 名果业专职农民技术员帮管 500 户贫困户果园 2543 亩。

庆城县果业的快速稳健发展，离不开政策和组织支持。自 2012 年起，庆城县从政策、人力、物力和技术保障等各个方面全力发展苹果产业，而且要求从县委书记、县长开始，全县干部学习苹果知识，讲解苹果技术，要做到人人了解苹果、认可并推动苹果产业发展，县乡村干部争取做到"不是专家也是行家"。县政府还组织苹果技术讲解大会，各乡镇党委书记、乡长轮流上台讲苹果栽培技术及相关知识。

五 党建与示范双引领模式

2012年以来，庆城县果业取得迅猛发展，这得益于不断强化基层党组织建设和试验站、示范园、农技户的示范引领作用。前者保证各项政策落到实处，后者保证民众有效参与到产业发展中来。下面以玄马镇樊家庙村的案例来展示这一内在逻辑。

玄马镇距离城区7千米，10个行政村73个自然村，镇域面积137平方千米，山、川、塬地形交会，耕地面积3.6万亩，主要围绕县城消费发展畜牧养殖和瓜果蔬菜生产（川区三个村庄）。2012年以来重点发展苹果产业，在塬区农村栽植苹果树，2015年以来大力发展苹果园区，截至2018年底，全镇建成苹果园面积达1.6万亩（新增面积1.5万亩）。樊家庙村是玄马镇苹果产业发展最为迅速的一个村，该村有11个自然村，465户，1960口人，6262亩耕地，苹果面积3600亩，其中乔化树1200亩，矮化树2400亩。樊家庙村1992年开始栽植苹果树，由于栽培技术不过关，栽植效果不理想，全村456户中在外务工的有200户，残留的果园面积小，基本停留在老人农业阶段。该村2015年栽植560亩矮化苹果树取得成功，2016年新增果园面积1200亩，2017年新增果园面积500亩，2018年底全村新栽果园面积达到2400亩。

（一）基层党建引领产业发展

一个村的产业选择是否合适、能否得到充分发展，很大程度上取决于基层党组织的引领作用。在甘肃庆阳地区，计划生育在相当长时期内是县乡村的中心工作，是真正的一票否决事件，直到2012年，二胎政策放松，该地区的计划生育工作紧张情势才得到缓解。2015年前后，乡镇政府派驻各村的计生专干转变为扶贫专干。同一时期，发展苹果产业虽然是政府的重点工作，但却处于"乡村干部栽树—村民拔树"、只重数量不重质量、只管栽植面积不问成活率、后期技术服务滞后等困境之中。

显然，如果基层党组织带头人只是为了完成任务而动员农户发展苹果产业，而自己并不全信或者并不发展苹果产业或者只是象征性发展苹果产业，那么该村的苹果园建设一定比较滞后。一个好的带头人和强有力的基层组织是果业发展的保障，这在所有产业发展成功的村庄得到充分验证。樊家庙村在5年间新栽植果树2400亩，采用了新技术和新品种，在新一轮产业发展中占据有利地位。这主要得益于村支部班子的带领，尤其是村支书樊宾强的引领。樊宾强介绍说：

> 我以前没有意识，后来县乡政府部门带着我们去靖宁、泾川、延安等地参观学习，看到人家的苹果那么好，那么赚钱，对我启发特别大，我的观念转变了。

从2015年开始，樊宾强亲自抓产业发展。他见老百姓不太接受，他就开车带着党员、小队长和积极分子出去参观学习，并到试验站学技术。他告诉村民：

> 人家那小轿车怎么买的？洋房怎么住上的？还不是苹果带来的！

樊宾强带着村民到试验站，试验站专家赵政阳老师向村民保证："你们放心栽（苹果），苹果技术问题我们给你们保证。"这给村民很大信心。

党员干部带头、积极分子示范是产业发展的关键。老果区的发展经验显示，在长时期的政府与农民互动中，首先落实政策的是村组干部和部分农技能手、视野开阔之人。待第一批果园初步见了收益，周边农民便会效仿种树。20世纪90年代初栽下的果树，在七八年之后开始挂果有收益，因而第二批种植高峰在1998年前后，这在上文数据中已得到验证。而在新一轮产业发展和苹果树种更新中，基层党组织、党员、干部和积极分子更是起到明显推动作用。玄马镇近几年重点发展苹果产业的塬区6村（樊家庙、沟垴村、柏树村、桑园村、北园村、老庄），前三个村群众积极性高、发展愿望强，已形成连片种植规模，其中关键因素是村支书、村两委委员和小组长形成了带动示范体系，他们先行先试、带动周边。

例如，2015年以来，樊家庙村支书栽植75亩苹果树并且已经见到成效，村主任栽植40亩苹果园；沟垴村村支书栽植苹果树40亩；柏树村村支书家在山区，未能发展矮化果树，而塬区一个自然村的组长就发展了40亩苹果树。另外，桑园村支书栽植25亩矮化果树；北园村村主任栽植30亩矮化果树。

基层党组织从抓全面到抓重点是产业发展成功的关键。重栽种面积不重栽种质量的发展模式，容易滋生形式主义，各级政府做工作也只是全面抓而没有重点——包片包户做工作发动所有农户栽植果树。事实上，人人都想发展，户户都想从土地中获得更高收益，但个人发展意愿和发展能力不匹配限制了发展的想象力和空间，对于农民而言，发展果业最大的问题是无经验可循，个人技能低、成本高、风险大。工作的突破点应该是做好技术服务、突出科技示范功能，一个县或镇或村只需要抓重点、抓示范，便可收到事半功倍的效果。

樊家庙村2015年首批栽植矮化树560亩（100户村民），其中有26户党员和11个小队长（其中6个是党员），为了打消村民的疑虑，村委会号召每户村民种植3—5亩果树。村支书樊宾强认为：

> 要善于抓积极分子，带着他们去学习，以点带面，狠抓几片示范园区。

2018年秋天，樊宾强2015年栽植的矮化密植苹果树开始挂果，他5亩果园的果子在第一年就卖了6.2万元，一时传为美谈，为新果品技术推广注入了新动力。

为了连片种植形成规模示范效应并创建市级示范园，樊宾强积极做群众工作，最后有农户不愿意种树，他索性就将土地流转过来自己种，如今他流转了9片土地连成一片达73亩。在樊宾强的示范带领下，全村2015年至2018年底，新栽植苹果面积2400亩，全部是新品种矮化果树。

为了统一化管理，樊家庙村尽量连片发展果树栽植，2018年，全村3600亩果园连成一片，且都是在示范户带领下的小农户经营模式。连片栽植果树之后，樊家庙实行果树管理的"群防群治"，在每个劳动时节上，果农尽量保持行动一致，以达到病虫害防治的最佳效果。同时，樊家庙村两委还给每个片区配备包组村干部、小队长和技术员，每个片区都有微信群，病虫害防治、剪枝修枝等问题都能得到及时解决。

（二）科技保障引领果农向前

在科技示范引领方面，庆城苹果试验示范站起到至关重要的引领作用。多方共建的试验示范站，加上县果业局、乡镇果业站、村庄农民技术员，形成了一个县域科技服务支撑网络，上文已对试验站的示范引领作出描述分析，在此从微观层面分析农村科技示范户的功能。

1. 身边的科技示范户

2012年，经过试验站专家和果业局联合考察，县政府聘用100名农民技术员（即"土专家"），覆盖了所有有苹果园区的村庄。100名科技员不但个人的苹果园子管理得好，而且农业技术过硬，具有一定的人品和威望，能够对周边村民形成带动作用。当时选聘科技员时要求"有一定的号召力、群众威望高；有5亩以上的苹果园，具备5年以上的务果经验"。100名技术员中有相当部分是村两委成员或村民组长，本身在村民中具备一定的公信力，对于农技推广示范起到积极作用。

果业系统干部认为：农民技术员制度培养更多职业农民，这些人的信息灵通，新老果区技术员、县乡村果业成员有着制度化的沟通交流机制，使得最新技术和信息传播快捷有效。同时，技术员在各项工作和技术应用中起到带头示范作用。该制度还使得县乡政府果业发展工作有了抓手。

科技员的示范行动很大程度上影响着周边村民的农业经营行为。普通农户一年务农收入才1万元，再加上辛辛苦苦外出务工挣来的3万—4万元，全年所得只有4万—5万元收入。而邻居家的8亩果园，夫妻二人一年便能获得10万元收入，他们在农闲季节还能务工收入1万—2万元，远比普通农户收入高。在土地、劳动力和个人能力相差不大的情况下，家庭收入差别如此之大便能激发落后群众的追赶行为。1998年前后，第一批果农获得收益后周边农民纷纷栽植果树便是最好的例证。

经过大规模的果树栽植发展阶段，2012年前后，庆城县果业发展面临着新形势和新任务：一要做好老园区减伐改造工作，第二要做好新苹果品种和技术的推广应用。相比之前简单地栽树，这两项任务充满了更多不确定性，老园区减伐工作要砍伐老果树，而正在收益期的果树，农民无论如何是不舍得砍伐的，此时，科技示范户的带动作用就显得格外重要。

在推广新技术新品种的新地区，科技示范户的示范带动效应明显，但在已经有栽植路径依赖的老果区，农民和科技员普遍对新品种和新技术兴趣不大，尽管科技员会为满足要求而作出示范行动。这与新果区形成巨大反差，新果区的果农普遍反映矮化密植果树易管理、成本低，且该区域科技示范户的带动效应明显，例如上文提到的樊家庙村支书樊宾强。

2. 科技员为农民提气

事实上，樊家庙村现任支书樊宾强1992年作为队长就响应政府号召推动村民栽果树，但大家不接受，他就带头栽苹果树。不幸的是，他两次尝试均以失败告终，直到1997年，他才成功栽活一批乔化果树，这7亩果树8年才挂果，周期长、见效慢且投入较多。

樊宾强说："不是不愿意种果树，是老百姓不懂技术，不敢种。农民都知道一亩园十亩田。但他们不知道啥时候剪枝、拉枝。果树种植投入大，风险高。1992年栽植苹果树，管理不好，10年不结果的树都有，老百姓不愿弄这事。"有村民说："哎，果树不结果的时间比人的寿命都长，把人熬的！"

樊宾强总结道："那时节主要是技术不过关，不知道该如何管理，农民盲目发展果业，在田间管理上放任自流。当时果树树干腐烂了，不知道用什么药，就用碱水刷，没想到越刷越烂，最终死亡。也没有人知道白粉病、锈病等病虫害。今天，果农基本上都已经掌握田间管理技术，他们知道，技术产业发展是关键。"

在外参观学习后，樊宾强率先尝试栽植5亩矮化早熟富士品种，接着2016年他流转48亩土地栽植矮化苹果树，2017年再次栽植5亩果树，2018年栽植16亩果树（8亩瑞阳苹果、8亩瑞雪苹果）。樊宾强果园的果树品种有昌富2号、米垂、玉华早富、富士等，早、中、晚熟三个类型搭配，这样既能错开劳动时间，又能错开苹果上市高峰期。樊宾强是县里聘请的农民技术员，他从苹果试验站赵政阳、高华等老师那里学来技术教给农民。而今的樊家庙村的田间地头、农资店、村委会都成了学技术、研讨技术的场合，樊家庙村形成了一股学习新技术的高潮。樊宾强的车上随时带着剪子、锯子和药，他看见谁家果树有问题，随时处理，随时抹药，以防感染。"咱是老百姓，一点架子都没有。"樊宾强说："我是果农，对苹果很熟悉，群众想要啥品种，我就给啥，我也给他们搭配，早、中、晚（熟）搭配才好！"为了给全村果树营造良好的生长环境，樊宾强将村内、田间的青槐、柏树、核桃树全部挖掘替换成景观树海棠树。

（三）新行政发包制：政府如何提供组织保障

地域产业发展离不开政府的支持。作为组织资源的掌控者，县域政府通过财政、人事、考核、奖评等各项制度举措为产业发展提供支撑。2012年以来，庆城县将苹果产业作为支柱产业发展，每年发布3万亩苹果树栽植任务，截至2018年已取得明显成效，下面笔者将从新行政发包制的视角解读政府行为。

1. 专业部门的人财物保障

为满足地域果业发展需求，庆阳市委、市政府2008年成立了果业局。随之，庆城县2010年将隶属于林业局的园艺站改为果业局，2011年果业局由副科级单位升为正科级单位，2013年果业局与林业局分开成为独立的政府部门。庆城县果业局现有工作人员25名，其中在试验示范站驻点工作的人员10名。至此，果业发展有了专门的负责部门，区域果业专项政策的制定、落实和评估、考核由专业部门负责，更为重要的是全县果农有了明确的组织依靠，果品更新、技术保障、产品销售等系列服务，有了组织保障。

庆城苹果试验示范站于2012年12月22日成立，由西北农林科技大学、庆阳市政府、庆城县政府三方共建，实行首席专家负责制，首席专家是西北农林科技大学赵政阳教授，站长是西农大高华教授，常务副站长是李景波（兼庆城县果业局副局长），试验站运转经费由县财政单列。试验示范站属于独立的事业法人单位，基本定位是为全市苹果产业发展和果农服务，不从事商业营利活动。建站之时，市政府拨出50万元专项经费，县政府负责流转土地、示范站建设并落实编制（机构和人员）。2012年以来，全县大力支持果业品种更新和间伐技术推广，每年财政投入约1200万元，主要用于果业发展的基础服务，例如免费提供苗木、地膜、农药、竹竿等，为间伐示范户提供补助，为贫困户提供栽树劳务补助（一棵树补助1元钱）。

> 县里专门成立果业局，苹果试验示范站有专业教员。果树修剪、测土配方、农药等都由专人负责。政府支持苗子、地膜、支架，老百姓只用自己挖坑栽种、自己出钢丝钱即可。矮化苹果树必须有支架，有的老百姓不听话，不用支架，果子结下来，大风连根拔起，后悔不及。（樊宾强，2019-05-26）

专业的部门、人员和示范技术推广中心，以及专项的经费、活动任务、考评体系使得该县果业发展得到充分的组织保障。

2. 配套服务下的行政发包制

与以往行政强推模式不同，2012年以来政府推动果业发展更加重视质量，不但要保证果树栽植的成活率，而且要保证与新品种相适应的新技术服务到位，通过示范引领群众发展果业，通过精细化的考核保障组织落实。果业局作为牵头组织部门，负责行政任务的具体制定和发包，相关任务结合了不同乡镇的具体情况，更加具有可操作性。

政府每年做好果业发展规划下达指标和任务后，会在当年7月、12月各考核一次，作为乡镇政府成绩年终评价的重要参考依据。2015—2018年四年间，玄马镇每年有3000亩的苹果栽植任务，2019年降为1000亩。下面以新果园区玄马镇和老果园区赤城镇为例，展示不同区域面临的不同任务和工作考核重点。（见表2—2、表2—3）

表2—2　　2019年果业工作目标管理考核指标（玄马镇）

项　目	考　核　指　标	分值
组织领导	完善苹果产业领导小组，落实领导包抓责任制（1分）；年初有计划、有安排，半年、年终有总结（3分）；果业工作档案齐全（2分）；苹果产业经费年投入至少20万元（4分）	10

续表

项　目	考　核　指　标	分值
宣传培训	开展果业宣传活动4次（2分）；完成果农培训1000人次以上，其中重点培训80人次、普通培训920人次（4分）；按时上报果业生产管理相关数据，全年报送工作信息12条以上（4分）	10
果树栽植	完成苹果树栽植1000亩，其中矮化栽植800亩，乔化短枝栽植200亩（11分）；新建200亩以上连片矮化栽植示范点1处（3分）；各环节技术措施落实到位（3分）；栽植成活率、保存率均达到90%以上（3分）	20
果园管理	继续做好"1+1"标准园管理，在樊家庙村（100亩）、孔桥村（300亩）、柏树村（200亩）、老庄村（100亩）、沟垴村（100亩）分别抓好矮化幼龄园管理示范点，各4（分），共5处管理示范点，落实各项标准化管理技术措施，切实发挥示范带动作用	50
	实施合作社带动果园管理3000亩（矮化幼龄园标准化管理合作社6个）。做好果园标准化管理，按时落实拉枝、修剪、花果管理、肥水管理、病虫害防治等技术措施，矮化园抓好支架系统搭建、竹竿绑扶、起垄覆膜等，新建园套种合理，否则酌情扣分（25分）。配合做好500亩果园保险（5分）	
社会化服务	强化专职农民技术员管理，在栽、管、示范园建设等重点工作中充分发挥作用（5分）	5
加工营销体系	参加庆阳苹果品牌宣传推介活动（5分）	5

表2—3　　2019年果业工作目标管理考核指标（赤城镇）

项　目	考　核　指　标	分值
组织领导	完善苹果产业领导小组，落实领导包抓责任制（2分）；全年工作有计划、有安排，半年、年终有总结（3分）；果业工作（栽植、管理）档案齐全（2分）；苹果产业经费年投入至少20万元（3分）	10

续表

项目	考核指标	分值
宣传培训	开展果业宣传活动4次（2分）；完成果农培训1200人次以上（5分），其中重点培训90人次、普通培训1110人次；按时上报培训资料、果业生产管理相关数据及信息，全年报送工作信息12条以上（3分）	10
果树栽植	完成全年苹果树栽植任务500亩（10分）（矮化栽植300亩、乔化短枝栽植200亩）；各环节技术措施落实到位（5分）；栽植成活率、保存率均达到90%以上（5分）。按栽植面积、成活率比例得分	20
果园管理	继续做好"1+1"标准园管理，在老庄村、周庄村、黄冢子村分别抓好100亩老果园间伐改造示范点，各4（分），共3处管理示范点，每处示范点落实各项标准化管理技术措施，切实发挥示范带动作用	12
果园管理	完成郁闭园间伐改造3000亩（6分），创建200亩以上示范点4处（3分），间伐密度合理、技术规范、土肥水等配套措施落实到位（2分）	11
果园管理	实施合作社带动果园管理（乔化盛果园托管合作社3个）1500亩。做好果园标准化管理，按时落实拉枝、修剪、花果管理、肥水管理、病虫害防治等技术措施，矮化园抓好支架系统搭建、竹竿绑扶、起垄覆膜，新建园套种合理，否则酌情扣分（18分）。配合做好14000亩果园保险（6分）	24
果园管理	完成有机苹果基地建设3000亩，有机肥替代化肥3000亩（"两减一增"：减少农药、化肥施用量，增加有机肥施用量）（3分）	3
社会化服务	强化专职农民技术员管理，在栽、管、示范园建设等重点工作中充分发挥作用（3分）；成立果业专业合作社1个，果农入社率达到50%以上（2分）	5
加工营销体系	新增果库储藏量4000吨（2分）；每季度不少于2次果库安全大检查（1分）；积极推广采用印有"庆阳苹果"字样的果品包装（1分）；积极参加各种节会，展示推介庆城苹果（1分）	5

两个目标责任管理考核指标制度清晰地展示了影响县域果业发展的重点内容。第一项组织领导，主要考察领导包抓责任制及苹果产业发展

经费保障情况，同时，我们看到还有与科层制运作相关的文牍工作。

第二项宣传培训，在本条内容中可以看到县政府详细规定的培训工作，例如开展果业宣传活动的次数，按时上报培训资料、果业生产管理相关数据及信息等。为了更加精确地完成技术服务工作，县政府还规定了完成果农培训的人次，例如赤城镇的为 1200 人次以上，其中重点培训 90 人次、普通培训 1110 人次。作为新果区的玄马镇任务量相对少一些，果农培训任务为 1000 人次以上，这主要与新果区果农数量较少、幼苗管理环节较少相关。

第三项果树栽植，在 2012 年之前应是工作的重中之重，然而，在新的考核体系中所占分值并不高，仅为 20%，考核内容也发生重大变化——从栽植数量变为成活率和保存率（90% 以上）。另外考核指标还对各个乡镇要完成的苹果树栽植任务亩数作出明确规定，包括矮化栽植亩数、乔化短枝栽植亩数；还对栽植环节的技术措施落实作出要求。

责任目标书中分值占比最高的是第四项内容"果园管理"。以赤城镇的任务为例，该项内容又分为五小项：第一，继续做好"1+1"标准园管理，在老庄村、周庄村、黄冢子村分别抓好 100 亩老果园间伐改造示范点，每处示范点落实各项标准化管理技术措施，切实发挥示范带动作用；第二，完成郁闭园间伐改造 3000 亩，创建 200 亩以上示范点 4 处，间伐密度合理、技术规范，土肥水等配套措施落实到位；第三，实施合作社带动果园管理（乔化盛果园托管合作社 3 个）1500 亩。做好果园标准化管理，按时落实拉枝、修剪、花果管理、肥水管理、病虫害防治等技术措施，矮化园抓好支架系统搭建、竹竿绑扶、起垄覆膜，新建园套种合理，否则酌情扣分；第四，配合做好 14000 亩果园保险；第五，完成有机苹果基地建设 3000 亩，即有机肥替代化肥 3000 亩（"两减一增"：减少农药、化肥施用量，增加有机肥施用量）。显然，赤城镇作为老果园区，其发展面临的难题是老园区郁闭问题，间伐改造工作显得非常急迫，同时，做好有机苹果生产，也是顺应市场需求的必要工作。与赤城镇发展处于不同阶段的玄马镇则主要面临标准园区建设的工作，100—300 亩之间的示范点建设主要是为了影响周边村民、带动周边村民，共同发展苹果产业。

第五项社会化服务和第六项加工营销体系表明政府越来越有服务意识、发展社会主体的意识，同时，在品牌提升、向外推销、冷藏运输等方面也有了规划意识和行动。目前政府推动果业发展的方式仍然是行政发包制，然而，今天的行政发包制不同于以往的是，更多的配套服务资源和措施被嵌入在行政任务之中，潜在果农更多的是被引导而非被迫发展果业。

3. 领导包片制

与行政发包制相匹配的是包保责任制，简称包片制。果业发展作为全县第一大支柱产业，县委书记和县长都有主抓的示范园，同样，县领导和农口各部门负责人及乡镇主要领导都要包片抓示范园区建设。庆城县有"1+1"县级包抓示范园51处4700亩，其中包括部、省、市级示范园37处1.62万亩（部级2个、省级17个、市级18个），"1+1"即"行政和技术两手抓"。领导包片深化了行政发包制，是领导个人行政责任的明确，同样也是将领导个人能力和资源与行政工作相结合的机制。

领导包片发力的关键除了领导个人资源的差异外，就是所包片区乡村干部尤其是村干部的配合程度。村两委组织也仿效上级政府，采用包片制度发展果业。县、乡、村、组一级一级形成责任连带体系和压力传到系统，最终转化为动员、示范的效应。

> 政府主要抓村组干部和党员。县乡政府抓支书，支书抓队长，队长抓群众。三个村干部，每个村干部包四个生产队。队长是群众代表，党员干部一定要先带头，老百姓多数是随大流，看到效益了，很快就会跟上来。（樊宾强，2019-05-26）

2015年，樊家庙村首批栽植的560亩矮化树，100户中有26个党员家庭，3个村干部家庭，11个小队长家庭。为了更好地完成果树栽植任务，本地在县城和外地有正式工作的人员，县乡干部打电话请他们动员家人种果树。每年到春秋种树时节，玄马镇的乡镇干部都要分作5队到村里做动员工作，甚至在田间地头帮忙栽树。

到了果树丰收年，却是果树栽植工作最难推进的年份。2016年，全国苹果实现大丰收，苹果价格也是历史最低，果农和客商都出现不同程度亏本。2017年春天，无论乡村干部如何动员，村民都不愿意栽树。玄马镇政府为了使得贫困村柏树村脱贫，经过做工作，镇政府请了一个30

人的队伍帮忙该村栽树，苗木、人工等都是政府负责，村民只需要把土地给出来即可，柏树村栽树花了10多天时间，镇政府为此付出近30万元务工费。到2018年，苹果价格一路看涨，农民栽植果树的积极性被充分调动起来。

领导包片制度通过落实个体责任形成责任连带、压力传导系统，而这个压力只有转化为村组干部的动力才能真正起到作用。同时，果业发展受市场影响较大，农民受眼前利益影响较大，基层政府可以结合这些特点因势利导地做群众工作。

> 我包的片区有两户人家把树苗子拔了一半，剩余的一半他们精心照料呢。也有个别农户外出务工，政府栽了苗子荒在那里的。每个村都有20亩左右的荒原子。（县果业局访谈，2019-05-27）

六　产业发展助力地域减贫

在自然资源禀赋较差、市场机会较少、农民"靠天吃饭"的西北地区发展果业，本身就是一部脱贫史、也是一部致富史。"一亩园十亩田"的道理人人懂得，但不见得人人都会去尝试经济作物种植。各级政府的物质科技保障，基层党支部的思想组织引领，党员、干部、积极分子的带头示范，共同推动地区果业发展。

相较2000年之前，政府"要我致富"的果业发展模式，2000年之后农民思想观念转变，"我要致富"的愿望更加强烈，尤其是2012年之后，完整的技术服务体系为农民发展经济作物提供了底气。樊家庙村支书说，没有人不想发展果业，但是自己什么都不会，不敢发展果业啊。

受技术、资本和劳动限制的农民只得继续广种薄收、靠天吃饭的传统农业模式，粗放农业加上外出务工，处于温饱有余小康不足的阶段，稍有天灾人祸就会出现贫困现象，甚至陷入贫困泥沼无法自拔。当地农村房子建得漂亮的、家里有小车的农户，几乎都是有果树的农户。家徒四壁的，日子过得恓惶的人，绝大多数是没有栽植果树的。是否发展苹果产业，与农民家庭经济生活水平成正相关关系。下面以玄马镇和赤城

镇为例展示果业发展与镇域经济的关系。(见表2—4)

表2—4　　　　　　　赤城镇、玄马镇镇域经济比较

	赤城镇	赤城镇老庄村	玄马镇	玄马镇樊家庙村
概况	位于庆城县西南30公里处,辖9个行政村,61个自然村,全镇共4253户,17736人。镇域面积104平方千米,耕地面积4.31万亩,人均耕地2.43亩	全村6个自然村,422户,1840口人,村域面积7200亩,耕地面积3200亩,苹果种植面积2850亩	距离城区7千米,10个行政村,73个自然村,4538户,20364人(其中农业人口19991人)。镇域面积137平方公里,耕地面积3.6万亩,人均耕地1.8亩	樊家庙村,11个自然村,465户,1960口人,原有果树(乔化树)1200亩,2015年以来新栽矮化苹果树2400亩
主要产业	苹果产业为主,全镇苹果园面积达到3.97万亩,占耕地面积91.88%	苹果产业为主	川区三个村庄围绕县城消费发展畜牧养殖和瓜果蔬菜生产,其他农村以务工务农为主	外出务工为主,正在向苹果产业为主转向
贫困户情况	2013年建档立卡贫困户649户2407人,2018年底剩余未脱贫户43户160人,贫困发生率下降到0.92%	老庄村共有贫困户41户,目前剩4户未脱贫,贫困发生率9.7%	建档立卡贫困户1071户	贫困户104户,至今38户未脱贫,贫困发生率22.3%

如表2—4所示,玄马镇和赤城镇在山林土地自然资源等方面相差无几,尽管赤城镇人均耕地2.43亩,高于玄马镇的人均1.8亩地,但玄马镇有着靠近县域市场的地理位置优势,有着更大面积的山林资源(可发展畜牧养殖)。那么,发展潜力相当的两个镇,由于产业布局不同,农民生计模式和家庭收入状况也有很大差别。赤城镇2018年底,苹果产量达3.6万吨,总收入1.6亿元以上。而赤城镇的老庄村,人均果园1.5亩,

户均果园 6.75 亩，几乎家家户户有果园。2011 年全村人均年收入 9500 元，2018 年底人均年收入 1.5 万元。一对夫妻种植 5—10 亩果树，少量雇工，农闲时节可有一人在附近务工，好年景，户均收入在 5 万—15 万元之间，村民经济生活状况良好。如今，老庄村 90% 以上的家庭有小轿车，全村 41 户贫困户中未脱贫的有 3 户，多数贫困户比山区农村普通户家庭条件还好。如今，该村合作社蔬菜大棚雇工 1 天 100 元都找不到人。在人口、山林土地资源相当的情况下，玄马镇的贫困户和贫困人口数额均远大于赤城镇，玄马镇樊家庙村的贫困发生率也高出赤城镇老庄村 12.6 个百分点。

为了迎头赶上，玄马镇 2015 年开始大力推进果业发展，2012 年至 2018 年底栽植新果园面积 1.6 万亩，2015 年栽植的矮化早熟苹果已经开始挂果收益。苹果产业在脱贫攻坚中发挥重要作用。《甘肃日报》2015 年 10 月份报道称：

长期以来，许多专家都说，论光照、论海拔、论昼夜温差，庆城县是苹果的优势产区。但这些年，虽然政府引导了很多年，"农民年年栽树，年年不见树"的现象还是很普遍。一个核心点就是，农民栽的乔化苹果树，收益来得慢。加上缺乏相应的科学技术手段和管理能力，导致产量效益低，形成了恶性循环。

"原先，我们发展苹果产业，不知道啥新品种好，也不知道从哪里引，就是引来了，心里也不踏实，到底行不行……"庆城县果业局副局长徐巨涛告诉记者，"现在，西农专家教授的到来，自动给我们带来了新品种、新技术、新资源。"在西农专家手把手的指导下，矮化密植技术也"落户"庆城。这一技术，可以使苹果三年结果，五年丰产，提前三四年有收益。①

2015 年农历正月十二，国家苹果产业技术体系岗位专家、西北农林科技大学庆城试验站首席负责人赵政阳教授来到葛崾岘办事处高庙村，和村民打起了赌："我们引进的乔化短枝型品种栽培模式，保证山地苹果

---

① 宋振峰：《变"独角戏"为"大合唱"——庆城县创新模式推进精准扶贫精准脱贫启示录》，2015 年 10 月 6 日，甘肃政务服务网（http：//www.gansu.gov.cn/art/2015/10/6/art_ 35_ 251880.html，2015 年 10 月 6 日）。

3年结果，虽然你们这里山大沟深，可一亩产量能在5000斤以上，如果不行，我给你赔钱。"在赵教授的建议下，葛崾岘办事处党工委书记方智带领100多名村民到延安考察。那里的地，连个筐筐都放不住，掉下来一个苹果，就滚到沟里。可那里已种了十多年苹果，户均收入十几万元。外出参观、专家技术保障激发了村民发展果业的潜力，"清明"植树时，在乡村干部的帮扶下，高庙村村民十天时间建成了种植10万多株山地苹果的示范园。

2018年庆城县全县果品面积累计达到41.7万亩（其中苹果41.3万亩、贫困户3.4万亩），挂果园面积达到20万亩（其中苹果18.1万亩、贫困户3884亩），全县果品产量19万吨（其中苹果18.6万吨、贫困户3998吨），果品产值8.6亿元（其中苹果7.8亿元、贫困户产值0.2亿元），果品为农民提供人均收入3629元（其中苹果3291元、贫困户果农人均收入722元），苹果占农民人均纯收入的30%。

为了精准扶贫，2018年，全县还完成431户果农参与"331+"果园托管3054.5亩（其中完成173户贫困户参与果园托管1186.5亩），实现了每个贫困户首批分红3000元。落实6310户果农投保苹果保险40377.6亩（其中落实390户贫困户投保苹果保险2459亩），理赔果园受灾群众380万元，其中贫困户25万元。实施郁闭园间伐改造12183亩。开展技术培训115期12096人次（其中建档立卡贫困户普通培训2302人次）。全年共新增赤城等果业合作社6家；增补果业专职农民技术员16名，落实100名果业专职农民技术员帮管500户贫困户（果园面积2543亩）。新建简易果库32处0.64万吨，为20个贫困村购置移动冷藏车20辆。

30年的果业发展经验表明，尽管苹果市场时有波动，但果农的家庭收入明显高于普通农户，苹果树是当地农民脱贫致富的关键变量。2012年以来，庆阳市、庆城县与西农大共建苹果试验示范站，为新品种新技术的推广应用提供保障，苹果新品种栽植面积的不断扩大，苹果产业的全域发展正在推动共同富裕的实现。

七　余论：适度规模经营与产业稳步发展

农业生产的特殊性决定了形式上的大规模经营不一定导致高效率，

甚至会出现相反的结果。苹果产业属于劳动、资本和技术三密集产业，投入成本相对较高，季节性作业特点突出，技术要求高，而且要面对市场风险和自然灾害。一旦遇到自然灾害，例如雨、雪、冰雹、霜冻等，大规模种植户无法及时有效应对；一旦遇到丰收年份，大规模种植户也要面临果价下滑的风险。一旦歉收，小农户尚且能够抵抗过去，大规模种植户可能一蹶不振。学界虽然对规模种植尚存争议，但在目前中国尚且不适宜推行美国农场式的农业经营模式。适度规模经营是劳动、资本和技术三要素的最佳组合。

（一）"苹果小镇"变"耗子庄园"

庆城县的果业发展在一定程度上存在片面追求规模效应的误区，"苹果小镇变耗子庄园"就是一个经典案例。2015年，陕西某公司老板经过招商引资来到玄马镇郑家园组建合作社，流转土地3000亩打造"苹果小镇"。园区建设自2016年开始，政府配套园区的水电路等基础设施，并免费提供树苗、地膜、支架等物质材料，同时为其提供300万元的贷款。然而，好景不长，2018年春，该商人的资金跟不上，不再投资园区，园区全年几乎处于停滞状态，荒草丛生、苹果小镇变成耗子庄园。

目前这3000亩的土地，每年租金要105万元（300元/亩），园区老板欠着2018年、2019年的土地租金210万元，另有60万元的劳工费未结清。村民时常到政府上访，请政府解决问题，因为这是政府推动的土地流转。2019年春天，该园区老板向政府明确表示自己无力经营，说如果有人愿意接手，只需要帮忙还贷款300万元，支付2018年、2019年的土地租金（270万元）和60万元误工费即可。目前全园区60%的面积（1800亩）处于撂荒状态。土地撂荒近一年，政府四处找人接手，但至今无人愿意接过来。后来政府通过做村组干部和村民工作，让村民把自家地里的果树管理起来，还有两个小型合作社各自承接100亩左右的果园。接续种地的农民心里不踏实，政府告诉农民："你们先种着，老板回来要地的话，你们就给他要工钱。否则，这就是你们的了。"

乡镇干部说："这些商人肯定想着套项目资金和贷款呢。庆城镇的园区老板全跑了。我们镇四家只跑了一家。我们倾向于小农户发展模式。大规模经营一旦失败，坑农民、坑政府。"

庆城镇某园区老板2015年流转经营1000亩苹果园区，2018年开始失联，土地撂荒一年，2019年4月，村干部和农民接手耕种。乡镇干部普遍反映："园区老板拖欠地租和工钱，现在农民闹事，政府也头疼！"

2015—2016年，庆城县支持大规模经营，告诉商家"你们多种点，政府有支持"。当时兴起资本经营农业的浪潮，多数资本和出租土地的农民联合组成合作社，500亩以上的园区有8家，其中两家超过1000亩。

据统计，截至2019年5月，全县100亩以上的苹果园有17家，其中80%是合作社（部分是资本主导），还有一家是来自陕西的企业。鉴于近两年的发展经验，庆城县政府不再主张大规模经营，认为小农户经营比较合适，合作社的经营规模最好控制在200—300亩之间，产业发展政策越来越符合实际。

（二）小农为主体的现代农业

小农户经营劳动、资本双密集产业具有天然的优越性，即组织成本低，抵抗市场和自然风险能力强，灵活性高。庆城县果业发展30年来，还没有出现一户小农因为种植果树而破产的。劳动资本双密集产业，最大的成本是劳动，农民将果园称为"劳改场"。一亩果园一年的投入在1000—1500元之间，一亩苹果产量在4000—6000斤，即使一斤果子1元钱，农民也能保本；但对于企业而言，每斤果子低于2元，则是亏本。前文已述，一户小农经营5—10亩果树，农闲时节还可以务工，果树收益在好年份每亩能得1万—1.5万元，务工收入1万—2万元，正常年份一个小农户收入达5万—15万元，比外出务工收入还高，即使四年间有一年灾荒年或者果价低落年份，每亩收入5000元，农户收入可达2.4万—5万元，尚能维持家庭运转。小农户的韧性就在于劳动力的精准配置和家庭生产和消费的适时收缩。

42岁的贾武辉是赤城镇老庄3队队长，他们夫妻二人栽植5亩果园，他农闲时节在附近做建筑工，一天收入240—260元，务工时间是农历二月到七月。到七月份苹果脱袋时，他开始在家务农。田间果树打药、套袋时，他回家帮忙，日常的锄草和田间管理由妻子一人负责。苹果套袋工作，一对夫妻能够完成5亩果园，贾武辉家不需要请人，因为请人套袋一个袋子6分钱，一个人一天套3000—5000个袋子，需付180—300元的工资,与贾武辉外出工作的工资相当。一般年份,果园一年收入6万元左右,投入1万元左右;遭遇天灾或果价下滑,例如天灾,他家的果园收入2.3万元,当然投入也随之降低(主要是人工、袋子)。加上一年2.5万元的务工收入,贾武辉一家保持着中等偏上的生活收入水准。

同样,赤城镇老庄5队队长贾兴武,夫妻二人经营9亩果树,2018年卖了12万元,2017年卖了7万多元,每年总投入1.5万元(含少量雇工费及农药、化肥投入)。贾兴武农闲时还可在县上打工,每年收入2万—3万元。

赤城镇农户几乎家家户户有果园,果园面积从3—5亩到10—20亩不等,超出20亩的仅1户,多数集中在8亩左右,比较符合小农户生产的特征。玄马镇樊家庙村果业发展是在基层党组织引领下逐步发展起来的,也是以小农户为主体。政府大力支持园区规模发展,一定程度上是行政发包制下急功近利的表现。

> 刚开始没有那么多群众接受种果树,政府招商引资发展果业,2015—2016年全镇引入四个企业,分别经营3000亩、1200亩、800亩和700亩果园,企业与流转出土地的农户形成合作社,通过合作社最高贷款300万元。正是公司的介入才使得镇政府每年超额完成任务。(玄马镇李镇长,2019-05-28)

园区发展固然易于形成规模效应,便于领导视察、容易出政绩,但其内含的经营风险应当被充分考虑在内,尤其是资本的经营能力。在这个意义上,宁县的海升模式值得进一步探讨。

(三)合作社与产业发展

结合精准扶贫政策,2018年以来,庆城县开始重点发展农民专业合作社,一方面希望合作社能够联合种植形成规模,但其基础必须是小农户的联合;另一方面希望合作社成立农机服务队,形成果业发展的统一管理、经营和生产。2019年全县将重点支持60个合作社(其中老果园/乔化树10个合作社,矮化园区合作社20个,山地乔化树合作社30个),要求合作社经营面积达到200亩以上,平均每个合作社可以获得7万元的补助资金。

2018年，省政府大力推动合作社扶贫，县政府提倡各村成立合作社，以承接国家项目资金。樊宾强联合4位村民成立了"庆城县瑞岭种植农民专业合作社"，吸收社员18户，合作社共计社员23户，经营土地面积144亩。合作社中有2户进行托管（6亩果园），实际由村支书经营，付给对方租金。由于樊宾强既是社长又是村支书、农民技术员，他的技术服务、信息通知都是通过村支部公共平台发布，合作社平时无业务。樊家庙村有一个在县城搞房地产的老板回乡，在南园自然村流转土地128亩开始种植苹果树，也成了一个空壳合作社。

总体上看，玄马镇的合作社有三种组合模式，第一种是企业主导的合作社，农民以土地和劳动入股，获取租金和劳务费；第二种是以能人和村干部主导合作社，普通社员多数只是形式存在并无参与感、也无利益分配；第三种合作社是村民主导，大家共同参与、经营、分配，宜分则分、宜统则统，形成合作共赢的局面。

纵观全国各地农业经营状况看，小农户是现代农业发展的真正主体，最有生命力和潜力。企业、合作社等新型农业经营主体如何与小农户有机结合，而非形式上盗取小农户之名谋求私人利益，成为政策需要警惕的一个大问题。在乡村振兴背景下，小农户如何与现代农业有机衔接，政府从技术、组织和物质等方面如何提供保障，是全国农业产业发展中正在面临的挑战，也是庆城县正在探索的方向。

第三章

"西农模式"在千阳

千阳县位于中国四大苹果优势区域之一的黄土高原优生区，光热资源充足、山区比例大、气候条件适宜，是苹果的最佳适生区之一。然而长期以来，由于缺乏有效的产业推动策略，缺乏有力的农技推广机制，苹果并未成为千阳县农业产业的主导发展方向，在作为苹果种植优势区、集中连片面积最大的陕西省，千阳县也并未因果致富，也未因果闻名。在2012年之前，全县39.2万亩耕地中，仅在南寨镇三合村保留了约800亩的老式乔化果园。

2012年，西北农林科技大学与宝鸡市、千阳县签署校县合作协议，在千阳县建成占地60亩的"西北农林科技大学宝鸡市千阳苹果试验示范站"，同时加挂"宝鸡市苹果试验示范站"牌子。试验示范站建设是西北农林科技大学在探索新型农业科技推广路径时所产生的工作经验之一，西北农林科技大学经过十年多的探索和实践，逐步形成了符合我国国情、独具特色的农技推广"西农模式"。千阳苹果实验示范站是实践"西农模式"的26个试验示范站之一，学校在试验示范站设置了15名专家团队成员岗位，其中具有科研推广编制的长期驻站人员4人，在试验示范站进行苹果矮化砧木资源引进、选育和砧穗组合的筛选、评价，矮砧苹果优质苗木繁育、集约高效栽培、省力化栽培、采后增值等技术的示范推广。通过试验示范站对新技术、新品种的试验、示范与推广，助力千阳县苹果产业实现丰产、优质、高效的发展目标。

在2012年试验示范站落户千阳之后，短短三年时间，以"矮砧集约栽培"为核心的先进种植技术迅速在全县范围内推广并取得了丰硕的成果。从经营效率来看，由试验示范站主导推广的三年生无病毒矮化自根苗或矮化中间砧苗，通过"矮砧集约栽培"技术的种植模式，按照1.2米×4米的密度栽植，可以达到"当年栽植、次年挂果"的生长速度，且经过三年栽培亩产达1750千克，五年后亩产4000~5000千克。从全国苹果产业布局来看，千阳已成全国最大的矮砧苹果集约化示范基地，由千阳创造并引领的苹果"大苗建园、矮砧密植、格架栽培、企业引领、规模发展"的发展经验，被总结为"千阳模式"并在全国范围内得到了广泛社会影响和政治影响，为国内苹果产业发展提供了方向，总结了经验，树立了典范。

苹果发展的"千阳模式"离不开农业技术的贡献，可以说，千阳苹果的发展进程中，由西农试验示范站探索并实践的一整套农机推广措施对苹果产业推进起到了关键的、不可替代的作用。

一 "西农模式"在千阳

"西农模式"是近年来西北农林科技大学在农业科技推广方面所作出的经验。与固有的由政府主导的单一农技推广方式不同，"西农模式"是以大学科技源头为依托，在区域主导产业中心地带，建立产学研三位一体的永久性农业试验示范站，集成、熟化、推广农业技术成果。作为实践"西农模式"的核心措施之一的试验示范站建设，是实现产学研结合、落实农技推广主体的基础工作。千阳苹果试验示范站于2012年落户千阳县南寨镇，承担的任务是根据宝鸡苹果产业发展需要，开展矮砧集约高效栽培模式为核心的研究示范与推广；由西北农林科技大学、宝鸡市果业蔬菜管理局、千阳县人民政府三方按照校、市、县联建、共建的管理与产业服务模式合作建设，共同管理运行；由千阳县人民政府协助，提供60亩土地作为实验示范园，开展矮砧集约高效栽培模式的研究与实践；试验站专家团队15人，其中4人为科研推广人员，承担技术推广职责。

试验示范站之于千阳的意义，在于一种新型的农业技术体系的落地生根。将农业技术的研发与推广扎根于田间地头，这是西农长期以来的学术传统，也是落实社会责任的一贯做法。千阳县是国家级贫困县，由于灌溉条件的限制，以塬地、坡地为主的土地资源结构导致传统粮食作物产量低下，农民收入水平低。以张家塬镇为例，年均降雨量少，地下水位低，粮食种植靠天吃饭，仅能维持一年一季，小麦亩均产量600斤。若将受益较低的小麦种植改变为收益较高的经济作物种植，即可大大增加农民受益，而试验示范站所选定的苹果种植作为千阳县农业产业结构转型的突破口。西农在旱作区的水土保持、产业发展与技术研发方面具有较强的技术储备，试验示范站可以作为技术下乡的突破口。而高校所具备的技术优势、人才资源以及制度创新能力，能够迅速地改变以政府主导的、单一的五级农技推广体系的工作效率，"西农模式"所指代的农技推广体系也可以作为公益性推广体系，独立承担技术入户与产业推进的任务。

千阳之于"西农模式"的意义，在于从实践经验基础上，对"西农模式"进行补充与完善。陕西省作为全国苹果生产第一大省，果业蓬勃发展的背后一直离不开西农所给予的技术支持。以"西农模式"为例，学校围绕苹果产业的地理布局已建成4个试验示范站，分别位于渭北的白水县、陕北地区的洛川县、黄土高原西部的千阳县以及甘肃省庆阳市庆城县。从地理分区来看，囊括了黄土高原优生区的各个版块；从果业类型来看，白水、洛川属于传统果业区域，以乔化果园为主，千阳、庆城则属于新建果园，以新型矮砧密植园为主；从技术需求来看，白水、洛川的老果园以间伐改型与品种改良为主，千阳、庆城则以种植模式、果园管理为主。总体而言，苹果的四个试验站在功能上形成了相互补充、各有侧重的试验示范体系，千阳试验示范站在探索以"矮砧集约栽培"技术为核心的种植模式领先一步，承担着科研任务。同时，千阳县苹果在试验示范站的带动下白手起家，为缺乏产业基础的地域开展农技推广积累了经验。

二 试验示范站的工作机制及其效果

试验示范站是"西农模式"的核心措施。试验示范站的定位在于依托学校学科优势，面向区域主导产业，在产业中心地带建立永久性的产业试验站和示范基地；其功能是，成为现代农业科技成果的"显示器"、产学研结合的"实验场"、服务区域产业的"技术辐射中心"。因而试验示范站的工作机制，将成为决定区域产业发展的关键因素。千阳试验示范站并不是建站最早，因而可以吸收以往试验站建设与工作的经验与教训，正因如此，千阳试验示范站在工作机制上能够做出创新。

（一）依照地方经济社会条件，选择适合产业发展的新技术

高校、科研院所作为公益性的农技推广力量，需要主动发挥农业技术服务的职能。千阳试验示范站是与地方政府的"主动的合作"，科研人员不再坐等地方政府的邀请，而是结合自己的研究方向，主动与有关主导产业的地方政府洽谈，共同创建试验示范站，以便将新技术及时提供给农户。以千阳试验示范站首席专家李丙智教授为例，李丙智教授就职于西农园艺学院，研究方向是果树栽培与品种推广，重点关注矮砧密植栽培与肥水量化。

矮砧集约栽培是李丙智教授长期从事的研究内容，李教授对国内、省内的矮砧果树发展状况比较了解，选址千阳，首先是考虑到千阳位于渭北旱塬优生带，自然条件适宜苹果产业的发展；其次，千阳县曾短期种植苹果，虽属农户自发开展的小规模经营，但已产生了部分对果园经营有初步经验的农户；再次，千阳县绝大部分土地从未建设果园，有利于新建果园的推广。从社会环境来看，试验示范站落户千阳是经过科学规划的。

而选择矮砧集约栽培模式作为千阳试验示范站的推广重心，同样是经过对社会状况的考察之后的合理选择。与传统乔化果园的经验模式相比，矮化集约种植的自根砧苹果有"三省"（即省水、省肥、省工）的特点。此种模式的优点适合于当前农村产业发展的规律。

省水，这一特点适合于类似千阳县的旱塬缺水地区。千阳县年均降雨量562—751.4毫米，按照苹果生长周期看，4—9月总降水514毫米，每月平均85.7毫米；3—5月降水137.7毫米；6—8月降水278.8毫米。这种气候条件基本可以满足苹果的发育生长。而矮砧集约种植的果树具有地表根系广、毛细根丰富的特征，即不需要过多汲取地下水，仅靠降雨就可以满足果树生长。对于旱塬地区而言，省水的特点是农业产业发展急需的优势。

省肥，这一特点大大降低了果园的经营成本。千阳县位于西部经济落后区域，农民的主要收入依靠外出务工，农业在农户家庭收入结构中所占比重极小，仅具有口粮田的功能，因而是一种维持型农业，农民没有能力也不愿对农业进行过多投入。与传统果园相比，矮化集约栽培的果树的树冠体积缩小了2/3，冠盖小而且抽枝少，这意味着肥料主要被果实生长吸收，肥料利用率高；树冠缩小，所需要的农药投入也相应减少。试验结果显示，与传统果园相比，矮砧自根砧的集约栽培模式可以节省肥料30%，节省农药30%。

省工，这一特点适应当前农村社会"留守化"的现状。与全国其他农村一样，千阳县务工经济比重较高，青壮年劳动力几乎全部流动到城市经济部门就业，农业的维持依靠着村庄留守群体，"老人农业""留守妇女农业"成为农业经营的常态。而矮砧自根砧的集约栽培模式大大矮化了树种，传统栽培1个劳动力只能管理5亩果园，矮化密植宽行栽培不仅劳动需求少，而且有利于机械化耕作，1个劳动力可管理15亩果园。

技术下乡需要回应当前农村社会结构转型的现实需求。当前农村地区普遍面临劳动力向外流动、村庄空心化的问题，留守群体成为村庄中农业的主要从业人群，而农业也已转变为维持型、底线型的产业。以千阳为例，以粮食作物为内容的旱作农业仅仅承担着口粮供给的任务，农民对农业投入的积极性不足。而矮砧集约栽培模式首先能够提高农民对农业产出的预期，矮砧品质好、商品率高，大大提高了农业的盈利空间，改变了农民对于土地的"维持型""底线型"的固有观念；矮化自根砧苹果栽后当年开花，次年挂果，3—4年即可进入丰产期，收益迅速；特别是固有的"三省"特点，有效降低了经营成本，村庄留守群体完全可以在既有的生产条件上开展经营。在技术类型的选择上，千阳试验示范站所推广的矮砧集约栽培模式适应当前农村社会结构转型与产业升级的需求。

（二）以试验示范站为核心，整合多元推广体系

长期以来，科技入土面临着技术与小农无法对接的难题，一方面是农业发展亟须科技的助力，另一方面则是千家万户的小农无法有效接纳自上而下的技术传播。从现行推广体制来看，基层行政改革或多或少地肢解了原有的乡村农技推广体系，近年来普遍出现基层农技推广体系

"线断、网破、人散"现象。从农村社会结构转型的现状来看，村庄中坚群体的大量外流，农业在农户收入结构中边缘化使得农民的务农积极性不高，农户对农业技术不敏感，千家万户的小农无法形成组织化，使得农业技术发挥的作用大大缩减。部分农户不愿进行农业种植，自发将土地流转给亲属或邻里，乡村中产生了一部分中等规模经营的农户；在千阳县的新型农业经营主体培育中，已经出现了多家龙头企业与家庭农场，他们成为了县域农业发展的排头兵。

新的社会结构与农业经营格局要求农技推广体系需要得到相应地调整，千阳试验示范站的建立形成了县域农机推广体系重构的契机。试验示范站是大学农机推广的核心载体，对于地方而言，试验示范站的建立成为整合原有农技体系、创新推广方式的起点。由于千阳试验示范站选择了适合县域农业发展的矮砧集约栽培模式，并编制了现代果业发展规划，千阳县确定了以"中国现代矮砧苹果示范县建设"为战略目标的果业发展计划，并动员各级行政力量来完成这项"中心工作"；为了确保计划的落实，在试验示范站的建议下，千阳县成立了以"转变果业发展方式促进果业增效、果农增收"为目标的县果业中心，该机构依托千阳试验示范站，负责落实矮砧苹果集约化生产示范县建设的战略任务。在乡镇一级，重新确立了"农机推广员"职务，专门负责从事农业技术下乡入户的工作，并在村组两级建立了农技推广队伍。除此之外，整合新型的果业经营主体，使之成为农业技术的示范户，发挥农技实践与示范功能，如指导龙头企业海升公司成立的现代农业示范园，以及以家庭农场为主体的示范园建设，使之成为农业技术的展示台与扩音器。

重塑原有的农技推广机构、整合多元社会力量进行农技示范与推广，这是以试验示范站为核心的农机推广模式所产生的制度创新。试验示范站作为农业技术供给的源头，自身就是科技入户的主体，同时还着力培育多种产业主体并使之成为科技入户的次级力量，试验站所在的基层农技力量、涉农企业和合作组织等推广力量都在不同程度上参与到大学农技推广服务之中，不仅整合了行政体系内部的推广力量，而且形成了跨越行政区划的农技推广组织，"农业试验示范站"推广服务模式成为多元力量共同参与的展现。

（三）以技术落地为目标，助力产业体系的完善

农业技术想要迅速推广，就需要适应既有的市场环境，但并不是消极地适应，而是首先通过改善农业技术生存的土壤，进而营造适合技术扩展的产业氛围。苹果产业是产业化程度较高、规模化与集约化需求高的生产活动，因而试验示范站的栽培模式的推广任务，附带地要承担果业全产业链的技术供给服务，并帮助县域苹果产业体系的完善。

全产业链的技术供给，包括从产前到产后一整套技术的全方位整合。以大学为依托的试验示范站具有了独特的优势，具体表现在对高校各种专业力量的整合，试验示范站能够提供食物加工、生产资料供给、农业技术推广、生态保护、经济发展、文化传承、市场服务等多种专业知识，这也是大学作为公益性农技推广力量所具有的天然优势。西北农林科技大学设立"农业科技推广专项基金"，选派育种、栽培、植病、储藏、加工以及营销、管理等多学科专家组建推广团队，开展集成攻关和综合技术示范，实施产前产后全程技术服务，科研课题与生产问题直接对接。在千阳苹果产业发展中，果树品种的选择，是由园艺学院专家团队从荷兰、我国烟台等地进行选择，从先期的苗木栽培、水肥配比、栽种技术等方面进行了指导；在经营过程中，为促进苹果规模化发展，试验示范站也承担了龙头企业招商、土地规模流转等具体工作，如县内第二大龙头企业华圣集团，就是由试验示范站全程引进并作技术指导。以产后的分拣、包装与存储为例，由园艺学院任小林教授负责苹果采后处理与产地储藏，并全程指导海升公司与千阳县果业中心的分拣系统与冷库建设；经济管理学院霍学喜教授曾多次在千阳县为企业、大户与果农做果业市场形势分析的报告。

要推进农技扩散的速度、广度与效度，除了技术推广机制的探索，很大一部分工作在于农技之外，即整体产业环境的改善，这也是农技推广工作的题中之义，就推广而做推广，很难充分发挥农技作为"第一生产力"的功能。千阳试验示范站着眼于全产业链建设、促进县域产业体系的完善，使得农技推广的社会效应得以迅速地扩展。

（四）以科技培训为抓手，狠抓人才队伍建设

农业技术的下乡入土，需要有一支强有力的人才队伍来落实推广任务。但长期以来，承担这项任务的主要是一批基层推广人员，他们往往被吸纳进了乡镇行政体系，又随着基层治理改革而逐渐被边缘化，或者被分散到其他行政职能部门，很难完成农技推广的任务。同时由于基层人员收入较低，人员流动较大，很难保持一支稳定的推广队伍。

以试验示范站为核心的推广队伍的建设，是由大学推广机构与地方行政机构共同建构的一套技术人才培养模式与工作机制。为解决推广队伍不稳定的问题，试验示范站首先在站内严格执行学校的推广政策，设置专门的科技推广职位，县、乡两级成立了专门负责苹果产业推进的组织机构，由试验示范站对机构人员进行技术培训，使之组成稳定的推广人才队伍；在村庄与村民小组一级，遴选合适的农户来担任农技示范户，并培育一批以果业种植为职业的土专家、技术能手。根据农村劳动力年龄普遍偏大、科技素质整体不高的实际情况，按照现代果农的培训要求，以西北农林科技大学苹果试验站、海升苹果基地和各镇苹果示范园为阵地，整合阳光工程、扶贫开发、劳动力就业转移等公共资源，组建千阳苹果"田间大学"设站设班，安排课时，进行教学化果农培训；由试验示范站与县果业中心联合开展"一带十、十带百、百带千"的人才工程，培训苹果土专家30人，新式职业果农600人，务农能手3000人，提升了整体管理水平，改变了农民产生自"老果园"的老经验与土办法。试验示范站还对外县市开展集中培训与参观咨询，以2014年为例，由试验示范站举行的2天以上室内集中技术培训25场次，培训果农3000人次，接待6省41个县（市）参观6921人次，咨询3080人次。

针对千阳苹果以龙头企业、大户与家庭农场为经营主体的现状，试验示范站着力于依托此类新型农业经营主体来开展科技培训。新型农业经营主体对农技的需求强烈，对学习新技术有较强的积极性，实验示范站主动开展与他们的技术对接。以海升公司为例，其经营面积达到6500亩，其田间管理与产业体系完善都依赖于农业科技的有效投入，为扶持企业的发展，千阳试验示范站专家对该公司开展技术指导，并配合启动实施了"青苹果"人才计划，首批招募了国内一流院校的农业类研究生以上学历高层次人才 17 人，其中一半为西北农林科技大学毕业学生，扎根基层从事科研与管理。试验示范站专家还协助海升公司建设了试验平台，能够独立开展土壤检测、叶面检测、营养检测等试验，驻站专家与学校科研人员定期为公司科技人员做业务指导，同时也联合公司实验平台来申请省级科研项目，提升企业的自主创新能力。

（五）以科研促进技术创新，以技术创新推动产业升级

试验示范站既承担着推进地方产业发展的职责，也承担着科研创新的学术职责，通过实验使试验室技术落地生根，同时通过实践来检验和修正农业技术，这是实验与示范之间的共生关系。为满足地方产业发展不断出现的新需求，试验示范站也在科研方面做出了相应的努力，以技术创新推动产业升级。

千阳矮砧苹果发展迅速，在短期内一跃成为全国矮砧苹果的主要产业基地，一些龙头企业通过积极的市场营销，已经成为矮砧栽培技术与自根砧技术的输出主体，并且创造了地方经济的新增长点。以自根砧技术为例，千阳采取矮砧大苗种植模式，而矮砧大苗的主要获取渠道是通过海外进口，以荷兰进口的矮砧大苗为例，售价达到 80 元/株，过高的苗木价格也限制了矮砧集约栽培技术的扩散。而经过国产化处理的苗木，售价可以降到 50—60 元/株，可以尽快填补市场空白，因而自根砧育苗成为海升、华圣等龙头企业的主导方向。为了满足企业对自根砧育苗技术的需求，试验示范站专家同时开展了对育苗技术的实验与研究，并新建了 30 亩地的压条苗圃，探索进口苗木的本土化培育模式。回应地方产业发展的新要求，为苹果从业者提供最新、最需要、最适宜的技术支持，这需要雄厚的科研实力作为后盾，大学科研单位具有科研优势，试验示范站则将科技通过示范的方式展示给地方社会，这是讲农技推广建在产业核心区、建在田间地头的独特用意。2014 年，千阳试验示范站通过研究自根砧压条繁殖栽植密度、压倒时间、修剪量及培土生根，室内嫁接、移植苗 6—BA 促分枝技术，提出了自根砧育苗技术规范，并申报两项国家发明专利，有效地推进了高校科研创新；自根砧苗自主繁育这一关键技术在西北农林科技大学取得突破，陕西省在全国首次完成矮砧苹果栽培核心技术的自主化，率先掌握了新一代苹果产业的核心科技，这一突

破也意味着，依托于千阳的自根砧苗木培育产业，从明年开始，将不再需要从国外进口自根砧苗木。

同时，由试验示范站直接指导的海升、华圣、大地丰泰三大龙头企业的自根砧培育苗圃面积扩大到了3500亩，占国内自根砧苗木市场的90%。海升公司2014年的500亩苗圃出产了一年生苗木150万株，达到了近4000万的销售额；大地丰泰出苗100万株，对外销售20万株。而从市场潜力看，全国矮砧密植果园将近10万亩，其中80%在陕西，陕西矮砧果园面积的70%在千阳，按照200株/亩的标准栽培密度，全国的矮砧密植果园需要大量的苗木供给，千阳作为自根砧苗木的培育与销售基地，具有较大的盈利空间，当前千阳苗木已经成为5省矮砧密植果园建设需求的主要来源。从2015年压条苗圃的扩展速度来看，除了三家公司在继续扩大苗圃面积外，有更多的龙头企业与大户试图寻求实验示范站的协助，开展自根砧苗木的培育。预计到2016年，全县能够培育苗木1000万株，2017年达到2000万株，千阳县已成为全国性的矮砧集约栽培技术的输出地，也成为全国自根砧苗木的主要供应地。可以预见，自根砧苗木将成为千阳苹果产业发展的重要构成部分，也将是非常具有市场潜力的产业类型，试验示范站正在以科研创新来为这一新生的技术需求提供答案。

三　建构适宜农技推广的产业环境

农技推广是一项系统工程，既需要选择合适的技术作为推广内容，也需要建设与技术本身配套的推广体系，以及适应推广体系的制度环境与社会环境。同时，农业技术要通过服从产业规律才能产生良好的经济效益和社会效应，因此试验示范站选择何种技术、选择何种工作机制进行推广、如何发挥技术在产业发展中的引领作用，都需要顺应市场逻辑与产业发展规律。

（一）以矮砧集约栽培作为苹果产业转型的突破口

前文介绍了矮砧集约栽培模式在经营方面所具有的"三省"优势，这种栽培技术顺应了当前农业从业的基本形态，也适应了农村社会结构的基本格局。从世界苹果产业的发展趋势看，矮砧集约栽培技术代表着苹果产业的发展方向，从国内苹果市场格局看，矮砧节约栽培技术所具有的竞争优势将改变苹果的产业布局与果农的种植习惯。

首先，我国苹果产业格局中占主导地位的是乔化苹果树，矮砧苹果面积虽小，但其栽培模式符合现代化水肥灌溉设施的要求，适合田间自动化机械化管理，又有效益突出和节约资源、人工的优点。种植成本上的"三省"，带来的却是效益5—7倍的增长，这种技术自身的属性成为"千阳模式"形成的关键。与乔化老果园5—6年挂果周期不同，矮砧自根砧集约栽培可以实现次年挂果，能够及时回应市场转型所产生的需求，同时，矮砧集约栽培模式具有单位效益高的特性，同样一亩地，普通乔化苹果园栽植苗木60多株，而矮砧密植苹果每亩可以栽植200株左右，换言之，1亩矮化集约栽培果园相当于3亩老式乔化果园，这将极大地改变苹果产业的地域布局。

其次，全国苹果产业正在进行升级换代，黄土高原、渤海湾等老牌果业基地共同面临问题是树龄老化，老树病害与自然灾害严重，导致果品产量下降，多数产区的农民正在对果树进行更新换代，因此，全国苹果老园进入淘汰期。在这一转型时期，全国苹果总产量下降，果品销售形势看好。在全国苹果老园淘汰期，千阳县果园基地正在迅速扩张，千阳县苹果产业抢抓弯道机遇发力猛进，一跃成为后起之秀。从全省果业结构转型的趋势看，以渭北、陕北乔化老果园为主体的旧模式已经出现市场疲软、生产力下降、质量劣化的现象，近年来，陕西省已经在大力开展老果园的间伐改型、退旧换新的工程，作为替代性的新型栽培模式将迅速填补老果园淘汰所出现的市场空缺。

再次，以矮化集约栽培为内容的标准化的果园也有利于融合新型业态，创造二次价值，如千阳县依托海升公司示范园及试验示范站果园打造了丝绸之路苹果公园。突出海升苹果中哈友谊园风光、华圣果业丝绸之路风情、大地丰泰果园古朴乡俗、张家塬果园新农村等景观，在宝汉高速南寨入口处建设苹果广场，海升分拣线入口处建设苹果标志性景观；在海升苹果示范园区建设中哈友谊园标志性景观；以华圣苹果示范园区为核心，以丝绸之路关中风情文化为主题，建设标志性景观；以大地丰泰苹果示范园为核心，在园区入口处以丝绸之路原生态古朴乡俗农业文化为主题建设标志性景观；以张家塬镇万亩苹果示范园为核心，在千高路园区入口处以新农村民俗为主题建设标志性景观。同时，围绕各园区建设景观长廊、果园机械化展示园、苹果文化广场、园区及沿线提升绿化带，周边发展乡村旅游接待及集餐饮、购物、娱乐文化设施为一体的三产服务业，带动全县乡村旅游发展。

（二）以龙头企业作为农技示范的排头兵

矮砧节约栽培技术的普及需紧抓市场机遇，要想在果业转型的空窗期迅速开展千阳苹果的跨越式发展，就需着力加快产业发展初期的技术推广速度。矮砧节约栽培技术要想迅速在千家万户的小农经济中推广，尚有一些较难克服的问题，比如，该栽培模式的建园成本相对老式乔化果园较高。首先，苗木价格从20元到80元不等，建园初期需为果苗配套相应的栽桩立架和滴灌设施，若采用进口苗木，建园成本需2.5万元/亩，采用国产化自根砧苗木，成本也需6000元/亩，这对小农来说是一笔不小的开支，因而限制了小农家庭作为建园主体的可能性。其次，苹果产业的发展需要规模化作为基本条件，在户均不足5亩地的千阳旱塬，粮食作物仍是基础性产业，要想迅速弥补果业转型的空窗期，就需迅速实现果园的规模化扩张，以户为主的经营形态很难在短期内实现集中连片的规模化。再次，技术推广的初期，技术的标准化示范非常重要，标准化果园的建设需要严格执行试验示范站所提供的技术形态、技术步骤以及配套设施，小农家庭往往希望通过减少技术步骤和配套设施投入来节省开支，如此一来新建的果园很难发挥技术的示范作用。综上所述，在技术推广的初期阶段，小农很难承担技术的实践和示范作用，也很难承担产业迅速扩张以及规模化的任务。

因而在农技推广的初期，寻找合适的技术承担主体是决定农技推广效率、影响农技推广周期的重要因素。在政府的大力招商引资之下，一批农业龙头企业进驻千阳，成为苹果产业的领导者。农技推广的初期阶段，选择龙头企业作为新技术的实践者与示范者，这是千阳试验示范站能够推进千阳苹果产业快速发展的重要原因。

海升集团是全球最大的浓缩苹果汁生产及出口企业，也是国家级农业产业化重点龙头企业。海升集团是最早进入千阳投资苹果产业的企业，在企业筹建初期，海升集团就与西农园艺学院建立了技术咨询关系。2012年进驻千阳伊始，就由李丙智教授领衔的西农专家团队对企业的选苗、栽植与培育等各个环节进行手把手指导，该企业使用的荷兰苗木，是由李丙智教授协助引进。企业所属的园区投资3.5亿元，三年时间内就在南寨镇、张家塬镇建成集规模化、机械化、集约化、标准化于一体的现代苹果种植示范园区和国内苹果矮砧集约栽培示范基地1.1万亩。从事鲜果贸易的华圣集团，是由千阳试验示范站首席专家李丙智教授大力引进的农业龙头企业，在千阳县柿沟镇、崔家头镇流转土地3000亩，完全采用试验示范站推广的矮砧集约栽培模式。企业负责人坦言，在企业鲜果贸易出现货源不稳定时，亟须成立稳定的生产基地，当时对如何开展鲜果生产并没有明确的计划，在初期开展调研时，就邀请了试验示范站李丙智、任小林等教授进行指导与协助，在陕北安塞、黄龙、富县等地考察生产环境与投资环境，经过试验示范站专家的建议，最终选择了站里推荐的品种与种植模式，也因试验示范站建在千阳的缘故，最终确定落户千阳，以便接受试验示范站的技术服务。

龙头企业作为技术的实践者与示范者，具备独特的优势，一是企业资金实力雄厚，能够负担普通小农难以承担的建园成本，也能承受果树生长期的零回报压力；二是企业重视生产的标准化，能够严格执行试验示范站要求的技术标准，这样才能保证技术的回报率；三是企业必须开展规模化经营，规模化果园有助于千阳在短期内迅速成长为产业密集区，发挥集聚效应。龙头企业作为农技示范的排头兵，不仅能够提高技术入土的速度与效率，也能够通过规模扩张形成良好的产业环境，有助于新建园主体的进入。事实证明，以海升、华圣、大地丰泰等龙头企业与经营大户为引领的技术实践者，在迅速取得经济效益的同时，成为矮砧集约栽培技术的示范者与推广者。

以海升集团为例，矮砧集约栽培技术为企业创造了丰厚的利润，这也使得该集团在以浓缩果汁为主业的同时，又使生产成为了集团业务的重要内容。海升集团在近年来成为技术推广的先锋，从2012年栽第一株树苗开始，至今在全国建立了36家矮砧集约栽培模式的新果园，以每年新增2万亩的速度进行扩展，新增面积全部采用"千阳模式"。在千阳本地，由于海升集团与华圣集团的成功，近年来不断有企业、经营大户与小农开始寻求试验示范站的帮助，主动采纳矮砧集约栽培技术，原本以土肥为主业的枫丹百丽公司，也开始了果园栽培；原本在海升集团生产基地务工的本地农民，成为第二批技术的实践者，他们从海升集团习得了基本生产技术，在试验示范站的指导下，成为了新一轮果园建设的主体，仅以2014年为例就有12户在海升打工的农民在园区周边高标准栽果840亩。龙头企业作为技术成果的展示台，已经向地方社会证明了新型栽培模式的效果，企业的生产基地也成为技术传播的输出地，让更多经营主体看到了产业发展前景。

（三）以农户与家庭农场作为技术落户的中坚力量

小农家庭经营是中国农业发展的基本结构，农业技术推广也需回应分散的、千家万户的小农家庭经营的需求。在技术推广的初期，龙头企业作为排头兵能够发挥事半功倍的效率，但从产业发展的规律来看，农业经营的主体仍是小农家庭经营。千阳县由龙头企业发展起来的新建果园面积9.16万亩，其中7万亩为农户家庭经营，从果业发展规划的蓝图看，要达到20万亩果园，小农家庭经营仍是果业发展的主要群体。从农技推广的周期看，产业扩张的第二阶段，农户与家庭农场将成为农业技术的主要受众，他们也将成为地方产业的中坚力量；由于农户经营规避风险能力高、经营预期稳定，他们也将成为地方产业的稳定器。

如何满足农户与家庭农场的技术需求，涉及地方产业的稳步发展，也进而涉及地方社会的稳定。在龙头企业发展起来之后，千阳试验示范站就主动地改变了工作方向，技术推广的主体向农户与家庭农场转变。2014年，试验示范站协助千阳县果业中心编制了果业发展计划，在这一阶段将建园主体向农户与家庭农场转变，由县果业中心进行项目配套，试验示范站提供技术支持，大力扶持本地农户作为新型建园主体。项目要求新果园必须采取矮砧集约栽培模式，农户作为投资主体开展家庭经营，在适宜开展苹果种植的优生区，由政府提供苗木、栽桩立架与滴灌设备，农户提供劳动自行建园，试验示范站进行技术指导。2014年共有150户农户进行了申请，最终批示50户，共计推广面积1200亩。

除了政府项目带动，也有一大批农户看到了矮砧集约栽培技术的优势，自主开展果园建设。以张家塬镇为例，全镇6.5万亩耕地面积，苹果产业占到 2.61 万亩，占到了耕地面积的 40%，建园主体为本地农户，利用自家承包耕地开展家庭经营。

为满足农户与家庭农场对于新技术的需求，试验示范站与地方政府联合，以培训班讲授、田间示范、开放参观以及热线咨询等多种方式与农户产生对接，通过"一带十、十带百、百带千"的人才计划，培育果农中的技术骨干。在试验示范站的指导与地方政府的带动下，仅 2013 年一年，就自主发展了 1 万亩新型果园。受试验示范站的指导，很多果农也成为矮砧集约栽培技术的骨干，本村一些果农也受到外地一些企业公司的雇用，负责为那些采纳矮砧集约栽培技术的公司提供劳动，他们也成为农技推广的后备力量。

农业技术推广的效率与持久力与产业发展规律息息相关。千阳县的苹果产业起步较晚，但抓住了苹果市场转型的空窗期机遇，以规模化、标准化、高效化为特征的矮砧集约栽培技术引领了这一时期的县域产业扩张过程，使得千阳一跃成为省内苹果生产的重要基地；技术推广借助于龙头企业，迅速发挥了"第一生产力"的作用，稳定了企业的经营信心，也为县域果业扩张奠定了初步的基础；发挥农户与家庭农场的中坚作用，使龙头企业与小农经济形成了有效对接，在县域内形成了稳定的产业体系，产前育苗、产中种植与产后储存、分拣、销售链条初步建立，为产业进一步发展提供了坚实基础，因而也塑造了技术需求的稳定结构，建立了农技推广的稳态机制。

四　建构农技推广的制度环境

农技推广速度、效度与稳定性的实现离不开与之相配套的制度环境，千阳试验示范站为"西农模式"提供的经验之一，就是主动创造适合技术推广的制度环境，以便新技术的扩散。

(一) 制度环境的创新

"西农模式"强调将试验站建在产区的中心地带，以发挥最大的辐射带动作用。农业技术的使命是提升产业升级，要使农业技术发挥最大的辐射带动作用，也需要良好的产业环境作为支撑。农技推广的"千阳模式"内容之一，就是创新地方产业环境，以发挥农业技术的最大化功能。千阳县委、县政府明确了将苹果产业作为现代农业发展的主导方向，坚持"矮砧集约栽培"技术作为现代农业实现的具体方式，依托新成立的果业发展中心以及千阳试验示范站的推广工作，构成了农技推广工作的基本组织架构。

从行政体系工作机制看，千阳县成立了苹果产业工作领导小组，并组建县果业局，负责苹果建园规划指导、协调和服务等工作，为苹果建园提供了组织保障。结合群众路线教育活动和"三到三帮三促进"等活动，落实县级领导联系镇、新农村工作组包村、镇村干部包地块、技术单位包抓重点村的包抓责任制，协助镇村搞规划、争项目、抓栽植、促管理，推进工作顺利开展。邀请试验示范站专家深入栽植现场指导，组织技术人员跟班作业，做到了工作到位、措施到位、责任到位。将苹果建园管理纳入目标责任制进行量化考核，细化苹果建园工作考核制度、奖惩措施和验收办法，组织县政府督办室、县行政效能监察中心等单位分阶段定期进行督察、检查和考核，从行政上有力推动了苹果产业的规模化发展。为了加速千阳县果业发展速度，试验示范站与千阳县职能部门共同争取现代果业发展项目，近年来通过"中央财政支持现代农业发展果业项目"与省级专项资金的扶持，整合小水利重点县建设、农业综合开发、扶贫产业发展资金3500多万元，打机井修果园道路、埋设暗管、安装滴灌管网。

从推广体系的工作机制看，千阳县通过完善技术传播的线路、精确定位技术传播主体，以试验示范站为技术传播源头，打造多级传播源。试验示范站通过对龙头企业的技术扶持，并使之成为技术输出的次级源头，依托海升苹果示范园和西北农林科技大学千阳苹果示范园进行技术展示，通过对苹果专业合作社、苹果大户等组织和成员进行辅导，与他们边学习，边实践。通过技术指导与业务合作，也使得县园艺站、农技推广中心强化了技术人员的技术观念更新，并在重点镇或村设立果业服务站，使基层农技服务组织深入村、到户、到田间地头。在工作方法上，改变原有的说教式、灌输式技术培训方式，强调共同参与、共同研讨，开展面对面的交流、手把手的培训，使科研成果和技术及时转化为生产力。

（二）舆论环境的创新

良好的舆论环境有助于整合多方力量参与技术推广，特别是能够动员行政力量作为技术推广的引导性力量。千阳试验示范站因扎实的前期推广工作，使新技术通过产业的蓬勃发展而获得了较多的舆论关注，产生了良好的社会声誉。

试验示范站积极参与到舆论宣传工作中，将有效地加速技术的推广速度与力度。2014年9月，由中国苹果产业协会、国家苹果产业技术体系主办的"第一届中国苹果产业发展论坛"在西北农林科技大学千阳苹果试验示范站举办，来自北京、辽宁10个省市200余名苹果专家、县市果业管理技术人员、苹果专业合作社及企业代表到会交流，宣传"千阳模式"。2014年10月份，"千阳模式"在第25届丰县苹果节现代果业发展高峰论坛上进行了交流发言。《陕西日报》在2014年11月9日头版头条以《用世界眼光壮大苹果产业探索发展新路》为题报道了千阳矮砧苹果，央视四套《远方的家·江河万里行》摄制组深入海升苹果园进行了深度拍摄，陕西华星影视中心拍摄的电影《千阳湖畔苹果红》已杀青，并在农林卫视上映，随之将在全国农村推广放映。因"千阳模式"的舆论宣传，千阳成为国内苹果产业的知名胜地，千阳苹果也成为了矮砧集约栽培技术的代名词，成为面向全国的农技发源地，千阳试验示范站先后吸引了云南昭通、新疆建设兵团等全国10个省50多个市县5000余人前来参观学习，甘肃静宁县、灵台县、山东莱西县等14个县区已开始启动复制"千阳模式"。

积极的舆论宣传工作也使广大农户产生了建园积极性。通过地方广播、电视等新闻媒体和印发宣传资料等形式，千阳县大力宣传苹果产业发展的大好形势以及省、市、县扶持政策，营造了引导群众发展果树的浓厚氛围，激发了广大农民发展苹果产业的积极性和主动性，迅速掀起了村干部建示范园、回乡青年建创业园、计生和低保家庭建致富园的栽树建园热潮。

五 优化升级"千阳模式",推进产业稳步发展

千阳苹果发展处于"起飞期",试验示范站通过构建适宜技术推广的产业环境与制度环境,在"起飞期"内迅速完成了矮砧集约栽培技术的下乡入土,一批龙头企业与经营大户成为早期的技术采用者。在农技推广的第一阶段,农业技术与产业发展建立了彼此促进、相互依赖的辩证关系。但是,产业的发展,特别是作为第一产业的农业发展,不仅关系到经济的发展,也关系到社会的稳定。维持农业产业的稳定,才能持续发挥农村作为社会秩序的稳定器与蓄水池的功能,因而农业技术的下乡入土必须能够对产业发展与社会稳定同时发挥作用,反过来看,产业的稳定与社会的稳定也能为技术的深入推广与效用发挥创造良好的环境。

(一) 持续发挥农户与家庭农场的基础性作用

小农经济为主体仍是千阳县农业经营的基本特征。在海升集团进驻之前,千阳县从未出现过大规模的土地流转与规模化的经营,经过三年的公司下乡与民间自发流转,目前小农家庭仍占全县农业经营格局的主要部分。在进一步的苹果产业发展中,需要持续发挥农户与家庭农场的基础性作用。

产业稳定才能保障社会稳定,产业与社会的双稳定才能为技术推广提供良好的环境。龙头企业在产业发展之初起到了排头兵作用,但以龙头企业为代表的规模化园区很难进一步扩大,县域果园发展蓝图中,农户与家庭农场的比率将占绝大部分。原因在于,首先,千阳县地理条件限制了规模化的进一步扩张,山区坡地占全县总面积的74%,这部分耕地无法规模化经营,只能由农户单家独户进行耕作;其次,留守人口对土地依赖性高,农业是维持其家庭生计的重要组成部分,正如一位村书记所言,"土地能稳住农民心,民心稳,社会才能稳"。总而言之,在当前细碎化的土地制度之下,农户经营在较长时期仍会发挥基础性作用。

农户与家庭农场作为务果主体,将发挥其独特的优势。家庭经营相对于公司化经营的优势在于,农户的3—5亩经营面积能够实现精耕细作,农户能通过加大劳动投入、增加农家肥投入等方式减少资本投入;

留守劳动力、辅助劳动力作为投入主体，经营成本更低；家庭经营不需要地租投入，在自家承包地开展经营，既节省成本，又熟悉地力，便于管理。

更重要的是，农户成为务果主体，能够保持产业的长期稳定。公司化经营在面临市场风险时，退出成本较低，一旦亏本，公司跑路的现象屡现不绝；相比之下，农民不会轻易挖树毁园，能够在较低利润下生存，农户经营面对风险时能够勉力维持，等待市场利好。从县域产业稳定来看，农户与家庭经营能够起到稳定器的功能。

"船小好掉头"这是对小农经济的经典描述，在苹果产业发展中，农户与家庭农场的经营具有公司经营无法比拟的优势。小农经济固然无法达到公司标准化经营所产生的高利润，但能够承受公司经营所无法负担的低利润甚至亏本。与之关联的是农户对技术的标准化不敏感、不会严格执行技术规范、不愿为技术支付过高的成本等问题，这是农户与家庭农场经营的固有特征。在县域产业发展中，须认识并接受农户的行为特征，接受农户对技术推广的某些消极面向。

（二）理解农户的技术需求结构

农业新技术无法与千家万户的小农进行对接，农技推广中的"最后一公里"问题固然与推广制度建设有关，也与技术的社会属性有关。矮砧集约栽培技术无法迅速通过小农经济发挥作用，很大一部分原因在于，过于昂贵的建园成本以及过于精细的技术规范限制了小农的进入。因而了解农户的技术需求结构，将有助于技术的推广。

农户并非不需要农业技术。小农经济作为我国农业经营的基本格局，小农往往不愿面对风险，不敢贸然尝试新技术，这也导致小农社会在大多数新技术面前表现出"等、靠、看"的态度，不愿做第一个吃螃蟹的人，只有技术发挥出了稳定的经济效益，小农才会出现跟风式地学习和模仿。千阳试验示范站通过龙头企业带动的模式来应对农户的技术接受习性，海升、华圣集团的果园已经通过务果获得了效益，农户也看到了新技术的潜力，从调查来看，很多农户已经准备接纳新的栽培模式。

农户的进入，也意味着标准化的"矮砧集约栽培"技术将会大打折扣。从农户的技术采纳习惯看，标准化果园成本过高，在大部分农户无法得到政府项目支持的现状之下，一些新建果园在建园设施上减少投入，如标准化果园需用水泥桩做立柱，农户采用的是竹竿、木棍，以扎带绳捆扎保持苗木的直立性；标准化果园需配套滴灌设备，农户大多采取大水漫灌；标准化果园要求三叶草做覆盖物，农户大多采用其他杂草或直接打除草剂。

农户会在建园初期采取各种措施增加收益，以弥补果树幼龄期的零收益。张家塬双庙塬的一年果树园套种辣椒、红薯等，套种技术固然会对果树生长产生负面影响，但从农户的行为习惯看，农民难以承受建园初期的"高投入、零产出"，即使龙头企业，也在通过套种来解决零产出问题。

农户的技术需求与技术接受习性将对技术的标准化提出新问题，不同于龙头企业，农户发展的果园依然具有"维持型"、"底线型"以及"消遣经济"的某些特征，对技术的全面理解需求不高，这就要求在千阳县技术推广的第二阶段，需要理解农户的技术需求结构，回应农户的技术要求。

（三）理顺产业发展中的各主体关系

千阳县以农业龙头企业作为产业的带动者与技术推广的排头兵，塑造了县域果业产业的基础格局。在以农户与家庭农场为建园主体的第二阶段，理顺各产业主体相互间关系，对于技术的推广至关重要。

龙头企业成为苹果产业第一方阵的主体，能够迅速奠定县域产业的市场形态，海升、华圣、大地丰泰均属于大型果业公司，从事与苹果相关的分拣加工、浓缩果汁与鲜果销售等业务，在县域范围内搭建了成熟的产业链，使千阳在短期内就完成了完整的产业化进程。龙头企业与农户具有共同利益，首先表现在集聚效应上，将千阳打造成为占据市场份额的生产基地之任务，需要农户的大量建园；其次，几家企业从事苹果相关业务，农户果园的大量进入可以保证货源稳定，从而将农户果园纳入企业的大盘子，形成产业链的协调发展；再次，龙头企业的发展离不开地方社会供给的廉价、熟练的工人，农户果园的发展将自动培育一部分熟悉技术、具有劳动经验的员工。

企业与农户在某些方面也具有利益冲突。首先，土地流转所产生的矛盾，依靠政府工作而实施大规模土地流转是企业迅速进入的重要原因，当苹果产业爆发出巨大的利益之后，农户成为建园主体，将会威胁企业的经营稳定，被流转农户自主经营的意愿增加后，不愿流转；其次，龙头企业在初期流转租金过低，每亩地最高才600元，当企业经营出现巨额利润后，农户对租金期待增加，企业将与农户爆发冲突；再次，由龙头企业为主体构建的产业链将与农户发生利益矛盾，几家龙头企业将成为苹果的收购主体，农户无法解决企业的压价行为，"大农吃小农"的现象不可避免，企业也会为经营范围设置壁垒，阻止其他主体的进入，如利润率较大的压条育苗，由于海升、华圣集团发展较早，通过各种手段阻止大户、普通农户涉足育苗业务。

理顺各主体间关系，对于苹果产业的稳步发展至关重要，进而关系着技术推广的效率、效度与持续性。各市场主体的良性互动秩序需要政府部门的干预与建构，也需要提请试验示范站进行关注和调节。面向农户与家庭农场的农业技术推广，意味着原本标准化的技术体系需要得到相应程度的改动与调整，意味着场站人员需要更多地与农户进行互动交流。千阳试验示范站为推动地方苹果产业的迅速起步，在初期将技术推广的重心放在了龙头企业身上，也或多或少地介入了招商引资、土地流转、企业经营以及企业间关系等问题之中，这在一定程度上会成为第二阶段农技推广的不利因素。

六 农技推广的"千阳经验"

伴随着千阳苹果产业的快速发展，西北农林科技大学农技推广也已高速下乡落地并取得了丰硕成果，以矮砧集约栽培技术为核心的技术推广正在面向更广大农户、面向更广阔的土地。

矮化栽培技术是欧洲果树种植普遍采用的方式，但该技术自20世纪70年代引入中国之后，长期以来推广缓慢。西北农林科技大学作为率先完成矮化栽培核心技术自主化的科研单位，一直试图在陕西省内推广该技术，洛川、凤翔、扶风等县也采用了矮砧集约栽培模式，但产业发展速度慢，农技推广效果不显著。千阳矮砧苹果高速发展的经验，有助于我们破解农技推广的秘密，在其他地方无法迅速推广的技术，为何在千阳却能迅速落地生根并迅速推进了产业发展与技术升级？

农技推广的"千阳模式"首先表现为，建构适宜技术推广的产业环境与制度环境。技术的功能最终要通过产业发展来实现，良好的产业发展环境有助于技术与生产者的迅速结合，并使技术畅通无阻地发挥最大作用；围绕技术推广而创新农业治理体制，能够迅速带动产业起步，凝聚行政力量与社会力量，共同参与到技术下乡的过程中。这一经验对"西农模式"的裨益之处在于，技术所服务的产业中心与试验示范站落地的具体场域，需要具备良好的产业氛围与制度创新力，学校与试验示范站需要积极与地方互动，主动创造良好的技术推广环境，要做好技术推广，工夫在技术之外。

其次，整合多元力量参与技术推广，构建技术传播的多重源头。高校科研院所与试验示范站作为技术的创新主体，在技术推广工作方面具有独特优势。"西农模式"强调以试验示范站为核心的技术推广，并不要求试验示范站成为技术推广的唯一主体，作为创新扩散源的试验示范站需要整合多元力量，打造技术传播的多层次级源头。海升、华圣、大地丰泰等龙头企业是新技术的最早采纳者，也迅速被整合为了新的技术输出源头。将原有的农技推广人员、农业职能部门与乡镇工作人员纳入新的农技推广体系，将龙头企业、大户与技术骨干等创新采纳者纳入技术推广的过程中，这是发挥"西农模式"效用的可取策略。

再次，遵循产业发展规律，逐步调整推广方式。随着地方产业的发展升级，试验示范站的工作方式以及场站建设方式也应与时俱进，与地方产业互相促进。千阳苹果的"起飞期"依靠龙头企业与大户开展规模化经营，在下一阶段的产业稳步发展时期，试验示范站与普通农户的技术对接成为工作重点。当矮砧集约栽培技术扩散到一定容量，各经营主体将有更多、更广泛的技术需求，田间管理、产后储存等新技术将成为需求重点。处于"西农模式"核心的试验示范站，需打造系统性、全产业链的技术整体，服务于地方产业的升级转型。

第四章

白水试验站的农技推广

"三农"问题,是历年来政府关注的重点问题,是关乎国民福祉的大事。在农业生产过程中应用先进的农业生产技术,可以有效地提高农业科技成果的转化效率,促进农民增收。近些年来,中央政府提出农业供给侧结构性改革的战略目标,目的是加快农业转型,转变农业发展方式,调整农业生产结构。以缓解当前农产品供需结构失衡、生产配置不当、农业生产成本投入过高,农业面源污染严重、农民增产不增收的窘境。中央政府同时提出要加快培育农业农村发展新动能,培育壮大新型农业经营主体,创新农业发展业态。在我国农业现代化进程中,强化农业科技创新,加快农业科技成果转化,适应农业发展方式的转变和生产结构的调整,是一项重要工作。在这项重要工作中,建立完善的农业科技推广体系是十分重要的。在之前的人民公社和计划经济时期,我国建立了从中央到地方的农业科技推广体系。但是,传统的农业科技推广体系在推广科学技术时,没有考虑到农村发展实际和农民真实的发展需求,一味遵从上级的行政命令,导致农业技术的供给端与农户的需求端存在严重脱节,再加上传统的二元城乡经济体制的影响,之前的整体目标都是以农促工,广大农村地区经济发展受到影响。基层农技推广体系也基本陷入瘫痪,整个农业科技推广体系呈现线断、网破、人散的局面。我国农业的整体科技转化率偏低,农业技术推广的重要障碍依旧难以逾越,线性农业技术推广模式显露出诸多弊端,亟须进行改革。

为此,政府相继出台重要一号文件来促进农业科技推广体系的改革。这些一号文件指出要强化农业高校服务"三农"的社会责任,引导其成为农技推广的重要力量。同时创新公益性农技推广形式,鼓励地方建设农科教、产学研一体化的农业技术推广联盟，引导和支持社会力量广泛参与农技推广工作，加强农业高校与新型农业经营主体之间的技术合作。这些政策性的文件都表明我国正在不断调整农业科技推广体系，完善科技创新和推广力量，转变传统的线性传播方式，依据不同地区的优势资源，因地制宜地将农业技术的供给端与技术的需求端结合起来，在国家政策和市场环境的大背景之下，进行良性的互动传播，形成技术推广的合力。这样一来，传统的自下而上的线性农技推广模式，引入多元主体共同参与，进而形成了非线性网络互动型农技推广模式。[①] 这样的非线性农技推广方式，使得农业产业中的各个环节有机结合，创造出农业科技推广的合力，来提高农业科技的转化效率。

农业高校作为我国现行农业科技推广体系中的重要环节，在推动农业科技创新和提供农业社会化服务方面发挥了重要作用。一些农业高等院校在事件过程中开拓出一系列典型的农业科技推广模式，并取得了可观的实践效果，逐步形成了以大学为依托的农技推广模式。比较典型的有中国农业大学、河北农业大学、南京农业大学、西北农林科技大学开拓的以试验站为平台的农技推广模式。

西北农林科技大学白水苹果试验站在白水县苹果产业的转型升级和发展壮大过程中发挥了重要作用。建站十余年来，白水苹果试验站的专家和工作人员长期扎根在果园的田间地头，为果农进行技术指导和技术培训，培育了一大批技术人员，壮大了基层农业技术推广的力量，并培育带动了一批新型农业经营主体，可谓成果斐然。但是随着我国农业现代化进程的不断加快，现实对农业科技推广方式的转变提出了很高的要求。白水苹果试验站作为农技推广的重要平台，在发展过程中也呈现出一些弊端，面临着转型升级的必然选择。

本章通过分析白水苹果试验站在农技推广过程中所采用的典型模式以及目前试验站农技推广工作所面临的实践困境。最终总结提出，试验站在农业转型阶段实施的一些新探索和转型对策。

白水苹果试验站建立在白水苹果产业低迷期，建站十余年来，白水

---

① 曹刚：《我国农业技术传播的模式迁移——从线性传播到非线性传播》，博士学位论文，武汉大学，2014年。

苹果试验站的专家通过试验示范、技术培训、田间指导等方式对白水县的果农进行技术传播和技术指导，在这过程中，白水的苹果产业从低谷走向繁荣，本章试图通过分析白水苹果试验站建站十余年的校县合作历程，来阐述白水苹果试验站在白水苹果产业发展中所发挥的作用。同时通过分析白水苹果试验站在农技推广过程中的"1+3+5+5"模式这一典型模式的来源、运行机理，来详细剖析以试验站为平台的大学农技推广模式。

纵观已有研究文献，在对以西北农林科技大学为依托的农技推广模式的研究方面，有学者认为西北农林科技大学本着产学研一体化的发展定位，在政府资金政策等条件的支持下，以大学农业技术力量为支撑，以试验示范站为依托平台，联合基层农技推广力量，以区域主导产业为中心，以促进产业升级、增加农民收入为目标，在实践过程中逐渐发展形成了一种农业科技推广服务的制度化模式。经过多年的实践运用，为当地农业增效、农民增收做出突出贡献。同时加快了科技成果的转化速度，提高了科技成果的转化效率，缓解了农业技术推广的"最后一公里"难题，受到了广大群众的一致好评和业界的广泛赞誉，被称为"西农模式"[①]。在具体的案例研究中，安成立等以西北农林科技大学建立的三个试验站为例，通过具体的实践分析，提出了西农模式三种不同的子模式："1+2+2猕猴桃示范村推广模式""10+10甜瓜示范户推广模式""6+6+6蔬菜试验示范村推广模式"。[②] 何得桂分析了西农模式的主要运作原理：西北农林科技大学通过在农业科技推广平台上进行创新，在多个地区围绕地区主导型产业建立试验示范站，并联合当地农技推广部门组建多学科专家技术团队，通过开展多层次的科技培训和科技示范入户，创新了校地合作的方式，激活了基层农业农技推广体系。[③] 杨宏博、夏显力认为"西农模式"通过围绕地区主导型产业建立试验站，使得一种新的

---

① 高志雄、刘占德：《以试验站为依托的大学农业科技推广模式研究——以西农猕猴桃试验站为例》，《陕西农业科学》2013年第5期，第192—194页。
② 安成立、刘占德、刘漫道等：《以大学为依托的农技推广模式的探索与实践——以西北农林科技大学为例》，《安徽农学通报》2014年第20期，第1—6页。
③ 何得桂：《农业科技推广服务创新的"农林科大模式"》，《中国科技论坛》2012年第11期，第155—158页。

农业技术推广载体应运而生。① 以试验站为科研基地,每个试验站与当地农技推广部门合作组建一支由首席专家带领的技术团队,走出了校县合作联合科技示范入户的新路径,激发了基层农技推广体系的活力和创造力。陈四长认为,"西农模式"开辟了一条从农业科技研发端到农业生产一线的有效技术传播通道,将产学研、农科教紧密相结合,将大学专家和基层农技推广力量有机组合,实现了高校科技资源和政府行政力量的有效对接。②

尽管"西农模式"取得了可观的实践效果,但是其在发展过程中也存在着一些问题。陈辉、赵晓峰指出,"西农模式"的农技推广工作面临着"低水平均衡"的现实困境。③ 何得桂、高建梅认为"西农模式"在当前国情和体制等种种因素制约下,存在明显的局限性。④ 这种模式的辐射程度和范围相对有限,推广经费来源不固定,试验站与地方政府存在利益博弈现象,这些局限性使其难以成为主导型的推广模式。郭占锋认为,这种模式在实际的农技推广过程中,将具有充足资本的农户确定为示范户进行优先推广,在一定程度上忽视了资本短缺农户对于新兴农业科技的需求。⑤ 郭占锋、姚自立认为,试验站专家和相关技术人员的数量整体上处于短缺状态,不能够对农户进行全面的指导培训,只能通过试验示范来以点带面。⑥ 在整个技术推广过程中,部分村民并不能接收到足够的技术指导。杨宏博认为,近些年来,由于近些年学校的招聘人员主要集中在教学方向,推广人员没有进行补充,试验站的专家团队和技术人才出现了青黄不接的现象,人员问题已经成为制约大学推广模式发

---

① 杨宏博、夏显力:《以试验站为平台的大学农业推广模式探索与创新——以西农白水苹果试验站为例》,《农业开发与装备》2014年第6期,第47—48页。

② 陈四长:《一种创新型的农业技术推广模式——西农模式》,《西北农林科技大学学报》(社会科学版)2013年第1期,第1—5页。

③ 陈辉、赵晓峰:《农业科技推广的"低水平均衡"现象研究—以陕西省P县为例》,《农业经济》2016年第9期,第7—9页。

④ 何得桂、高建梅:《建构以大学为依托农业科技推广模式的价值与限度—以西北农林科技大学为例》,《安徽农业科学》2012年第12期,第7515—7518页。

⑤ 郭占锋:《"试验站":西部地区农业技术推广模式探索——基于西北农林科技大学的实践》,《农村经济》2012年第6期,第101—104页。

⑥ 郭占锋、姚自立:《西农"试验站"科技推广模式对农业发展的影响——基于陕西3个村庄的调查》,《宁夏农林科技》2014年第1期,第105—107页。

展的瓶颈。[1]

　　针对上述问题，一些学者提出了相关的政策性建议。何得桂提出要对大学开展农技推广这一社会服务的职能边界进行合理界定，准确把握农业试验示范站的服务定位，使其在开展基层农技推广服务时保持自身的独立性。[2] 在财政上，对试验站的推广资金予以有效保障，使其能够延续其在基层农技推广环节所发挥的作用。郭占锋提出国家在财政支出上要对创新型农技推广模式给予持续支持。[3] 地方政府应该根据主导产业的实际发展水平，按照一定比例向"试验站"提供推广经费。同时处理好政府和高校在基层服务中的利益关系。另外，在试验站的后续建设进程中，不能脱离农村人口结构变迁的大环境。

　　国外农业发达国家关于农业创新推广模式的研究结果给我国的农业推广模式改革，建立多元化的农业技术推广体系提供了重要参考。日本学者速水佑次郎和美国学者弗农·拉坦认为，农业高校和其他从事技术和社会服务的机构有效的联合是社会进步的特征。[4][5] 美国学者埃弗雷特·M. 罗杰斯从农业技术推广模式的环境适应性和可变化性、推广模式的可行性、农业科研成果的实用性三个方面阐述了美国农业技术推广模式的成功经验。[6] 同时，也分析了美国农技推广模式所存在的问题。例如，美国农业推广服务中心过度重视农业生产技术的传播，忽视了农村社会问题，引发了一系列社会的不良反应。Garrorth 在农业推广组织方面的研究中认为，农业生产领域存在多样性的技术需求主体，为保证农业技术推广供需结构平衡，应存在多元化的农业技术推广服务供给主体，

---

[1] 杨宏博：《新时期陕西农业科技推广模式评价及其优化研究》，硕士学位论文，西北农林科技大学，2014 年。

[2] 何得桂：《科技兴农中的基层农业科技推广服务模式创新——"农业试验示范站"的经验与反思》，《生态经济》2013 年第 2 期，第 141—143 页。

[3] 郭占锋：《"试验站"：西部地区农业技术推广模式探索——基于西北农林科技大学的实践》，《农村经济》2012 年第 6 期，第 101—104 页。

[4] ［日］速水佑次郎、［美］弗农·拉坦著：《农业发展的国际分析》，郭熙保、张进铭等译，中国社会科学出版社 2000 年版，第 362—367 页。

[5] Kidd, A. D., Lamers, J. P. A., Ficarelli, P. P., Hoffmann, V., "Privatising Agricultural Extension: Caveat Emptor", *Journal of Rural Studies*, 2000. Vol. 3, No. 6, pp. 95 – 102.

[6] ［美］埃弗雷特·M. 罗杰斯：《创新的扩散》，辛欣译，中央编译出版社 2002 年版，第 13—17 页。

采取多样化的推广方式与不同类型的农户进行沟通。① 在推广过程中，通过提高农民的组织化程度，可以提高农民们参与农业技术推广活动的积极性，进而提高农业技术推广工作的效率。

　　国外学者对于农业科技推广方面的研究起步较早，研究涵盖的领域比较全面。对于农业科技推广体系的改革创新和未来的发展趋势都进行了大量研究，并且取得了数量可观的研究成果。这些研究成果为我国的农业科技推广方面的研究提供了理论依据和经验借鉴。与国外学者的研究相比，我国虽然是农业大国，但是我国针对农业科技推广的研究起步较晚，取得的研究成果较少，涵盖领域不太全面。但是随着农业现代化进程的加快，我国农业发展逐步进入转型时期，国内对于农业科技推广的研究越发加以重视。总体来看，目前国内在农业科技推广方面的研究主要集中在我国农技推广的现状问题、我国主要的农技推广模式、农业科技推广体系的改革创新、农业科技推广人员的绩效评价改革等方面。其中对于以大学为依托的农业科技推广模式的研究，国内大多数研究集中在其推广模式的简介、推广模式的成效分析、推广模式的优化研究方面。结合农业技术推广地区的产业发展历程，对以大学为依托的农技推广模式进行具体的纵向分析的相关研究比较少。本章选取西北农林科技大学这种以试验站为依托的大学农技推广模式进行具体的分析，结合模式的实践成果，选取白水苹果试验站作为具体的研究对象，从实际出发，结合白水县苹果产业的发展历程，对其进行纵向分析，研究白水苹果试验站在整个白水产业发展过程中发挥的作用以及未来发展的趋势，并对产业发展过程中，发生的一些技术传播受体的分化现象进行分析。最终期望通过本章的研究可以对目前国内相关的理论研究进行补充，同时对于西北农林科技大学白水苹果试验站未来的转型升级提出相应的政策建议。

---

① Garrorth, The History, Debelopment, and Future of Agricultural Extension, in Improving Agricultural Extension, edited by Burton E., Rome, 2001. FAO: 1 – 12.

一　白水苹果试验站的发展状况及功能

（一）白水苹果试验站的发展状况

西北农林科技大学白水苹果试验站始建于2005年，坐落于陕西省渭南市白水县苹果科技产业园区。白水县地处关中平原与陕北黄土高原的衔接地带，属于陕西省苹果产区的中心地区，拥有满足苹果生长的良好生态环境和地理区位优势，是世界公认的苹果优生区域。同时，白水县是周边地区的苹果生产和交易中心，也是苹果生产所需生产资料的集散中心。围绕苹果产业发展所需要的农资生产、物流运输、加工贸易等活动，推动了整个白水县经济的发展。苹果种植业是当地农民家庭收入的主要经济来源，苹果产业也是白水县的区域主导型产业。

20世纪80年代中后期，白水县农民逐步开始大面积种植苹果，家家户户建起了果园，几年之后，这批果园开始大面积挂果，当时国内苹果市场处于供不应求的状况，白水县主栽的富士和秦冠在苹果市场上很受欢迎，所以当时种植苹果的农户都取得了可观的经济收益。果农开始进一步扩大苹果种植面积。经过20多年的发展，到2005年前后，因之前栽种的果树，大多是20世纪90年代嫁接的老品种，果树进入衰退老化期，果园中普遍发生早期落叶病和果树腐烂病，白水苹果产业开始进入衰退期，苹果的产量和质量急剧下滑，再加上当时整个苹果市场行情低迷，苹果售价过低，出现了大规模的挖树现象，整个白水县的苹果产业面临消亡的危险。这一时期，西北农林科技大学本着产学研一体化的发展战略，尝试在陕西省各个优势农业产区建设试验示范站，来推广农业科技、支撑当地主导型农业产业的发展、促进农民增收。经过西北农林科技大学调研队伍的实地考察和与当地县政府的沟通协调，双方就西北农林科技大学白水苹果试验站的建设事宜达成一致，由白水县政府提供原国有农场的土地进行试验站的选址建设。在建站初期，由于原国有农场的土地中有原来农场职工栽种的100多亩苹果园，这批苹果园由于建园较早，并且长期疏于管理，出现了树龄老化、病虫害严重、产量低下等诸多问题。首批入驻的试验站专家在经过实地考察讨论后，决定将整个白水县的老果园改造作为试验站今后的主要工作方向。试验站建设选址的这100

多亩苹果园在进行初步的土地平整工作后,将作为老果园改造的试验示范用地。白水苹果试验站的专家们本着为果园提产增效和试验选栽新品种的目的,对这批老果园进行初期改造。至此,白水县的老果园改造工作从2005年开始拉开帷幕。

2005—2012年白水苹果试验站主要在白水县开展老果园的改造工程,针对苹果生产管理过程中存在的一些问题,从技术角度出发,试验站的专家们提出了老果园改造过程中的四大核心技术:改形修剪技术、花果管理技术、果园土壤营养管理技术、病虫害综合防治技术。

改形修剪技术:在早期的老果园改造活动中,白水苹果试验站的专家经过对全县老果园的调查摸底,发现白水县老果园的果树行间距过密,而且在日常管理活动中,果农对果树没有进行合理修剪,这些问题最终导致老果园的郁闭现象严重。果园过于郁闭会影响果园的日常采光效果,致使果树难以完成有效的光合作用,影响果树正常的生长发育,尤其在苹果生长期关键的着色阶段,过于郁闭的果园,会导致苹果最终果面着色不均匀,使得苹果的品相难以满足客商的要求,最终导致苹果卖价偏低。与此同时,过于郁闭的果园在日常管理过程中增加了机械作业的难度,果园的行间距过密,导致一些专业性农业机械难以进入果园作业,单纯靠人工劳动管理果园,增加了人工投入成本和工作量。针对这些问题,白水苹果试验站的专家在白水县主要推行老果园间伐和老树的改型修剪。专家们结合不同果园的实际情况和自身科学实践的经验,来确定每个果园的合理种植密度,制定合理的间伐方案。在基层政府的帮助下,组织果农将自家果园中多余的果树进行间伐,并对树形进行科学的改型修剪。经过对白水县老果园开展大面积间伐和树形改造,基本上解决了老果园普遍存在的果园郁闭问题,果树的行间距达到合理程度,果园光合作用的效果和果子的着色效果得到明显提升,同时,合理的果园密度使得机械化作业变得更加便利,降低了人工劳动投入成本。

花果管理技术:这项技术推广的主要目的在于改善传统的授粉方法。在推广这项技术之前,白水县果园的果树授粉,其花粉来源于果园内同品种的果树。从科学角度来讲,苹果树属于异花型果树,需要在授粉过程中采用不同的品种果树的花粉进行授粉。但是传统的授粉方法忽略了苹果的这一生理特性,果农往往在一片果园中栽种同一品种,最终导致整个果园不结果或者苹果产量很低，影响整个白水县的苹果产量。白水苹果试验站对白水苹果产业在授粉环节中存在的问题进行专项攻克。在实际观察和试验过程中，白水苹果试验站的专家们发现花粉来源问题是苹果授粉环节的一大技术难题。传统的授粉活动中，果农自行采花粉进行授粉的方式不但难以满足苹果树异花授粉的需要，而且在时间上错过了果树授粉的最佳阶段，最终导致整个授粉环节难以合理有效完成，最终影响了整个果园的苹果产量。为了解决授粉时难以短时间有效采集花粉的问题，白水苹果试验站专家经过实际的科学研究，研发出一种花粉加工技术，在试验站内建设专门的花粉加工车间，用以加工生产授粉环节中所用的花粉。在采集花粉过程中，利用陕西省不同苹果产区在纬度、气候、主栽品种的差别，进行花粉的采集。比如，由于地理位置和气候的原因，陕西省不同地区的花期最起码要差四五天时间，陕北地区与渭北平原地区的花期甚至相差半个月左右。另外，不同地区的主栽品种也有差别，陕西富平县栽种嘎啦面积较大，其他一些地区栽种秦冠面积大一些。试验站的工作人员充分利用不同产区苹果的花期和品种差异，将苹果花期较早地区不同品种的苹果花粉进行提取加工，等到白水县苹果花期到了之后，再进行人工授粉。这样的授粉方式，充分利用了陕西省不同苹果产区花期的时间差，解决了在短时间内难以采集有效花粉的难题，满足了苹果树异花授粉的生理特征，攻克了白水苹果在授粉环节的技术难题，实现了高质量的有效授粉，从根本上保证了白水县苹果生产目标的正常达成。

果园土壤的营养管理技术：苹果生产过程中，需要推广改型修剪、花果管理这些树上管理技术，但是果园土壤的营养管理这一地下管理技术，更为重要。经过长时间的科学研究和生产实践，苹果产量过低的问题得到解决，但是随着产量的提高，苹果的整体质量却开始下降。苹果品质下降的原因是果农由于片面追求果园高产，在施用肥料的过程中大量单一施用某种化学肥料，造成土壤板结，土壤中有机质含量逐渐降低，最终导致土壤肥力减退，土壤中的营养成分不足以满足苹果正常生长的需要。为了改善白水苹果果园的土壤环境，白水苹果试验站的专家大力推行在果园施肥环节使用有机肥，倡导平衡合理施肥来改善土壤结构。同时大力推广果园生草技术，来补充土壤中的有机质。通过试验站专家的不懈努力，农户开始转变施肥方式，并大面积采纳果园生草技术。果园的土壤环境逐步得到改善，土壤中有机质含量得以上升，果园产出苹果的品质也得到明显改观。

病虫害综合防治技术：这一阶段的病虫害防治技术主要是针对苹果早期落叶病和腐烂病，这两种病害曾经在陕西省内大面积流行，严重影响了苹果的产量和品质，并且造成整体树势衰弱，对整个苹果产业造成极为恶劣的影响。白水苹果试验站针对这两项病害开展了专门的科研立项，进行攻关，最终经过不懈努力，找到了攻克苹果早期落叶病和腐烂病的方法，通过推广综合防治和统防统治，使得这两项病害的发病率明显降低。

2006—2012年，白水县虽然还在持续推行老果园的改造工作，但是这一时期，由于前期的示范园区和示范户已经建立和完成培养，整个技术传播有了中心辐射的区域和人员，所以老园改造工作不再是试验站的工作重点，从2012年开始，就主要依靠县上园艺站的力量和农民自觉进行开展。老园改造工作逐步淡化出试验站的工作范围。2007年以后，白水苹果试验站开始试验栽种矮化砧苹果苗木。2010年，白水苹果试验站的专家们在白水县果业局召开的苹果产业发展大会上提出以后苹果产业的发展方向就是旱地矮化密植，并且建议白水县后续的苹果种植结构逐步进行调整过渡，不再新栽乔化苗木。该项建议当时获得县政府的同意，但由于省政府一直没有认可大面积栽种矮化苹果苗木，加上该项技术在实际推进过程中阻力重重，所以当时在白水县推广旱地矮化密植技术的实际进程比较缓慢。

这种状况一直持续到2011年，整个白水县才开始大力推广旱地矮化密植技术。白水苹果试验站的工作重心转移到试验推广旱地矮化栽培技术上来。2012年，白水县政府正式出台相关文件，决定从2012年开始用3年时间发展10万亩矮化苹果园，2014年县政府提出在10万亩的基础上再发展10万亩，旱地矮化密植的果树面积要达到20万亩。

2015年，随着时间的推移，旱地矮化密植技术的经济效益慢慢地呈现，广大农户对矮化的认识程度逐步加深，旱地矮化密植技术得到了一致认可。经过白水县农技推广部门和试验站专家的不断推广，矮化技术逐步成为白水苹果产业中的主要技术。截至2016年，白水县对外公布的矮化种植的面积已经达到 17 万亩。白水县在矮化果园的新建面积上，走在了全国苹果产业发展的前列，成为陕西省旱地矮化密植苹果面积最大的地区。

2006 年白水苹果试验站的专家们开始陆续进入工作岗位，白水苹果试验站正式开始投入运营。白水苹果试验站的专家们在经过实地考察和实证分析之后，经过与白水县政府部门的沟通讨论，双方正式在白水县苹果产业中开展校县合作、科技推广示范入户工程。白水苹果试验站在科技示范入户工程中，主要采取了以下几种农技推广模式。即"1+4+4"模式、"1+7+7"模式和"1+3+5+5"模式。

"1+4+4"模式：这种模式是指由白水苹果试验站的 1 位专家负责带领 4 名县园艺站技术干部和 4 名乡镇果树站的技术干部，通过对这些人员进行技术培训完成第一阶段的技术传播，之后遵循科技推广入户的目标，由这些技术干部对农户开展第二阶段的技术传播，利用这样的技术推广模式来达到在相对短时间内完成更大范围的技术扩散的目的。另外，这样的技术传播模式还从整体上提高了白水县基层农技推广人员的技术知识水平，重新激活了县乡两级的基层农技推广体系，为白水县苹果产业的后续发展培育出了一大批技术骨干。

"1+7+7"模式：这种模式总体上是面对白水县的 14 个乡镇来开展的，采取专家包镇的方式，每个试验站的专家负责一个乡镇，然后再以这个乡镇为中心，辐射带动周边 1 个乡镇，最后的工作网络将整个白水县城全面覆盖起来。这种模式具体的实施过程是在白水苹果试验站中选出 7 名专家，试验站的 7 名专家负责对接整个白水县的 14 个乡镇，在专家入驻到乡镇之后，每个乡镇选出两名技术干部与试验站的专家进行对接。最终两个乡镇总共 4 名技术干部，来与试验站专家进行技术对接。专家对这 4 名技术干部进行苹果种植技术的培训指导，完成首次的技术传播。再通过这些技术干部进行第二轮的技术的传播，将苹果生产种植技术传递给果农。通过两次的技术传播，以达到在相对短时间内完成更大范围的技术扩散的目的。同时政府要求在这 14 个乡镇中，每个乡镇每个村至少要建设一个面积 100 亩的试验示范园，按照白水苹果试验站的技术要求开展老园改造工作。这种模式将人际间的培训教育的传播方式和实地的试验示范结合起来，取得了比较好的实践效果，总体技术推广工作进展比较顺畅。

"1+3+5+5"模式：这个模式是在2009—2010年之间提出，旨在为白水县培养一个完整的技术人才体系，来推动技术的转化和生产方式的进步，其原型是十百千模式。十百千模式的具体含义是："十"是指白水苹果试验站负责为白水县培养出十名在渭南市、在陕西省有影响的技术专家，并定期组织这十名技术专家到西北农林科技大学进修或者学习，以提高自身专业知识水平；"百"是指培养一百名县乡技术干部，对于这一百名的技术干部，试验站和西北农林科技大学负责对接，在学校内集中进行定期培训，提升这些技术干部的专业知识和技术水平；"千"是指培养一千名技术骨干，白水县过去有14个乡镇194个村子，这194个村子，平均每个村子要培养5—6名技术骨干。最终按照这个模式为白水县的苹果产业培养出完整的人才体系。

2012年，十百千模式优化为1355模式（也称1355工程），后来1355实际上在运行过程中表现为1个试验站的专家带上线上的3名技术干部，第一个5是指县上1名技术干部要带上5名村上的技术骨干。因为体制原因，乡镇的技术人员大多事务繁忙，身兼多职，无法全身心地投入技术推广工作中来，所以在这个模式中没有涉及乡镇的技术人员。最后一个5是指每一名村上的技术骨干在村上发展5支技术队伍。通过开展1355工程，将技术人才培养层层开展，层层推进。在具体的开展过程中，2017年白水试验站大概选了200多名技术干部进行重点培养。政府每年对这些技术干部每个人发放1000元的补助资金。试验站对其开展为期一年的系列性的理论培训和田间操作培训。在培训过程中，这些技术骨干由于大多数之前有一些经验性的知识积累，没有形成系统性的知识体系，所以在具体的培训中，很难短期提高他们的理论知识水平。所以试验站一年要开展好多次类似的培训慢慢地提升这些技术骨干理论知识水平，帮助他们把原来积累的错误知识理论纠正过来。通过对这些技术骨干的进行知识技术的重点培训，然后再让这些技术干部回到各自的村庄带动果农学习新技术。1355工程为白水县苹果产业的发展培养了一批技术骨干人员，为后续的产业壮大积累了雄厚的人力资源储备力量。

白水苹果试验站的建立，借鉴了美国大学农技推广成功经验。其建设的目的是以农业高校为科技源头，在地区主导产业的中心地带建设产学研三位一体的农业试验示范站。学校组建了包含苹果育种、栽培、病虫害防治、贮藏、果品加工等学科领域的专家团队，深入白水县苹果产区，开展产业发展调研，进行苹果生产管理技术的现场指导，与县乡基层农技推广力量合作，共同推广先进农业生产技术，服务于地方产业。西北农林科技大学白水苹果试验站已经走过了十余年的历程，在过去的十余年里，白水苹果试验站对于提升白水县果农的果园管理水平，促进白水县苹果产业转型升级，激活县乡农技推广体系，培养基层技术骨干队伍，增加农民收入等方面发挥了重要作用。

（二）白水苹果试验站的主要功能

1. 科学研究

西北农林科技大学白水苹果试验站建于2005年，总投资1000余万元，占地面积10.5公顷。试验站内建设有综合办公楼、花粉加工中心、技术服务中心等。西北农林科技大学白水苹果试验站的专家队伍汇集了西北农林科技大学果树学、植物保护学、土壤环境学的20余名专家。试验站的发展目标是建设成为陕西省乃至全国的苹果科研、试验示范和技术培训中心，为中国苹果产业的发展提供技术支撑和人才培训的功能。近年来，以西北农林科技大学白水苹果试验站为平台，先后承担国家和省部级科研项目20余项，获得经费2000余万元。

西北农林科技大学白水苹果试验站的研究方向主要分为四个方面：苹果遗传育种与新品种选育、苹果优异砧木资源评鉴与利用、旱地苹果优质高效栽培技术研究、苹果品质改良与质量安全控制。

在苹果遗传育种与新品种选育方面，西北农林科技大学白水苹果试验站从事苹果品种的种质资源研究，将具备优良性状的品种进行遗传育种，试验性地将优良品种进行杂交选种，以进行苹果新品种的选育。

在苹果优异砧木资源评鉴与利用方面，西北农林科技大学白水苹果试验站从事国内外苹果优良砧木资源的收集、保存与评价；筛选适合黄土高原苹果产区的优良基砧和矮化砧品种，建立繁育技术体系；开展苹果抗性矮化砧木品种的杂交育种研究等。

在旱地苹果优质高效栽培技术研究方面，西北农林科技大学白水苹果试验站从事旱地果园肥水调控与高效利用技术研究，矮化密植栽培技术研究，旱地果园生草管理技术研究，苹果主要病虫害的预测预报与控制技术研究，苹果园病虫害综合防治技术研究与生物、物理防治新技术、新产品的开发利用等。

在苹果品质改良与质量安全控制方面，西北农林科技大学白水苹果试验站从事苹果质量影响因素及其调控技术研究，苹果花果管理技术研究；苹果农药残留与质量安全控制，绿色、有机苹果生产技术研究与示范等。

西北农林科技大学白水苹果试验站建站十余年以来研发的关键技术包括：老果园的改型修剪技术、花果综合管理技术、土肥水一体化管理技术、病虫害综合防治技术、旱地苹果矮砧密植技术、果园生草技术。

2. 人才培养

西北农林科技大学白水苹果试验站建站十余年来，在站内培养博士、硕士研究生76名，科研助理18名；在试验站实习的本科生852名；开展大学生科技创新以及社会实践活动13次，涉及195人。

西北农林科技大学白水苹果试验站服务全省苹果产业，继续进行苹果基地县果农技术骨干的培训。持续实施校县联合苹果产业化科技示范与入户工程，发挥白水苹果产业联合会、矮砧苹果栽培技术协会等社会组织服务功能，积极参加省、市组织的各类培训活动，组织9名企业代表赴日本考察学习交流，实施"1355"果业人才培训工程，举办农场主、企业经理人专题培训班，开展冬春果园管理快速轮训，雹灾后培训等多种形式的培训活动，县电视台定期播放苹果生产管理游飞字幕。2016年全年共举办各项培训活动560场（次），录制电视专题技术讲座9期，召开校县联席工作会议5次，印发技术资料4万余份，培训果农8万余人次，县、镇、村技术干部320人，家庭农场主、种植大户、企业经理人670人，果业科技人才队伍不断壮大，素质不断提高。

通过持续实施校县联合苹果产业化科技示范与入户工程，实施"十百千"工程、"1355"工程，培养的县乡基层技术骨干有200余名，果农技术骨干有1000余名。

3. 试验示范

西北农林科技大学白水苹果试验站没有种质资源区、品种选育区、栽培试验区、新品种及栽培新技术示范展示区四个功能不同的区域。种质资源区是将所有优秀苹果的种质资源、优秀砧木集中在这一区域进行科学研究。品种选育区，是将不同品种的种子在这一区域进行观察比较，以选出更能适应本地气候环境的品种。栽培试验区是将集中选育出来的优秀苹果种子和面目，进行前期的栽培试验，以检验其一些优良性能能否在实际生长过程中展现出来。新品种及栽培新技术示范展示区则是将苹果种植的标准化技术、优秀的苗木资源集中展示给外界的涉果企业和果农，使其能够直观地了解一项新技术在生产过程中的使用效果，和优秀的苗木资源的生长情况。西北农林科技大学白水苹果试验站已经成为苹果科技交流与合作的平台，试验站的30多名驻站人员先后15次赴十多个国家进行考察交流，国外专家学者300多人、国内专家学者1000多人先后40多次来试验站考察交流；举办或承办国际苹果学术交流研讨会3次，国内学术研讨或者产业技术交流会8次。同时，试验站在站外，通过开展校县合作科技示范入户工程，建立示范村和试验园区，在全县范围内试验示范新技术和新成果，以点代面地进行农技传播。

4. 农技推广

白水苹果试验站还承担着负责农业技术推广的职能，西北农林科技大学白水苹果试验站和白水县政府联合开展校县合作工程，通过"1+4+4+4"模式和"1+3+5+5"模式，试验站的专家联合县乡农技推广体系的工作人员，发动村级推广人员和村级示范户进行苹果种植技术的传播和扩散，使得试验站研发的苹果种植技术可以有效地推广到生产一线果园的田间地头。

西北农林科技大学白水苹果试验站也为白水县的涉果企业和合作社等新型农业经营主体提供技术支撑，通过企业和合作社的渠道，试验站的新技术推广到合作的农户手中。

在校县合作联合科技示范入户工程的带动下，西北农林科技大学白水苹果试验站近几年研发的关键技术包括老果园的改型修剪技术、花果综合管理技术、土肥水一体化管理技术、病虫害综合防治技术、旱地苹果矮砧密植技术、果园生草技术。

二 白水苹果试验站农技推广典型模式："1+3+5+5 模式"

（一）"1+3+5+5"模式的形成

1. "1+3+5+5"模式的形成背景

西北农林科技大学白水苹果试验站始建于2005年，2006年试验站首批专家进入试验站开始前期筹备工作，并依靠县政府和乡村基层组织开展校县合作科技示范入户工程。当时白水县的苹果产业正处于持续下滑期，白水苹果产业面临品种老化、树龄退化的问题，苹果早期落叶病和腐烂病大面积爆发，很多果园面临病虫害威胁，再加上当时整个苹果市场行情低迷，种植苹果难以取得可观的经济效益，导致白水县出现大面积砍树、挖树现象。专家们面对的白水县苹果产业形势总体上来看十分严峻。一方面，大面积的乔化老果园由于品种老化和缺乏科学化的果园管理，果树进入衰退期，病虫害肆虐，果园经济效益低下；另一方面，果农对种植苹果产生抵触心理，面对外界的用工需求，纷纷准备外出务工增加家庭收入，果园面临被抛荒的尴尬局面。在这样严峻的产业形势下，推广先进的苹果种植技术面临着巨大困难。同时，由于当时试验站正在筹建过程中，首批专家都没有固定的住所，只能租住在农户家的窑洞里，与农民工作、生活在一起。当时，农户家条件很差，吃、住等生活都很简朴。但这并没有影响专家们的工作热情，专家们依然住在村子里，起早贪黑地走进田间地头，进行苹果生产的现场指导。刚开始进行农业技术推广工作的时候，每个专家定点承包一个乡镇，每个乡镇定点建设100亩的示范园。在推广过程中，专家们认为一项新技术的推广，需要转变推广对象的意识，扭转农户种植苹果的心理障碍变得极为关键。所以，专家们在指导果农进行果园管理和病虫害防治的同时，更加重视做农民的心理辅导工作，以扭转他们对种植苹果产生的不良印象和心理障碍，转变他们对苹果种植管理的认识。在刚刚开始进驻白水的时候，白水县苹果产业面临颓势，果农想得更多的是外出务工，对于苹果种植有了心理障碍。进驻乡镇的试验站专家，做得最多的工作是农民的思想工作，稳定心理。他们一方面运用自身掌握的技术知识对果园的果农进行精心指导，为老果园的提质增效尽职尽责；另一方面，重视做好果农的心理辅导工作，稳定果农心理，重塑他们对苹果产业的信心，并为他们规划苹果产业的未来。专家在日常农技推广工作中，注重与农民沟通的方式方法，采取长期驻扎农村的方式，手把手地在田间地头进行现场指导，在村子里做好示范工作，而不是像以往政府的农技推广员那样来农户家里或者在果园中照本宣科，随便讲解一通就离开。在苹果生产周期结束后，专家们还会持续进行跟进，并指导村子里的示范户做好科技示范工作。由于专家们尽职尽责的工作，技术指导与心理辅导同步进行，试验站专家逐步获得示范户和其他果农的初步信任。

在这一时期，农技推广的主要工作是进行老果园的改造工作，这其中最为关键的是对老果园进行间伐。果农们的老果园，由于缺乏科学的管理技术，果树间距和行距很密，果园郁闭现象严重，这会影响果园的产量和果实品质。进行果园间伐，可以改善果园郁闭现象，提高果园通风及光合作用效果，进而提高果园产量和果实品质，最终提高果农的经济效益。但是，果农从事苹果种植的传统思维根深蒂固，他们认为，果园苹果树的数量多，苹果产量也会很可观，最终也会取得可观的经济效益。况且，当时老果园里都是生长了将近30年的老果树，许多果农从内心根本无法接受这些果树被砍伐。所以，传统经济思维的禁锢和对果园的情感因素成为老果园改造工作面对的现实困境。同时，由于果园间伐后的效益在第三年才会显现，间伐技术的经济效益需要时间验证，试验站专家面对这种情况，与各自负责的示范户进行协商，对其少量果园进行先行示范性改造，并承诺如果遭受损失给予相应补贴。由于进行果园间伐的示范户在一定年限后，果园提质增效的效果显著，试验站专家取得了示范户和果农的进一步信任。

试验站专家在驻村过程中，与果农生活在一起、工作在一起。专家们在日常果树栽培与果园生产管理的实践环节，积极与老果农进行技术经验交流、学习，尊重老果农的实践经验。因为在实际的技术推广和病虫害防治过程中，果园生产管理的许多实际情况，专家们在以往实验和教学过程中，并没有遇见过。试验站专家通过虚心与老果农进行技术交流学习，形成了理论和实践经验的有效结合。在果园日常生产管理过程中，专家与果农们形成了良好的互动方式，专家们更好地融入果农的生产生活，为日后的农技推广工作奠定了良好基础，开创了稳定局面。

2. "1+3+5+5"模式的基本形成

西北农林科技大学白水苹果试验站专家通过认真负责的工作方式和科学的工作方法，在农技推广过程中，走好群众路线，逐步打开了农技推广的局面，取得了果农的信任。但如果要更大范围地推广技术，产生推广效应，则需要基层农技推广体系和社会力量的广泛参与。2006年，西北农林科技大学白水苹果试验站与白水县政府联合开展校县合作科技示范入户工程，与基层农技推广体系相结合，开始探索符合当地实际情况的农技推广体系，开始为"1+4+4+4"模式和"1+7+7+7"模式；并制定了一套有关苹果生产的总体技术方案，其中包括土肥水综合管理、病虫害综合管理、花果管理、树形修剪管理四大方面，基本上包括了果园管理的全部生产环节。在具体的技术推广环节，采取试验示范和现场指导的方式传播，保证农民切实掌握生产技术。

白水苹果试验站在后续的工作进展过程中，经过认真分析研究，明确今后的工作重心放在技术研发、技术示范和人才培养方面，所以在原技术推广模式的基础上进行了改革创新，"十百千"模式和"1355"模式相继出现。

(二) "1+3+5+5"模式的运行机理

"1+3+5+5"模式具体是指由1名西北农林科技大学白水苹果试验站的教授带上基层县乡农技推广体系中的科技工作人员，1名基层县乡农技推广体系中的工作人员带上5名村级技术推广员，1名村级技术推广员发展5名示范户。在每个村庄里，对于村级推广员和科技示范户实行动态化的指导和帮扶制度。

"1+3+5+5"模式在实际的运行过程中，西北农林科技大学白水苹果试验站的专家代表了技术传播链条中的技术来源。西北农林科技大学白水苹果试验站作为技术传播的源头，负责为整个白水县的苹果产业研究先进的苹果栽培和果园管理技术。在十余年的建站历程里，研发了老果园改造工程中的四项关键技术，形成了一整套旱地矮化砧木密植技术流程，培育了瑞阳、瑞雪两大新品种，并研发了白水苹果生产的十大关键技术，确定了白水县苹果标准化生产技术流程。作为整个白水县苹果产业的技术源头，以服务地区主导产业为出发点，结合白水苹果产业发展实际，开展科学研究。对科研成果在试验站内进行技术试验示范，满足生产条件要求之后，再进行推广。同时，试验站也是培育人才的重要基地，通过在试验站召开技术培训会，对新技术的传播和应用也取得了很好的效果。

在这个模式中，每名试验站专家带领的 3 名县乡基层农技推广体系中的科技工作者，承接了试验站专家技术知识在基层农技推广体系中的传播工作。这样的推广模式，使得专家对这些基层农技推广体系中的科技工作者进行重点指导，把他们逐步培养成为技术过硬的实干专家。同时也激活了原本已经瘫痪的基层农技推广体系。这些基层农技推广体系中的科技工作者虽然是政府农技推广体系和县乡果树站、园艺站的技术专家，但是由于基层政府的工作业务分配原因，这些技术人员平常都被指派从事所属单位的行政工作，这些园艺站和果业局的技术人员长期脱离生产现场，在机关办公室待久了之后，对原本掌握的生产技术疏于学习和实践演练。同时，由于基层农技推广体系长期缺乏相应的推广经费，这些技术人员下乡从事技术指导的机会进一步减少。此外，这些基层技术推广人员在原来的技术推广工作过程中由于工作方法粗放，并且自身的知识和技术水平并不能满足果农的实际需要，所以并不能获得果农的信任。传统的县乡两级的基层农技推广体系面临着线断、网破、人散的局面。试验站的核心专家力量只有 10 个人，远远不能满足农技推广工作的实际需求。"1+3+5+5" 模式实际上搭建了一个新型的农业技术平台。在这一模式组织下，第一批培养了 20 多名县乡技术人员。这一批技术人员也逐步成为之后县乡基层农技推广体系的主导技术力量。在日常农技推广工作过程中，县乡农技推广体系中的科技工作者与试验站专家们长期驻扎在乡村一线，将原本所学习的生产技术和生产实践有效地结合起来。科技工作者与试验站专家一起对果园的生产管理、技术操作、病虫害防治进行现场指导和培训。在日常生活和工作中，技术工作者加深了与果农的情感交流，原本自上而下生硬的推广方法得到彻底改善，技术工作者重新获得了果农们的好感和信任。技术推广工作融入果农日常的生活和人际交往中，将技术干部与群众的联系激活，科学技术得以自然流畅地传播输入农村一线的果园之中。之前面临解散的县、乡基层农技推广体系被激发出新活力，基层农技推广力量得到全新整合，更好地实现了农技推广的任务和为人民服务的目标。

"1+3+5+5"模式中，1名县乡农技推广体系中的科技推广者带上5名村级推广员的做法，解决了在农技推广过程中，技术传播信息转译失真的问题。由于农民学习技术大多是模仿和学样子，以往的模式中，专家直接对接果农，在果农的果园进行现场的生产指导和技术培训。由于专家和果农所处的知识层次不同，专家有时传达的意思，果农并不能完全理解。果农学习的技术只是表面所理解的层次，并未触碰到技术的核心层次。在这种模式中，村级推广员变成了整个模式中的技术转译器和连接点。村级推广员负责承接县乡基层科技工作人员的技术传播信息，并对技术传播信息进行理解和转译，传播给所对接的科技示范户。由于这一层面传播者和被传播者的知识技术水平处在一个大体对等的基础上，所以技术传播能取得理想效果。

5名村级推广员发展5名示范户的做法，使得苹果管理技术在乡村生产一线大面积传播成为可能，示范户主要起到示范带动的作用。试验站专家和县政府通过定期对示范户开展动态化指导和帮扶制度，使示范户能完整彻底地贯彻新技术的生产实践，取得较为可观的经济效益。由于普通果农采用新技术通常会有一段观望时期，示范户为先进技术提供了实际的示范平台，通过实际性的生产示范，使得苹果生产管理的先进技术大面积地传播和应用，使得科技示范入户工作可以更好地开展。同时对这些示范户的培训和指导也为白水县培养了大批普通的果农科技示范户。

"1+3+5+5"模式在现代农业科技与传统农业耕作技术之间建立起了有效的衔接，在这个模式中，先进的农业科学技术由西北农林科技大学白水苹果试验站的专家们通过首轮技术传播传递给县乡基层农技推广体系的科技工作者。然后，先进的农业科学技术通过自下而上的农技推广体系的渠道，由县乡基层农技推广机构与村级推广员之间进行对接，传递给村级推广员，然后经过村级推广员的理解和转译，以果农易于接受和操作的实用技术的形式传递给村级示范户和其他果农，从而完成农业技术推广的供给侧传播。

在农业科技的需求信息传递上，信息通过自下而上的渠道进行传递。

农民在实际生产过程中遇到的技术难题和果园管理难题，依靠村级推广员的现有资源和技术水平无法得到有效解决，那么村级推广员就会向县乡基层农技推广机构的科技推广人员进行农技需求信息的反馈。县乡基层农技推广机构会及时反馈给苹果试验站的专家，依靠试验站的科学技术资源进行问题的解决，然后通过这个模式的技术传播渠道，将果农需要的苹果种植管理技术间接有效地推广到生产一线。总体来看，"1+3+5+5"模式的运行，从客观上打破了传统的乡村耕作经验与现代农业科技的间隔，中间的村级推广员和示范户承担了科学技术的转译和过滤功能，西北农林科技大学白水苹果试验站专家们研发的苹果种植管理技术通过这个模式在一线果园间接得到了良好推广。

（三）"1+3+5+5"模式取得的成果

1. 激活了县乡基层农技推广体系

基层农技推广体系一直以来都是我国农技推广体系中的核心力量，但是进入21世纪以来，县乡两级的基层农技推广体系逐步丧失活力，多数陷入维持性发展状态，部分地区的农技推广体系甚至陷入全面瘫痪的局面。西北农林科技大学白水苹果试验站开展的"1355"工程、"1+7+7"模式等农技推广模式，高效整合了县乡两级的基层农技推广资源，促进了高校专家和基层农技推广力量的有机结合，激活了基层农技推广体系的活力，促进了整个白水县县、乡两级农技推广水平的提升。

2. 促进了白水县苹果产业的转型升级

西北农林科技大学白水苹果试验站的成立，为白水县苹果产业的发展注入了科技动力，近年来生成关键技术8项，孕育出苹果新品种2个，并建立起优质苹果生产技术规程，推动了白水县苹果产业由传统的乔化苗木栽培到旱地矮化砧苗木栽培的换代升级，通过推动整个白水县的老果园改造工程，使白水县之前普遍存在的老果园郁闭现象得到明显改善，苹果的产量和质量得以提升。优果率由之前的60%提升到85%，商品果的比重得以提升，直接促进了果农增收。通过不断扩大矮化苹果的种植面积，白水县旱地矮化密植面积已跃居陕西省首位，初步形成了苹果产业的规模效应。

3. 培育出大批新型农业经营主体

白水县的新型农业经营主体的发展势头非常迅速，由起初类似于曹谢虎、林秋芳这样的示范户带动起来的合作社广泛发展，截至2015年，全县范围内已经有186个合作社，其中包括企业领办的60个合作社，有100多个是果农合作社。白水县全县共有种植大户（50亩以上）237个，100亩以上的家庭农场65个，规模化、集约化种植的企业果园基地近万亩，新型农业经营主体的总体果园面积超过20000亩。2016年，全县新增及扩建果品储藏企业18家，总储藏能力增加2.8万吨。新建白水苹果品牌形象店17家。白水苹果质量安全追溯平台的20家企业及合作社运行规范，二维码质量追溯体系效果明显。白水苹果产业联合会新入会会员8家，会员单位达到85家，宏达、兴华等企业整合上市工作有序推进，农村电商服务中心、四季香联合社等合作组织蓬勃发展，企业及合作社走上组织化、规模化、标准化、规范化运营轨道，管理水平不断提高，安全生产意识增强。

白水苹果试验站自建站开始，试验站的专家在早期的驻村推广技术过程中，培养了一批示范户率先开始农技推广和老果园的改造。这批示范户，经过十年左右的时间，其中一些人已经成长为优秀的新型农业经营主体的典型代表。例如白水县仙果苹果专业合作社理事长曹谢虎。

曹谢虎先生从事苹果的栽培与管理20余年，在这20多年中，他曾作为一名普通果农，登上哈佛大学的讲台，代表中国农民作了一场震惊世界的演讲。他的成长过程，与西北农林科技大学白水苹果试验站的专家的帮助培养是分不开的。曹谢虎是高中学历，早期在事业单位工作，并且在当时的国营农场工作过，从1995年开始栽种了6亩苹果，至今已经有22年的时光。曹谢虎将个人的成长经历和事业的发展分为两个五年。

第一个五年（2006—2010年）：在白水苹果试验站建站之前，曹谢虎的第一批苹果树开始挂果，与此同时，白水县苹果产业陷入低谷。曹谢虎在2003年前后，曾组织果农学习苹果的先进管理技术，也就是当时流行的四大管理技术：大改形、强拉枝、无公害、有机肥，并在自己的6亩果园中，率先进行树形改造。次年，改型效益明显，被选为省级苹园冬季管理培训会示范点。2005年12月18日，陕西省原副省长王寿森来到果园考察，对他科学务果予以肯定。

2005年西北农林科技大学苹果试验站在白水县挂牌成立，2006年试验站与县政府达成协议，在全县开展校县合作、科技示范入户工作。在早期的试验站科技推广工作中，实行试验站专家包村入户的政策，并且当时每个乡镇都要建立示范园区，每个村子要选取农户建设示范点。曹谢虎的苹果园区被选为"科技入户工程示范园"。

经过试验站专家的精心指导，曹谢虎积极学习苹果栽培管理的先进技术，在2006—2010年第一个五年阶段，按照试验站专家的要求，进行老园改造、果园间伐。在这五年内，曹谢虎的6亩苹果树的长势和苹果的质量一年比一年好，商品果的比例也逐年上升，每亩地的纯收入也逐年递增，由当时的每亩地4000—5000元纯收入增加到每亩地20000元左右。

2008年他成立白水县仙果苹果专业合作社，先后建立了15个分社，辐射4个乡镇24个村，社员发展到了1000户，果园面积达8000多亩。合作社的主要业务范围涵盖统一的农资采购、统一的农资配送、统一质量标准、果园技术服务和苹果收购。

第二个五年（2011—2016年）：在这五年中，曹谢虎起先种植的6亩苹果的经济效益再次获得提升，由当时每亩地纯收入20000元增加到现在的50000元。同时，又扩种了七亩地的瑞阳、瑞雪新品种试验园区，在瑞阳、瑞雪尚未通过品种认证的时候，新品种试验园区已经开始挂果。

另外在这五年期间，他又承包了10亩地栽种富士苹果，2015年承包了60亩地，栽种瑞阳、瑞雪，这时的瑞阳、瑞雪已经通过了新品种的审定。总体上果园的面积扩大到了100亩左右。苹果苗木的品种也由乔化苗木，改造成为矮化中间砧（M26）苗木。

2014年成立白水县仙果农业科技发展有限公司，公司主要负责产业扶贫，对接周边三个村子的贫困户。公司采取的主要扶贫方式大概分为两种：对于有劳动能力但是自家没有种植果园的农民进行就业安置，参与果园的日常生产活动，并签订劳动合同，支付每人每月2000元左右的工作报酬；对于存在劳动能力且自己拥有苹果园的贫困户实行果园托管，这里的托管模式主要是半托管模式，即贫困户只负责投入劳动，果园日常的管理方案均由公司负责制定。

经过十年的积累和成长，曹谢虎已经成长为白水县苹果产业中普通果农的杰出代表。经过试验站专家的技术帮助和管理理念的传播，曹谢虎的果园经济效益逐年递增，自身的技术知识水平也不断提高，并通过了高级职业农民的资格认证。在自身的技术知识水平得到提升后，他又积极帮助周边果农，通过成立合作社，辐射带动周边果农，科学务果、发家致富，并不断创新果园管理模式。现在推行的五个统一的果园托管模式，就是农业转型阶段创新农业管理模式、促进传统苹果产业转型升级的有效举动。

整体来看，白水苹果试验站在曹谢虎的成长历程中发挥了重要的支撑和引领作用。试验站成立初期，曹谢虎的果园被选为科技示范入户工程示范园，试验站专家指导曹谢虎早期的园区完成了老园改造，并有效地提升了果园的苹果质量和经济收益。

三　试验站农技推广模式的实践困境分析

（一）试验站农技推广模式的实践困境

1. 专家队伍力量不足

西北农林科技大学白水苹果试验站的专家队伍目前年龄普遍偏大，而且最近几年学校新招聘的年轻老师主要集中在教学方面，没有在推广人员上设立相应的招聘指标，致使白水苹果试验站在最近几年内将会面临着老专家们先后离休，但是后续的青年人才力量却难以补充的困境，专家队伍力量后续乏力。在未来试验站的发展进程中，如果推广队伍的青年力量得不到有效补充，试验站会出现无人从事科研工作和技术推广工作的困境。西北农林科技大学白水苹果试验站专家的年龄结构如表4—1所示。

表 4—1　　西北农林科技大学白水苹果试验站专家年龄分布

出生年份	人数（人）	占分比（%）
1956—1960	2	15.38
1960—1965	7	53.85
1965—1970	4	30.77
合计	13	100

来源：西北农林科技大学白水苹果试验站内部统计

从表4—1可以看出，西北农林科技大学白水苹果试验站专家一共有13人，其中2人在1956—1960年之间出生，年龄接近60岁，占比15.38%，其中剩余的84.62%的试验站专家的出生年份集中在1965年前后，他们的年龄集中在55—60岁之间。所以，总体上可以看出试验站专家的年龄结构普遍老化。同时新成立的千阳苹果试验站、庆阳苹果试验站和洛川苹果试验站的专家队伍中也有白水苹果试验站的一些专家，所以从年龄和精力上来看，试验站的专家队伍都面临力量不足、后续乏力的困境。

2. 果农对于新技术的需求出现饱和

西北农林科技大学与白水县政府联合创立的"1+3+5+5"农技推广模式，创新了农技推广模式，在传统的农技推广模式中，引入多元化利益主体，创立了新的技术分享平台，推动了苹果生产技术示范入户的进程，提高了科技成果的转化效率，为白水县苹果产业的转型升级提供了强有力的技术支撑。但是，经过十余年的发展，白水苹果试验站的农技推广工作出现了新困境。

这一新的困境在农村生产一线中表现为果农对苹果种植需求的饱和，果农缺乏采用新技术的动力。绝大多数果农只是掌握了苹果种植管理技术的表面知识，并没有真正掌握技术。从日常走访调查中发现，大多数果农都熟悉苹果种植技术和具体的操作规范。但是，果农掌握苹果种植管理技术的真实情况存在很大差距，只有少部分的农户可以在实际生产过程中准确按照试验站专家要求的技术操作规范来进行生产操作，大部分果农只是按照他们所掌握的浅显层面的技术操作规范来从事苹果果园的种植管理，从根本上并未脱离原本的粗放经营方式。这最终导致不同果农之间的苹果种植收益存在很大差距，能够精准掌握试验站专家推广的技术、准确进行操作的果农,其收获的苹果质量上乘,苹果的卖价比普通农户每公斤高出 2 元多。苹果种植技术在推广过程中存在着不同程度的损耗现象,普通果农学习生产技术,并不是依靠试验站发放的技术手册等纸质资料,而是依靠村级技术推广员或者村级示范户的现场示范和现场讲解。果民在这一过程中表面上掌握了新技术,但实际上只是掌握了技术的表面,只是在脑子中形成了对技术的模糊印象,最终学习技术的过程只是简单地模仿,这样就丢失了技术中真正重要的部分,最终造成农民学习技术知识大多停留在表面理解,技术采纳效果并不如人所愿。所以,技术传播过程中的信息损耗,会影响技术推广的实际效果,农民最终因并未掌握实质的技术要领而未取得预期效益。

3. 技术资源在传播过程中分配不均衡

在农技推广理论中,现代农业科学技术被认为是一种能够被生产一线农民普遍接受的技术知识,但是在实际调研中,许多果农对于苹果种植管理技术的掌握停留在技术表面,他们往往能够说出技术操作的大概流程,却没有掌握技术操作的真正诀窍,不能在生产过程中准确地应用。不同村庄之间,不同果农之间存在较大的技术差异,表明在农技推广过程中技术资源分配不均。

在"1+3+5+5"模式中,农业技术在村落中的传播主要依靠村级推广员的对接和转译。在白水县苹果产业发展过程中,试验站专家所研发的先进农业生产技术,通过村级推广员和示范户等技术精英群体在实际传播过程中转译为能够被果农所理解的技术形式。这样的技术传播方式,一方面促进了现代农业技术在生产一线的良好扩散,辐射带动了周边农户采纳现代农业技术,促进了白水苹果产业的转型升级;但是另一方面,这样的模式使农技推广过程中出现了技术资源分配不均衡的现象。这种技术资源分配不均衡的现象表现为作为技术精英的村级推广员和示范户由于资源禀赋的差异、技术传播方式的差异和人际社交网络中的差序格局影响,利用外来资源,导致先进技术无法惠及普通果农,进而影响了农技推广工作的实质成效。①

---

① 赵晓峰等:《推广的力量:眉县猕猴桃产业发展中的技术变迁与社会转型》,中国社会科学出版社 2017 年版,第 107—120 页。

西北农林科技大学白水苹果试验站和白水县政府合作探索的"1+3+5+5"模式，将农村精英纳入农技推广体系，是因为这些农村精英大多拥有开阔的产业视角、强烈的技术需求意识。在实际推广工作中，县乡基层农技推广机构中的工作人员通过这些农村精英，即村级技术推广员和科技示范户来开展科技试点推广，进而起到示范带动周边农户的效果。村级推广员和示范户在农技推广过程中发挥了技术转译、示范带动的作用。从理论层面讲，农村技术精英缩小了现代农业技术与传统农村生产经验之间的隔阂，可以将试验站的先进生产技术在生产一线更好地推广传播。但是，在实际推广过程中，村级农技推广员和科技示范户等会依靠自身的资源禀赋优势抢占技术信息等外来资源。在生产一线，表现为村级推广员和科技示范户这些技术精英与普通农户之间对现代农业生产技术掌握的熟练程度差异上。村级推广员和科技示范户这些技术精英在获取外界的技术资源时，比普通农户有更大的优势。

（二）试验站农技推广模式实践困境的原因

1. 专家队伍力量不足的原因

目前西北农林科技大学白水苹果试验站的专家队伍年龄普遍偏大，而且最近几年学校新招聘的年轻老师主要集中在教学方面，没有在推广人员上设立相应的招聘指标，致使在最近几年内白水苹果试验站面临着老专家们相继离休，但是后续的青年人才力量却难以补充的困境。西北农林科技大学白水苹果试验站的专家队伍的年龄层次出现了青黄不接的现象，同时在推广模式中其他农技推广人员的专业素质仍然有待提高。

县乡农技推广人员与试验站专家在专业素质上目前存在一定差距，并不能很好地作为后备力量，同时，乡村技术骨干没有接受过系统性的专业教育，在技术素养上还存在一定不足。所以作为技术核心的专家离休时，后续的技术力量一时难以补充，最终导致技术推广模式中的专家队伍力量不足。

2. 果农对于新技术的需求出现饱和的原因

笔者在实际调研过程中发现，在整个白水县从事苹果种植业的人群中，呈现出农业从业人员老龄化严重的现象，年轻人大多从事非农业生产活动，返乡务农的意愿不强烈。根据家庭生命周期理论中的概念，

60—70岁的人基本完成了家庭生命周期，之后农业生产活动的资本化投入和劳动力投入会逐渐减少，这时的农业生产活动会变成一种维持型的经营方式，也可被称为消遣型的经营方式。这类群体不再以追求经济利益最大化为目的，而是维持一直以来的惯性种植行为，保持原有的种植习惯不再改变，比如不再对果园增加经济投入和人力投入，不再采纳新的管理技术。

差序格局理论是形容中国农村之中人际关系网络就像水的波纹一样是从中心向外层层扩散的，普通小农学习新技术主要是通过熟人网络，在学习新技术的过程中，亲朋好友成为其获取新技术和信息的主要源头。农村中的技术骨干作为白水县农技推广体系中的重要环节，在新技术的转化和转译过程中扮演着重要的角色。但是在实际的技术传播过程中，这些技术骨干也会有所侧重和有所保留。他们对自己熟悉的人和自己的亲戚在传授新技术的时候，会全方位地进行指导，将所掌握的技术全面地教授给这些群体。但是对于其他人，则会在传播技术的过程中有所保留。所以，对于一部分小农来说，他们学习到的新技术只停留在技术要领的表面，并没有学到新技术的实质，所以在将学习到的新技术用于农业生产的过程中，难以取得理想的效果。这样的现实落差使得小农对于新技术的信任程度有所降低，影响了小农户的技术采纳行为。

另外，技术传播过程，按照传播的阶段可以划分为一次传播和二次传播。一次传播是指技术从试验站专家到乡村技术骨干的这次传播过程，一次传播过程中，技术信息保存最为真实，技术传播的效果也最好。第二次传播是指乡村技术骨干向小农户转译技术信息的过程，受限于技术骨干的本身的技术知识水平，这时候一些技术信息已经失真，使得普通小农接触到的新技术信息在经过两次的层层传播之后，一些有价值的信息已经被剥离，小农户接触到的技术只是单个环节的碎片，最终影响技术的实践效果，进而影响小农户的技术采纳行为。

3. 技术资源在传播过程中分配不均衡的原因

普通果农在学习采纳新技术的时候，往往并不是依靠纸质版的文字资料来操作新技术，更多的是通过村级农技推广员和科技示范户这些技术精英的现身说法和现场示范来进行学习，学习形式停留在低水平的模仿阶段，并没有学习到技术的实质层次，最后导致普通农户与技术精英在技术的掌握程度上存在差异，进而在种植苹果的经济收益上也存在较大差距。同时，由于农民都比较注重自身面子，所以在实际生产过程中，普通果农很少会主动请教他人技术问题，更多的是依靠人际网络间的沟通传播。

由于人际间社交网络存在差序格局，所以在农技推广过程中，村级农技推广人员和科技示范户在传播技术的过程中，会优先靠拢自身的亲朋好友，并向他们认真地讲解技术的核心要领，而对于普通农户，则会有所保留地传播自己所掌握的农业生产技术，很少会分享技术的核心要领。同时，由于技术本身的特点，在实际运行过程中，一些技术需要投入大量的资本和人力，这无形中会形成技术壁垒。由于技术壁垒的存在，即使技术精英愿意向普通果农分享自身掌握的技术核心要领，普通果农由于自身经济实力不足和劳动力不足，也无法应用这些先进的农业生产技术。另外，由于受两级传播理论的影响，在技术传播过程中存在技术信息失真的现象，一项关键的农业生产技术在经由试验站专家传播到县乡基层农技推广机构的科技工作者，再经由县乡基层农技推广机构的工作人员传播到村落中的村级推广人员和科技示范户，在这层层的信息传播过程中，关键技术信息已经发生不同程度的损耗，再加上普通果农学习技术只是简单地模仿，并未掌握实质的技术要领。所以处于技术传播链条最后一环的普通果农掌握的农业科技信息和技术要领不如农村技术精英，双方在农业技术掌握的熟练程度上产生差异。村级推广员和科技示范户更多地掌握了农业生产技术的关键信息，并对先进技术信息和其他资源进行了优先获取。[①]

四 试验站农技推广模式的完善对策

（一）加强与新型农业经营主体的技术研发与推广合作

西北农林科技大学白水苹果试验站可以与白水县内有经济实力和科研实力的涉果企业共同开展苹果种植管理技术、苹果种植资源技术的研

[①] 赵晓峰等：《推广的力量：眉县猕猴桃产业发展中的技术变迁与社会转型》，中国社会科学出版社2017年版，第107—120页。

发，利用企业的资金优势，发挥好试验站的科学技术优势，共同开展技术攻关。并在合作过程中，共同建设科研信息数据库，注意实验数据的搜集和整理，为今后白水苹果产业的发展提供技术参考。

同时，试验站应该与白水县的新型农业经营主体共同开展农技推广工作，在原有的"1+3+5+5"模式推动下，西北农林科技大学白水苹果试验站和基层农技推广力量为白水县的涉果企业和合作社培育了大批的技术骨干。针对目前西北农林科技大学白水苹果试验站专家队伍年龄结构偏大，即将先后离休的现象，试验站可以与白水县的龙头企业进行合作，在企业中成立科研推广中心，以试验站作为技术支撑，在企业中培育技术人才，利用企业农技推广的渠道，推广农业科技，带动与企业和合作社合作的农户应用新技术，达成新技术的推广新格局，建立"企业+试验示范站+农户"的推广模式。为基层培养大批技术人才，加强基层农业技术人才队伍建设。

（二）成立新品种推广联盟

由西北农林科技大学白水苹果试验站首席专家赵政阳教授及其研究团队历经十余年培育而成的优质晚熟苹果新品种"瑞阳""瑞雪"，于2015年通过陕西省果树品种审定委员会的审定。"瑞阳""瑞雪"结合了母本的优良性状，预期市场前景广阔，受到白水县政府的高度重视。白水县政府计划在未来的3—5年内，将两个品种推广种植到30万—50万亩，间接成为黄土高原主栽品种。

西北农林科技大学倡议发起，联合陕西、甘肃等苹果主产区从事苹果苗木生产、种植、营销及服务的各相关企业及合作社近百名代表，成立"瑞阳、瑞雪苹果推广联盟"。联盟的成立，标志着一条果树新品种推广开发和品种产权保护的新路子的开启。该联盟是致力于"瑞阳""瑞雪"苹果品种的保护、推广、宣传、种植、营销、服务的企事业单位、团体自愿组成的，非营利性合作平台。联盟的成立，将整合及协调产业、社会资源，使联盟内成员更好地进行技术及资源的优化与共享，实现效益最大化；规范行业标准、提高技术水平及从业人员素质，提高相关经营企业的竞争力，使得"瑞阳""瑞雪"苹果新品种能高质量、高效率地种植、产出，产业良性、健康发展，更快地被市场接受，从而实现规模化推广种植,成为新一代高标准的苹果。

在当前农业供给侧结构性改革的背景下,对于苹果产业发展而言,要坚持以市场需求为导向,通过科技创新和体制机制创新双轮驱动,提高产业供给质量和效率。"瑞阳、瑞雪苹果推广联盟"就是为了聚集一批有志于"瑞阳""瑞雪"开发的种植、贮藏及销售企业和合作社组织,开展紧密型合作,使两个新品种尽快在生产上发挥作用,使生产者、经营者真正受益,做大做强我国苹果自主品牌。苹果产业各方能够建立密切持久的合作关系,共同推动苹果产业发展和升级,通过创新的力量促进果业强、果农富、果乡美,让甜美的苹果造福更多民众。

(三) 利用互联网推广农业科技

在当前国家大力推进"互联网+"工程的战略背景下,西北农林科技大学白水苹果试验站也应该利用当前的互联网技术开展农业技术推广。建设互联网农技推广平台,组织试验站专家和其他苹果种植专家进行网络问诊,并在苹果种植的关键时期,在网络平台上发放苹果种植管理的相关技术规范,利用网络来拓宽苹果种植管理技术的推广范围。

同时,针对目前智能手机在农村中普及率较高的特点,应该利用好社交软件进行农技推广,建立技术推广公众号,建立技术推广的微信社群,利用好网络自媒体来传播农业科技并解决果农的技术需求。

综上,西北农林科技大学白水苹果试验站作为西北农林科技大学在地方上建立的第一个试验示范站,通过与白水县政府联合开展苹果产业化科技示范入户工程,在白水县先后推进老园改造工程和旱地矮化密植技术,使当时陷入衰落期的白水苹果产业重新焕发生机,完成了产业的转型升级,白水苹果试验站的专家们经过长期的科学实践,推行出一套苹果生产的标准化作业流程,并推行了四大关键技术,使白水县苹果产业的标准化作业程度和优果率得以提升。在科技推广过程中先后运行的"1+4+4"模式、"1+7+7"模式、"1+3+5+5"模式,使得高校的科技力量与县乡两级的基层农技推广力量有机结合,并培养出一大批农村技术骨干,使得广大农村的基层农技推广体系重新迸发出了新的活力。

第五章

快速兴起的土地托管模式

党的十九大报告明确提出，要促进小农户与现代农业发展的有机衔接。这是针对中国现阶段存在的2亿多分散小农这一客观事实所做出的重大决策，是做好农业农村工作的重要指导。这也反映出当前中国农业农村发展面临的最大现实难题，即如何处理好小规模农户与现代农业发展之间的矛盾？

改革开放40年来，中国农村改革快速推进，农民的基本生活得到保障，乡村面貌焕然一新，农村发展进入了一个新时代，各项改革所释放的活力全面迸发。这些伟大成就，得益于家庭联产承包责任制的实施，该制度确立了以"家庭承包经营为基础，统分结合"双层经营体制。然而，时过境迁，这一制度下的按肥搭瘦分田原则带来了农地细碎化问题，影响了农地的规模化经营。与此同时，我国农村普遍出现"386199"现象，妇女、儿童和老人成为农村的主要劳动人口，青壮年男性大多外出务工，这使我国现代化农业的发展受到了影响。"怎样种好地"和"由谁来种地"的问题，就理所当然地成为学者们应该思考并研究的问题。倡导土地规模化经营、培育新型农业经营主体，是现阶段学术界的主流观点。该途径下的农业现代化，主要通过土地流转来实现，新型经营主体以土地流转的形式，获得较大规模面积的土地，以实现规模化经营。但从实践绩效来看，其效果并不如人意。第三次农业普查数据显示，截至2016年底，我国实际总耕地面积是16.8亿亩，其中通过流转的土地面积为3.9亿亩，占实际耕种面积的23.4%，规模化耕种面积约占全部耕种面积的 28.6%，其中规模农业经营户所占比重为 17.0%。① 可见，土地流转仍然没有改变中国土地经营分散小规模的现状，仍然没有改变小农在中国农业生产中的主体地位。一些学者甚至发现，土地流转往往引来资本下乡，新型经营主体下乡圈地进行规模化经营。这些圈地者只看重短期收益，一味追求 GDP，而不考虑农业的可持续发展，从而带来了农业资源短缺、面源污染严重等问题。另外，这种新型农业经营主体进入乡村后容易造成农村的阶层分化，挤压普通农民和中坚农户群体的利益空间，② 甚至牵涉到小农利益，使他们遭受资本的"盘剥"，逐渐走向半无产化。③④

针对土地流转出现的一系列问题，人们开始重新审视小农经济的价值以及如何实现与农业现代化的有机衔接问题。⑤ 基于以上的思考，学者们从实践领域和理论层面探索出一条实现农业现代化的可能路径：在保持以小农经营为主的基本经营制度不变的条件下，以服务带动小农，通过服务规模化以实现土地规模化经营。只有通过社会化服务体系，才能在小农户普遍存在的基础上取得规模化经营，实现真正意义上的规模效益和农业经营效益。2016 年中央"一号文件"首次提出，"支持新型农业经营主体和服务主体开展土地托管、联耕联种、代耕代种等专业化、规模化服务"。2017 年的中央"一号文件"再次强调，"大力培育新型农业经营主体和服务主体，通过股份合作、经营权流转、土地托管和联耕联种等多种方式，加快发展服务带动型、土地流转型等形式的规模经营"。由此可见，在通过规模化流转土地发展新型农业经营主体的同时，还存在着代耕代种、联耕联种、土地托管等方式，为农户家庭经营提供

---

① 《国家统计局发布第三次全国农业普查结果》，2017 年 12 月 14 日，第一农经（http://news.1nongjing.com/a/201712/212784.html）。

② 赵晓峰、赵祥云：《农地规模经营与农村社会阶层结构重塑——兼论新型农业经营主体培育的社会学命题》，《中国农村观察》2016 年第 6 期，第 55—66 页。

③ 黄宗智：《小农户与大商业资本的不平等交易：中国现代农业的特色》，《开放时代》2012 年第 3 期，第 88—99 页。

④ 武广汉：《"中间商+农民"模式与农民的半无产化》，《开放时代》2012 年第 3 期，第 100—111 页。

⑤ 曾红萍：《托管经营：小农经营现代化的新走向》，《西北农林科技大学学报》（社会科学版）2018 年第 5 期，第 40—45 页。

服务，进而推进农业现代化发展。土地托管是土地经营方式的一种创举，是在农村劳动力大量外流，农业老龄化和新型农业经营主体大量涌现的今天，应时而生的一种农业社会化服务形式，[①] 这也是当下广受欢迎的一种新型经营方式。土地托管为我们探索小农户与现代农业有效连接问题，提供了一个新视角和新途径。为此，本章选取陕西省白水县仙果苹果专业合作社作为研究对象，运用实地调研和半结构化访谈方法，系统地分析其土地托管的运作机制及其现状，对土地托管模式进行总结和探讨，发现不足，汲取经验。这将有助于我们不断探索和创新土地经营方式的新模式和新机制，推动农村基本经营制度不断变革，进而完善农业社会化服务体系，全面提高农业全要素生产率，并且在保障小农户利益的前提下，推动农业、农村全面发展，最终为农业现代化发展添砖加瓦，为解决"三农"问题提供可行之路。

一 相关研究进展

笔者扎根田野，聚焦土地托管实践的现实问题，在关注经验的基础上梳理相关学术研究成果，发现目前学者们的研究主要集中在以下几个方面。

（一）国内文献概况

1. 关于小农经济的研究

在中国，小农经济具有悠久的历史传统，其可以追溯至春秋时期，从那时起中国就建立了封建土地私有制。小农经济在这样一种制度下，渐渐形成单家独户、自给自足和男耕女织的格局。经过长期的演变，小农经济在兴衰发展的过程中被赋予了新的内涵，承载着新的时代使命。20世纪80年代，在安徽凤阳小岗村，18位改革先锋冒死签下生死状。小岗村率先分田到户，确定了自主生产的家庭联产承包责任制，中国农村改革的大幕由此拉开。在这一制度下，我国的农业生产力水平大大提升，解决了我国人民的基本温饱问题，为工业生产积蓄了力量。但也应该清

---

① 穆娜娜、孔祥智、安旭：《土地托管的风险分担机制研究》，《中国物价》2018年第3期，第66—69页。

楚地看到，我国在以家庭为基本生产单位的基础上，形成了人均一亩三分、户均不足十亩的农业经营状况。① 以土地经营规模这一视角看，小农的定义是指，在家庭联产承包责任制下选择从事农业生产经营的个体承包户。徐勇、邓大才进一步加以解释，小农不仅土地经营规模小，而且社会化程度高，与外界世界存在着密切联系，因而也被称为"社会化小农"。② 黄宗智等人则认为小农属于一个理性的综合体，兼具多种特征，以追求利益最大化为目标。同时，小农还是生存型的，关注基本生存安全。③ 随着城市化进程的推进，小农经济面临着农业老龄化、生产成本高昂、农业生产效率低下等新的现实挑战。小农该何去何从呢？未来的农业该如何发展呢？马克思主义者的观点认为，小农将会被大工业所消灭，以雇用工人取而代之。与此相反，一些学者通过对韩国、日本和中国台湾的现代农业发展模式的研究考察，发现日本、韩国、中国台湾的农业现代化均是在小农基础上实现的，小农生产具备发展现代农业的可能性。④ 一方面，当下小农经济仍具有较强的天然禀赋，对我国农业发展具有重大意义。约2亿规模的农户能够继续以农业生产为生，小农经济作为"蓄水池"，继续发挥其吸纳农村剩余劳动力的作用。另一方面，农业经营保障了农民的基本生存问题，减轻了进城农民生活压力，是经济资本化进程的"稳定剂"。⑤

尽管，学者对小农有不同的理解。但是，学者们都注意到小农经济的分散化经营与现代农业的规模化生产要求是不相适应的，如何协调两者的矛盾，是一个值得深思的问题。但就目前的农业情况来看，我国小规模农业生产者将还会在未来一段时间内大量并长期存在。据此，笔者认为必须

---

① 贺雪峰：《关于"中国式小农经济"的几点认识》，《南京农业大学学报》（社会科学版）2013年第6期，第1—6页。

② 徐勇、邓大才：《社会化小农：解释当今农户的一种视角》，《学术月刊》2006年第7期，第5—13页。

③ 黄宗智、高原、彭玉生：《没有无产化的资本化：中国的农业发展》，《开放时代》2012年第3期，第10—30页。

④ 刘同山：《土地股份合作社：小农户对接现代农业的有效途径》，《中国农民合作社》2018年第1期，第48页。

⑤ 温铁军：《农村是中国经济资本化进程稳定器》，《第一财经日报》2011年12月30日，http://finance.ifeng.com/opinion/xzsyubu/20111230/5376601.html。

发挥利用好小农户的优势,将小农真正联合起来,纳入农业现代发展的轨道上。小农经济在较长一段时间内仍将存在,中国农业仍需要小农经济来发展。现代化如果边缘了小农,将是不全面、不平衡的现代化。

2. 关于农业社会化服务的研究

1984年的第一个中央"一号文件"就提出,要为农户提供必要的社会化服务。社会各界积极响应党中央、国务院的号召,将目光转移至农业社会化服务,并不断加大对农业的支持力度。40年来,我国在农业社会化服务研究方面取得了较大进步。近几年,农业社会化服务体系更是成为学术界研究的热点话题。对农业社会化服务的研究,国内学者主要集中于这两大方面,一是农业社会化服务体系的内涵,二是农业社会化服务发展现状及其解决路径。

第一,关于农业社会化服务体系的内涵。陈锡文等人提出,农业社会化服务事实上是农业专业化、社会化、市场化、商品化的向外扩展与延伸,同时也是它们外在的具体表现;从产业链角度来看,农业社会化服务应避免陷入将服务与生产混为一体。[1]孔祥智等人在他们的研究中提出,农业社会化服包括了服务社会化、服务组织的系统性等这两方面含义。服务组织部分分为三大类,分别为以谋求经济效应为目的的经营性服务组织、半公益半经营性服务组织,以追寻社会效应为目的公益性服务组织。[2]

第二,关于农业社会化服务的发展现状及其解决路径研究。从宏观角度看,当前的农业社会化服务体系,存在着服务组织功能萎缩、管理落后、资金投入不足、人才匮乏、服务滞后及服务需求不匹配、职能错位等问题。对此,有学者主张从加强组织管理、提高公共服务部门的服务能力、创新组织机制、优化组织环境、培育新型服务主体、厘清组织职能、加快人才培育、及时跟进市场需求、调整等方面着手以进一步完善。[3]在微观层面,农户获得服务的渠道单一、服务供给不足、公益性服

---

[1] 陈锡文:《加快我国发展现代农业》,《求是》2013年第2期,第38—40页。
[2] 高强、孔祥智:《农业社会化服务体系演进轨迹与政策匹配:1978—2013年》,《改革》2013年第4期,第5—18页。
[3] 李俏:《农业社会化服务体系研究》,硕士学位论文,西北农林科技大学,2012年。

务出现"真空"，组织行政色彩浓厚、服务意识淡薄、质量不高、服务效率低下、服务内容和农民需求脱节。针对这一系列问题，可以从以下几方面着手：一是将第三方服务组织与农户进行深度融合，使双方同进退，利益共享、风险共担；二是对农户进行技能培训，明晰各组织间的责权、发挥政府职能；三是挖掘社会资源，发挥科研机构、合作社、农技站的各自优势，建立多元化的农业服务体系。

3. 土地托管的相关研究

近些年来，土地托管在全国生产实践中如火如荼地开展着，其经营规模亦不断扩大，经营模式愈加多样化，引起了学者们的广泛关注。事实上，土地托管包含于农业社会化服务，是其重要的补充形式。在对土地托管相关问题进行系统性研究之前，有必要对土地托管的内涵、土地托管的服务内容与运行模式、土地托管运行效果进行梳理和分析。

第一，土地托管的内涵。仝志辉等认为，土地托管就是在尊重农户意愿的前提下，不改变土地承包关系、集体土地所有制的性质以及土地生产用途，由第三方服务组织为农户提供从种到收、从农资供应到技术指导到产品销售的全程服务。[①] 王竞佼等则认为，土地托管作为一种新的土地经营模式，其是在国家政策支持与鼓励下和农民在农业生产的实践中应时而生的。[②] 孙晓燕等人则进一步解释说，土地托管有别于土地流转，是对土地流转的改良与创新。土地托管不改变农村集体所有权，农户仍享有土地"三权"——承包权、经营权与收益权，保障了农户土地权利的完整性。然而，土地流转不得不让农户转让其他两权，仅享有土地承包权。

第二，土地托管服务内容与运行模式研究。基于对国内文献研究的梳理和归纳，目前我国土地托管模式的服务内容主要有四方面：一是农机服务，具体指第三方服务组织拥有旋耕机、播种机、水体一体化设备、收割机等设备，让托管农户享受到机械化操作服务。二是技术服务，包

[①] 仝志辉、侯宏伟：《农业社会化服务体系：对象选择与构建策略》，《改革》2015年第1期，第132—139页。

[②] 王竞佼、隋文香：《农村土地托管制度探讨》，《产业与科技论坛》2009年第10期，第170—172页。

括在种植过程中对托管农户的农技培训、手把手式的现场指导以及技术跟踪服务。三是农资代购,一般情况下,托管组织销售的农业生产资料价格都略低于市场价格,农户只需定点购买,便可以享受物美价廉的农用生产资料。四是农产品销售,托管组织将服务纵深至产后销售,统一收购农产品或者协助农户销售农产品。[①] 根据服务对象需求的不同,可将土地托管分为半托管、全托管两类。其一,"半托管"模式:也称"菜单式"托管,是指在土地托管组织提供的服务项目中,农户依据个人实际生产需求进行选择,并支付相应项目的服务费用。"半托管"模式适合家庭内部劳动力缺乏、农业投入资金不足的家庭。其二,"全托"模式:又称"保姆式"托管,指的是在从种到收的整个农业生产过程中,托管组织全权负责,农户只需要支付服务费用即可,不需要提供任何劳动。这种模式则更适合于没有能力种地的农户、非农户以及无劳动力的家庭等。宜宾长宁县的土地托管便是依托农民专业合作社,采用全托和半托相结合的托管模式。

4. 土地托管运行效果研究

近几年来,土地托管在国内如火如荼地进行着。从实践效果上看,国内学者对其评价更多是倾向于积极正面的。李登旺认为土地托管能够避免经营风险,降低农业生产成本,提高生产效率;另外,土地托管使土地经营更专业化、更科学,有益于规模化经营,较好地引导劳动力进行转移,解除土地对农民的束缚,让农民有从事其他产业的机会,带动农民增收致富,让农民的钱包更"鼓"、农村更美;除此之外,土地托管还有利于乡村治理、加强乡风文明建设、改善农村基础设施。[②] 无独有偶,张克俊等也对土地托管给予了积极评价。他认为,土地托管能够解决"谁来种地"的难题,并且还能促进合作社良性生长。孙晓燕将土地托管成效概括为八个提高、四个降低。"八个提高"即指粮食产量提高、农民收入提高、机械化效率提高、劳动生产率提高、农民科学素养提高、

[①] 袁淑娟:《农民专业合作社实行土地托管规模化经营的效益分析》,《中国集体经济》2014年第7期,第3—4页。

[②] 李登旺、王颖:《土地托管:农民专业合作社的经营方式创新及动因分析——以山东省嘉祥县为例》,《农村经济》2013年第8期,第37—41页。

科学化及标准化种植水平提高、规模化经营程度提高、水电设施利用率提高。"四个降低"即指粮食成本降低、机械化成本降低、水电投入成本降低、农药化肥施用量降低。土地托管对培育新型农业经营主体具有促进作用，在土地托管模式下，农业经营主体已由原先的合作社，转变为"农户+合作社"的双层经营，是农业生产经营的统与分的有机结合。不仅如此，新型经营主体不单是"统"层面之农业经营者，还是"分"层面的农业经营者——农户的服务供给商，为农户提供社会化服务，实现了新型经营主体的"一身二任"。[1]更为深层次的影响是，新型经营主体激活了乡村集体"统"的功能，丰富了"统"的主体，强化了"统"与"分"的有机结合，使小农户能够更好地参与现代农业的发展，让农业现代化在小农经济这一基壤上能够良好生长。[2]

(二) 国外文献概况

1. 关于小农经济含义的研究

由于各国的国情不一，国际上对小农经济这一经济形式的界定和理解都不一样。马克思认为，小农经济就是生产者对劳动条件的所有权或占有权和与此相适应的个体小生产，而从事这种个体小生产的人，就是小农。恩格斯指出，小农是小块土地的所有者或租佃者。由此，我们可以看出，两人所理解的小农是指从事土地耕作的人，这类人享有土地所有权或使用权。小农经济主要由自耕农和佃农来耕种。在他们看来，这种个体小生产者是落后的，最终将走向灭亡。随着大工业生产的推进，其对农业生产具有革命性的作用，就是消灭旧社会堡垒——农民，并最终代之以雇佣工人。[3]

2. 关于农业社会化服务的研究

鉴于各个国家的社会文化、经济制度和政策环境的不同，国外没有"土地托管"这一概念，而是偏向于农业社会化服务的概念。在这方面的

---

[1] 赵佳、姜长云：《兼业小农抑或家庭农场——中国农业家庭经营组织变迁的路径选择》，《农业经济问题》2015 年第 3 期，第 11—18 页。

[2] 赵晓峰、赵祥云：《新型农业主体发展与中国农村基本经营制度变革》，《贵州社会科学》2018 年第 4 期，第 157—162 页。

[3] 马克思：《资本论》，人民出版社 1975 年版，第 373—389 页。

研究，西方国家相比于中国起步更早。早在20世纪八九十年代，以日本、美国、西欧为首的发达国家和地区，早已建立起相对完善的农业社会化服务体系，对我国农业发展具有重要启示。梳理国外文献，我们可以从以下几方面进行归纳。

第一，农业社会化服务类型研究。在国外，农业社会化服务包含于农业服务，是其重要组成部分。西方国家将各种涉农的服务统称为农业服务，具体内容涵盖了农业保险、农资统销、信息咨询、贫困救助等方面内容。由此可认为，后者是前者的外延。虽然两者在概念和内容上存在差异，但是在基本特征上仍然存在某些相似性：一个是服务的社会化、一个是组织的系统化。

第二，关于农业社会化服务主体的研究。国外学者更多关注于农业服务主体类型及其运作效率等问题。国外农业服务主体主要有：企业、政府和合作社。David Hulme 指出，政府主导型农业服务存在一定的局限性，不具备可持续性，不能全面改善农村经济面貌。[1] 另一方面，Oscar Ortiz 在对秘鲁的信息服务系统和农业技术进行研究时发现，政府的积极参与是必不可少的。当政府参与度较低时，企业和非政府服务组织的加入会导致农业服务市场混乱，这就需要政府的政策引导，以加强组织间的联系。[2] A. Sen 和 M. Chander 则认为，与政府的公共部门相比，企业在资源配置和内部协调上的灵活性较强，加之企业具有较强的专业化运作管理，包括从农业产前的技术指导、到产中的农资配送、产后深加工，可以减少农业自然与市场的风险性。[3] 即便如此，企业也有力所不及之处。在大部分发展中国家，在农业服务领域中，政府仍然具有无法代替的作用。因此，政府与企业要发挥各自的优势，相互配合，共同提升农业服务水平和质量。还有部分学者着重研究了日本和韩国两国，探讨了

---

[1] Hulme, D., Agricultural Extension: Public Service or Private Business, *Agricultural Administration*, Vol. 14, No. 2, 1983: 65 – 79.

[2] Oscar Ortiz, Evolution of Agricultural Extension and Information Dissemination in Peru: An Historical Perspective Focusing on Potato – related Pest Control, *Agriculture and Human Values*, Vol. 23, No. 4, 2006, pp. 477 – 489.

[3] Oliver E. Williamson, Transaction – Cost Economics: The Governance of Contractual Relations, *Journal of Law and Economics*, Vol. 22, No. 1, 1979, pp. 233 – 261.

以合作社为主体的农业社会化服务模式。日本政府以立法为手段，制定农协制度，开展农业科研教育和培训，培育农业经营主体，实现了小农基础上的规模经营和农业机械化作业。

（三）研究述评

基于对上述文献的梳理和分析发现，国内外学者的研究内容和研究视角都各不相同，这些差异反映出各国之间在经济、文化等方面的国情差异，以及由此所形成的农业政策的不同。

农业社会化服务包含于农业现代化发展，对农业现代化发展具有支撑作用，世界各国对其都给予了一定的重视。国外的农业社会化服务体系已经较为完善，学者们着重从组织层面去探讨各个服务主体的运行效率，特别是政府在农业社会化服务中的角色地位。这为我国构建和完善农业社会化服务体系提供了可以借鉴的经验。政府必须用好政策"指挥棒"，为农业生产经营提供制度保障，以激活农民群众积极性和挖掘社会团体创新创造潜能，实现传统农业的转型升级。而关于土地托管的研究，国外的研究文献基本没有。当前，国内很多学者对于土地托管的研究，尚在初始阶段，土地托管具有进一步深入挖掘的空间和研究价值。同时，国内学者的研究重点主要集中于土地托管运行模式及其效果的研究，对于微观主体的关注较少，忽视了农业生产面临的阶段性问题。因此，积极有效地对土地托管进行深入分析，将有助于进一步丰富现有的理论体系，为我国更好地实行土地托管与实现农业现代化发展，提供更为有力、有效的政策建议和实践指导。

二 仙果苹果专业合作社土地托管概况

（一）合作社董事长曹谢虎的个人经历

曹谢虎，1963年出生，大专学历，陕西省白水县林皋镇可仙村人，现任白水仙果合作社董事长。曹谢虎人生中经历的事情无数，也正是因为有了这样丰富的人生阅历，才开拓了他的眼界和视野，奠定了今后的发展道路，使他从一个普通农户变成一位走上"哈佛讲台"的农民，成为苹果专家。他的人生经历主要划分为两大部分。

第一部分从高中说起。曹谢虎高中毕业之后，从事过多种工作。他在农村工作局待了两年，之后在县城的广播站工作了两年，后来又到白水法院任职了两年，从白水法院又到白水公安局下设的一个派出所任职。20世纪80年代，白水县开始种植苹果，曹谢虎也开始转业从事苹果收购。那时的营生也不错，赚得比较多。但是收购苹果需要承担一定的风险，思想负担比较大。直到1995年，曹谢虎回到农村，决定自己种植苹果自己销售。1995年，曹谢虎栽了6亩苹果。2002年，这6亩园子的苹果开始挂果了。正好遇到苹果市场的回涨期，苹果卖得还不错。2003年，在桐城那边，王社长提出四大改形，听说那边搞得好，曹谢虎便组织了几个人过去看，人家管理得好，相对来说比白水这能卖钱。于是，曹谢虎自己也进行了整改——大改形、强拉枝、无公害、有机肥。这是2003年冬季，改形以后到2004年，苹果长得好了。相对以前，苹果质量一高，价格就高，2004年的苹果就有了效益了。正好在2004年的时候，当时的副省长王守财在白水开了个冬季管理培训会。培训会设了四个点，曹谢虎的果园就是其中的一个点。这期间，相比苹果好了以后卖高价钱，省长莅临培训指导大会现场，对曹谢虎就是一个激励和机遇。正好在这期间，当时西北农林科技大学想要弄个试验站。省上的领导觉得这是个好机会，便主动去找西农老校长孙武学谈，后来这个事情也谈妥了，白水和西农签了协议，建了个苹果试验站。西农苹果试验站的建成既给当地农民带来实实在在的技术指导和推广作用，也使得曹谢虎有机会与西农结缘，使他的人生发生了重大转变。

2006年，白水县与试验站搞了个县校合作工程，曹谢虎的果园被选为合作工程的一个示范点。从此，曹谢虎在西农老师的技术指导下，进行老园改造，砍掉部分果树以扩大果树间距、种植矮化苹果。当时，很多人包括曹谢虎本人都很难接受这种做法。在他们看来，好好的树给砍了，他们不忍心。但是，专于务果的曹谢虎看着自己的果子品质差，实在是没其他法子，只能相信了西农专家的技术。从这以后，曹谢虎的示范园内的苹果长得越来越好，苹果的效益大大地提高了，从一亩地收成4000—5000元到一亩地收成20000元，收成一年比一年高。同时，在西农专家的技术指导下，曹谢虎也学到了新技术、新知识。2011年，曹谢虎又种了7亩新品种——瑞阳、瑞雪，这个品种还没有审定的时候就在曹谢虎那里试验。2017年就开始挂果了。同时，从2011年起曹谢虎还扩建了10亩园子，种的是富士。到2015年，他又包了60亩，60亩全部栽种瑞阳、瑞雪。现在，曹谢虎的园子达到100亩，一亩地的效益能达到15万元。一个是面积扩大了，品种也变了，新品种实行的是矮化，中间矮、产量高，过去种植的都是乔化品种。

2008年，曹谢虎成立了仙果苹果专业合作社。建了合作社以后，最先是弄农资、农业肥料。2012年，扩大经营范围，建了一个苹果加工厂。相对来说，现在合作社的业务更加复杂多样，产业链条更加完善。合作社主要有四大块：第一部分是有机苹果示范中心，这个示范中心有乔化老园、有新品种，还有矮化园，示范中心栽种了各种品种，老式的优式的都有，并且也做了有机认证了；第二部分就是日常加工服务，把苹果一收，储存起来，然后进行纸皮包装加工，包括规模加工；第三部分是仙果苹果销售展示中心，这个销售中心位于白水县城，用于实体店销售；第四部分是仙果为农综合服务中心。仙果为农综合服务中心主要是负责协调和落实各项服务的提供，包括及时服务、农资配送、果园托管、电子商务、代办保险、资金互助。

（二）仙果苹果专业合作社基本概况

仙果合作社秉持"服务为农"的理念，开展了农业生产资料的购买、收购与销售、农技服务、土地托管、电商服务和信用合作等服务业务，努力将合作社打造成一个集生产、销售和信用为一体的综合性合作社。2014年，仙果合作社成立了一家社属企业——仙果农业科技发展有限公司，拥有"虎纹"与"曹谢虎"两个苹果有机认证商标，在白水、西安、东莞等多地开设了线上和线下销售点，市场反应良好。在农民进城务工的浪潮冲击下，面对苹果产业劳动力短缺、土地撂荒现象，仙果合作社探索出土地托管模式，于2017年成立为农综合服务中心、信用合作服务中心统筹协调各项业务工作。截至2018年底，仙果合作社建有苹果示范生产基地、为农综合服务中心、苹果冷藏加工、农产品销售等四个产业功能区。合作社社员人数规模发展至520户，主要覆盖了林皋镇、雷牙镇、尧禾镇和杜康镇等4个镇24个自然村，辐射带动1000余户村民。在上级相关部门的支持下，仙果合作社的土地托管服务的发展活力全面释放。仙果合作社依据农户需求，依托为农综合服务中心组织，以苹果示范生产基地为核心，按照统一生产管理、统一质量标准、统一技术指导、统一农资使用、统一收购销售的"五统一"模式开展全托管或者半托管。两类托管的面积高达1300多亩，其中半托有1000多亩、全托有300多亩。通过土地托管，农民收入增加了216万元，苹果销售量由1000吨增长到4000吨，合作社年经营收入达到860万元，社会化服务设施进一步完善，购置的机械设备增至47台，具体有果园王2台、拖拉机3台、粉柴机2台、三轮车3台、旋耕机3台、木屑机2台、喷药机4台、开沟机3台、割草机11台、电动喷雾器7台、电动车7台。作业服务能力可扩展至方圆30里内的村落，解决苹果产业中劳动量大、操作难等生产难题。仙果合作社对当地农业发展做出了巨大贡献，先后荣获"优秀果业合作社""产业化市级龙头企业"和"百强示范合作社"称号。

（三）土地托管基本情况

1. 土地托管缘起

1985年，白水县人民政府出台了短抓烟、长抓果、农林牧副齐发展的决定，其中，"长抓果"指的是在未来较长的一段时间内以搞好苹果产业为主。自此，苹果产业被提升至战略性产业的高度，并被确定为未来农业产业发展的主要方向。苹果种植在白水如火如荼地进行着，白水县很快就发展到了10万亩种植面积。西北农林科技大学于2005年成功入驻白水县，建立实验站，并且与白水县人民政府开展了"校县合作、科技示范"的合作项目。由于这一契机，曹谢虎被发展为科技示范户，其所在的果园也被选入科技示范点。在试验站专家的技术指导下，曹谢虎的6亩果园的种植效益逐年向好，"科技务果"再次得到了印证。于是，曹谢虎决定注册成立一家合作社，并进一步扩大种植果园面积。5年内，果园面积由6亩扩大到了100亩。在这一过程中，合作社一开始是通过土地流转方式进行扩大再生产的，但土地流转过程带有盲目性和无序性，造成苹果种植效益低、农户对土地流转的兴趣不高。另外，土地流转意味着农户需要将其土地经营权流转出去，这会涉及土地纠纷的问题，必然引起矛盾冲突和土地经营权不稳定。更为困难的是，土地流转后，合作社每年需要向农户支付土地租金，这对合作社的资金实力具有一定的要求。

而农作物从播种到收割，需要经历较长的生长周期，加之农业的投资回报率低，因而，这样一个高投入、低收益的产业特点，使合作社需要承担巨大的经营风险。于是，合作社不得不另谋发展之道，于是产生了从土地流转到土地托管的想法，这不失为一种解决当时土地大量撂荒和农民大多数进城务工现状的好方法。对于绝大多数村民而言，农业经营性收入低下，仅靠农业收入已难以维持家庭基本生计，而将土地抛荒又觉得可惜。代管抛荒土地的想法不仅满足了农户的需求，弱化了彼此的分歧与冲突，受到了多数村民的欢迎，而且减少了合作社的执行难度和资金压力，实施起来较为容易，这使得土地托管运行成效立竿见影，吸引了更多村民参与。仙果合作的土地托管想法萌生于2011年，2012年初步试行，2014年正式实施，2012年有50%—60%的农户参加土地托管，到第二年农户发现参加托管的土地上苹果长势喜人，产量大增，参加土地托管的农户就增加到80%—90%，再到后来，土地托管就达到了整村推进的程度。

2. 土地托管业务内容

从初步探索至现阶段，仙果合作社的土地托管服务已发展得较为成熟，服务已成规模化、系统化。其具体开展的各项业务内容，可从以下几个方面体现。

第一，农业生产资料的统购统销。仙果合作社内设有机苹果示范中心、为农综合服务中心、冷藏加工服务中心和苹果销售展示中心等四个功能区，拥有完善的集产、供、销为一体的生产链。由此，仙果合作社能够为托管农户提供上游的农业农资购买、中游的生产管理以及下游的产品销售和加工。通常情况下，合作社直接从农资公司按出厂价进购农资化肥，然后将这些产品直面农户。在施肥环节，托管农户依生产需求，可以选择在仙果合作社购买苗种、农药、化肥等农用物资。这些农资产品按照相应的优惠标准给予社员折扣，比如农药是按市场价格的12%给予优惠，化肥则按5%给予优惠。整体上一袋化肥、农药能便宜10—15元。这既可以降低农资投入，节约成本，也方便合作社对分散小农户进行配套的、统一的技术指导，减少土地托管过程中出现的不可控因素。这是因为市场上销售的农资化肥五花八门、参差不齐，根本没有顾虑到农户生产的实际需要和土壤特性。与以销售化肥农药为主要目的农资供应商相比较，合作社在为农户进行农资配套服务的同时，也为托管农户的果园进行跟踪服务，及时发现果树的病虫害问题，并据此提供相应的土壤配方、技术指导和技术培训。这一定程度上，会减少对环境有害的农资使用量，降低农资使用成本，提高农资的使用效率，也有利于农民掌握果树管理的科学技术、因地制宜地进行果树管理，推动农业科技应用和普及，实现小农户与现代农业的有机衔接。

第二，技术服务。苹果种植属于劳动、资金和技术多重密集型产业，技术对苹果种植尤为重要，甚至决定了苹果的质量和效益。仙果合作社的技术来源，主要由以下三个方面组成。一是合作社本身拥有的技术骨干。这部分技术员大多数是种植大户、职业农民和乡村"土专家"等。这部分人掌握着先进的果树栽种、管理技术，与普通果农相比，他们能够较好地管理果树、果子，进而获得更高的农业经济收入。因此，他们往往会被发展为技术示范户，来带动和辐射身边和邻村的农户。二是依靠西农试验站服务平台的科研工作者。西北农林科技大学于2005年在白水县揭牌成立苹果试验站，并积极探索出农业技术推广新模式——"西农模式"，即以试验站为基点、大学为依托点、政府为牵引点、基层农技人员为核心点，农技人员齐参与的校县合作、科技示范的技术推广模式。西农试验站在白水县建成后，用自身扎实的科研能力，以真品种、好果子示范于民，对实验站辐射范围内的农户，产生了积极影响，让其深刻认识到科技务果的重要性。三是县级政府的农技站。每年白水县都会派出若干名农技推广员到基层，开展技术培训大会，为农民群众进行技术指导。仙果合作社通过组织农户参与技术培训大会，遴选出一批技术性强、爱农业、懂农业的农户为站长，由站长负责果树管理的阶段性跟踪服务，为社员提供针对性的技术指导。这不仅有利于保障"五统一模式"，也加强了社员之间的技术交流，增强了试验站的凝聚力。

第三，农产品收购与销售。销售是整个产业链中最重要的一个环节，苹果生长再多再好，如果销售不出去，果农同样会遭受损失。而且如果果农选择一家一户销售模式，果农与收购商之间会存在着明显的信息不对称，从而导致果农与收购商在议价时不具优势，陷入"苹果收购价低，收购商挑三拣四"的困境，果农的相对收入减少。仙果合作社实行土地托管是为了让果农摆脱销售难、售价低的困境，仙果合作社在与农户进行托管的过程中，双方签订托管协议，在协议中约定合作社将以高于市场同等质量苹果价格0.5元的价格收购果农的果子，但是前提是果农必须是按照合作社的生产管理办法来管理苹果，比如，统一化肥、统一技术等。在托管过程中，由于合作社很难对农户的行为进行实时监控，致使部分果农不能严格地按照合作社的生产规定来管理，从而无法统一质量标准，苹果的收购与销售很难两全其美地落到实处。

第四，信用合作。为解决果农生产经营的融资难题、帮助果农扩大农业投资，仙果合作社利用熟人社会中的社会资本，开展信用合作业务。这种资金互助充分发挥了仙果合作社自身的优势，以推动了其纵深发展，增进了仙果合作社与社员的互动关系，使得两者利益更加紧密。具体而言，在参与土地托管过程中，社员可以通过申请信用借贷来解决农资购买资金不足等问题。相较于商业性银行的借贷业务，信用合作不需要抵押凭证，其借贷程序较为简单方便。农户加入合作社后便具有贷款资格，可到为农综合服务中心小额贷款处提出贷款申请，由社员所住区域的站长负责考核，对于符合贷款条件的社员，可以获得申请的贷款金额。农户申请贷款的金额以农资的形式变现给农户，以满足农业生产需求，在苹果收购后扣除贷款金额后剩余部分将返还给农户。仙果合作社开展的信用合作，大多数以小额贷款为主，一次所贷期限为一年。除了生产型借贷之外，信用合作还为社员的生活消费提供一定额度的支持，这给农户带来了实实在在的好处。这样一来，仙果合作社也会因开展信用合作而扩大了农资销售量，为合作社的自身运营，提供了一定的收入保障。合作社与分散农户的交集面由生产扩充到生活，双方利益联结更加深刻，将有助于发挥合作社的统筹能力，提高农民的组织化程度。

第五，冷藏加工。白水整个县绝大多数农民都是以种植苹果为生，苹果种植面积广，相同品种的苹果的成熟时间又相同，这必然会导致苹果大量积压。加之苹果成熟后，自然储藏时间短，如果没有添加药物或打蜡，很容易腐烂。一些种植大户会选择修建冷库解决这一难题，但对于大部分小农户来说，本身就缺乏资金，建库成本又高，没有冷藏设施以供使用。特别是在丰收年份，他们要么租用他人的冷库，每年多花费3000—4000元；要么以低价出售；还来不及出售的果子，农户只能让果子腐烂在地里。为了解决小农户的这一道难题，仙果合作社建了一个有

2000吨容量的冷藏库和1200平方米的加工厂,这些冷库房和加工厂足够吸纳所有社员的苹果产量。合作社每年收购的苹果有250多万斤。多余的冷藏空间还能进行出租,为农户提供相应的便捷。这样合作社便可以通过发挥合作社农产品经营优势,配置利用农产品加工冷藏设施,来搞好产销对接,拉伸服务链条。

第六,综合服务。仙果合作社以土地托管为着手点,积极建设服务平台,联合农口部门、乡镇政府和其他社会化服务组织,为农民开展科普宣传、产品购销、土地流转、合作金融、农业保险、社会保障、信息共享、文体娱乐等"一站式、一条龙"服务。事实上,仙果合作社的土地托管实践,体现了三位一体的发展理念,即集生产、资金和销售为一体。农户将土地交给合作社进行管理,农户可根据自身劳动力情况,选择全托或者半托,但在托管的过程中,农户必须按照合作社的管理要求,统一农资、统一技术,只有这样,生产出来的苹果才能达到统一质量标准,合作社也才会对苹果进行收购和销售。如果在托管过程中,农户遇到资金问题,农户可以在合作社申请信用合作贷款,以解决生产融资不足的难题。但这借款的金额是以农资的形式兑换给农户。本质上就是,农户以赊账的方式购买了合作社的农资,等到农户卖了苹果后再进行还款。这样一种模式,既确保了农户生产的主体性地位,并调动了农户生产的积极性,又促进了合作社纵深发展的能力,提高了合作社的综合服务能力,有利于打造一个综合性的服务组织。

三 仙果苹果专业合作社土地托管的实践机制

(一)土地托管模式中不同主体的动因分析

"土地托管"一词最早出现于2014年中共中央办公厅印发的61号文件中。之后该词在2016年中央"一号文件"中再次被提及。当下,土地托管在全国各大区域的生产实践中,正在快速地发展与不断地演化,托管规模也在不断扩大。从现行的发展模式看,全托管和半托管成为土地托管最主要的两种模式。全托管也被称为"保姆式托管",指的是农户与托管公司或服务机构签订相关协议,由第三方来代替农户全权负责农业生产的各个环节,农户只需交付一定的服务费用,从土地中获取的收益仍归农户。半托管则称为"订单式托管",农户根据需求选择服务项目,托管公司或者第三方服务组织通过提供社会化服务以此提高农户组织化水平,以实现农业的规模化与机械化生产。仙果合作社开展土地托管服务时间较早,但在2014年前不叫土地托管,在2014年正式命名为土地托管。其中,半托管模式是其主要发展方式。截至2018年底,土地托管面积已由200多亩扩大到1200多亩,半托管有800亩,社会化服务机械拥有35台,托管户有300多户。短短数年间,合作社为何能够取得如此大的成绩,土地托管又是如何开展的呢?为此,笔者从土地托管等利益相关主体入手,将农民、合作社以及政府等主体作为重点探讨的对象。

1. 合作社的动因

第一,减少投资成本。近年来,随着雇工成本、土地租金以及农药化肥价格的攀升,农业生产经营成本也随之提高。合作社如果采取土地流转的方式获得土地经营权,不仅需要支付高昂的土地成本,还需要面临不断上涨的人工成本甚至是监工方面的难题。对一般的合作社来说,其受自身规模、资产实力和融资能力的限制,往往会陷入资金周转困难、发展后劲不足的困境。相形之下,土地托管不需要流转农户土地,这样既可以减少土地成本,又有效地规避了土地纠纷。另外,农户保留土地经营权,减少了合作社的管理监督成本和劳动力成本,有效利用了农村剩余劳动力,提高了土地的经营效率。土地托管实现了合作社统一管理与农户分散经营的有机结合,降低了合作社的投资成本。根据白水实践调查中掌握的数据,土地流转费用的市场价格约为500元/亩,雇工费用大致为1200元/亩,灌溉约395元/亩,化肥3000—4000元/亩,农药约315元/亩,这样计算下来,每亩果园的投入费用大概为6000元左右。如果采用土地托管模式,农户要自行支付这部分费用,合作社则可节约该部分支出,这就缩减了合作社成本支付项目数。关于土地流转与土地托管两种模式的要素投入成本的分配具体见表5—1。

表 5—1　　　　　土地托管与土地流转中各项成本分配情况

	土地流转		土地托管	
	合作社	农户	合作社	农户
土地	租赁土地	—	—	自我经营
劳动力	雇用劳工	—	—	自我雇用
农技	自寻搜索	—	供应	参与学习
监工成本	雇工管理	—	—	自我管理
农资/资金	自寻购买	—	供应	定点购买
农机	自寻购买	—	配置	购买服务

注："—"表示无该项成本。

第二，整合资源。通过土地托管，合作社能够有效地整合农村闲散资源，发挥"统"的功能，降低合作社经营风险。首先，合作社的经营规模扩大，统筹能力提高，吸纳一批懂技术、会操作的农户精英到合作社中，这为合作社的发展提供了人才支撑。其次，合作社申请资金信贷的额度往往跟生产经营规模挂钩，经营规模大则贷款额度高，经营规模小则贷款额度小。这些贷款门槛，让合作社的发展受到阻碍。然而采用土地托管后，合作社在短时间内扩大经营规模，使合作社能够更容易获得政府的财政扶持和金融机构的贷款支持，进而合作社能够拥有较为充足的资源，进行较为充分的自我发展，扩大业务范围，提高合作社的综合组织能力。再者，长期分散经营的一部分小农户往往拥有一些生产资料，比如除草机、小型农机具、闲散的农业生产经营场所等，但是这些资源往往很难得到有效整合，资源的利用效率低下。仙果合作社为了激励农户，允许大家以农业机械、劳动力、土地、资金入股合作社，从而拥有足够的资源以成立服务队，避免了"各自为政"的局面，减少重复投资、节约资源，实现了资源的最大化利用。最后，合作社采取"半托管"的方式，将苹果种植的某些生产环节分配到农户本身，而集中力量组建一只专业服务队，来统一经营大项农活，这不仅有效地整合了农村闲散资源，而且减少了生产中一些不必要的环节，进而节约资源、降低风险。

2. 小农户的动因

农民通常是经过权衡多方面的利益之后，才会选择土地托管。理性的农户会根据现处的家庭生命周期所具备的劳动力资源禀赋和土地生产要素的实际情况来选择是否托管，选择何种方式进行托管。对此，农户会考虑如下一些因素：家庭内部劳动分工特点、农户兼业化程度、非农就业的可获得性、农户的复杂土地情结。

第一，家庭内部劳动分工特点。家庭作为组成社会最基本的单元，其一切生活和生产活动均是根据家庭结构进行合理的安排和协调。基于"理性人"的理论，农户所做的每一项行为决策都是理性的，是依据家庭内部劳动分工特点所做出的追求利益最大化的选择。面对人均耕地面积有限、农业产值低下与经济生产日趋货币化、家庭劳动力又相对充足等现实矛盾，许多农户家庭为了维系基本的生计，往往会选择一部分人（一般是男性家庭成员、年轻妇女）外出从事非农产业以谋求更多的收入，而留下部分家庭成员（老人、小孩、妇女）在家继续从事农业生产经营以保障农业收入或者收取些口粮。一般情况下，留守农村的家庭成员是考虑到自身或者家庭其他成员的健康因素，比如，家里有年迈的老人需要照料，或者自身身体不好等，无法外出务农，只能留在村里从事些简单的农业生产活动。这一类半工半农的家庭结构在当下社会中普遍存在，也是存在数量最多的。土地托管，在不改变农户经营主体地位下，正好与当前农户家庭内部成员分工决策的实际需要相适应，因而得到了很多农户的青睐，许多农户主动积极地参与其中。从实地调研发现，半托管是当前实践中最多的。白水苹果的家庭种植规模在5—10亩。由于种植规模不大，劳动力基本是家庭内部提供，实现家庭内部代际分工。只会在套袋、剪枝和摘果等劳动力需求大、操作难的生产环节，农户需要雇请劳动力，或者向合作社购买服务，形成了合作社与个体农户经营的"统分"结合。农户有选择地来承担力所能及的活计，而将繁重复杂的大型农活交由合作社来进行管理，即合作社在农户分散经营的基础上提供统一的服务。这也是"老人农业"存在的现实基础。此外，合作社能够将各自分散的千万户小农组织起来，并代表这些小农户与市场进行对接，提高了他们的谈判能力，自身的市场地位也得到了提高，盈利空间扩大，农户利益得到保障。

第二，农户兼业化程度。随着城市化进程加快，二、三产业发展迅猛，农户的非农化已经成为一种普遍趋势，农业甚至已成为农户的一种"副业"。农户兼业化是指，农户除了从事农业经营，还从事着其他非农产业经营，以获得农业经营以外的收入。通常来说，不同程度的兼业化，反映出农户的不同需求，兼业化程度越高，农户非农收入占比就越大，农户对土地的依赖就越低，土地撂荒的可能性就越大。相反，农户兼业化程度越低，其农业收入占比就越大，农户对土地依赖程度较高，农户对土地的情结更浓厚。农地托管是城镇化进程中应运而生的一种生产方式，它能够有效地满足不同农户的需求。兼业化程度高的农户可以选择全托甚至是土地流转的方式将土地交给合作社进行经营；兼业化程度较低的农户，希望保留土地经营可以选择半托管模式，实现农业经营效率的提高。

第三，非农就业的可获得性。非农就业作为农业就业的补充，甚至是一种替代。非农领域就业的容易程度会影响农户对农业收入的预期。当非农就业易获得，并且非农收入较高时，那么他们放弃农业生产的机会成本将会大大减少，农户对农业收入的预期效应也会大为降低，从而更愿意放弃农业收入，转向更高的就业收入。因此，为了规避机会风险，农户往往会选择将土地流转出去，合作社进而会更为轻松地获得土地经营权。反之，当非农就业不易获得时，农户的农业收入预期得不到保障，农户就不愿意将土地流转出去，合作社进而将很难获取农户的土地经营权。目前，我国宏观经济形势复杂多变，在很大程度上影响着农户非农就业多寡进而影响着农户对待土地的态度。因此，非农就业易于获得的农户更愿意选择土地托管，交由合作社经营统一管理，以减少机会成本，使土地利用效率最大化。

第四，农户的复杂土地情结。正如费孝通先生所言，"乡下人离不开土地"。对农民而言，土地不仅是他们谋生的生产要素，更是他们实现生命价值和寄托情感的重要因素，它为农户带来了经济、社会、文化效益。农户不愿放弃土地，不光是因为农户能从土地中获取基本的生活保障和相当的经济收入，尤为重要的是，在统一的人力资源市场下，"老弱病残"类容易被排斥在市场外，这类人在城市市场空间中，很难发挥自身价值，但是在农业产业上他们仍然大有可为。首先，现在农业的很多收种环节可以实现机械化操作，大大地减小了劳动强度，越来越多老年人可以继续从事农业生产。其次，农民勤劳一辈子，"一旦闲下来，浑身不舒服，容易生病"，种地是劳动也是锻炼身体的方式。更重要的是，种地让他们觉得自己还能为家里作贡献，而不是一个只会消费不能生产的无用之人，生命就还有价值和意义。因而，年老的一辈特别珍视土地，更加谨慎地对待土地，不愿意轻易放弃土地，即便农业经营效率低下，成本上升，只要是在家他们就不会让土地荒着。"靠土地谋生的人才明白泥土的可贵"也许说的就是这个道理。土地托管最大的优势，就是它仍然保留着个体农户的土地经营权，坚持了农户的主体地位。他们依然可以精心种植果树，将生产中的某些环节交由合作社来经营，使得农户务果的辛苦程度大为下降，六七十岁老人种地也不存在障碍。这种经营方式刚好照顾到这类农户的土地情结。

3. 政府的动因

产业是基础，只有农村产业兴旺，美丽乡村才能焕发生机与活力，进行全面振兴。苹果产业是白水县的主导产业，扶持和发展苹果产业，提高农业产业转型升级、带动农民增收、实现脱贫致富一直是政府的重要责任。对地方政府而言，土地托管是一项重要的农村基本经营制度的创新，也是带动地方产业发展的重要工具。开展土地托管，一方面，可以实现劳动力的有效流动，增加农户收入；另一方面，以合作社为主体，可以提高土地的规模化、集约化、科学化和机械化水平，减少农业经营投资成本，提高农业获利空间，更为有效地促进传统农业向现代农业转型升级。因而，政府给土地托管模式的开展创造了良好的政策环境和制度优惠，比如政策宣传、园艺站和推广站的"技术下乡"、资金支持。这从苹果产业的各个发展阶段中可窥一斑。

白水县苹果产业的发展，经过了以下五个阶段。第一个阶段是1985—1992年。这个阶段为产业的培育期。1985年县政府出台了一个短抓烟、长抓果、农林牧副齐发展的决定。在县政府的政策引导下，1991年白水县建有10万亩果园，苹果的产量达到了1亿斤，确保了农户的基本生活水平。第二个阶段是1992—1996年。在这个阶段，亿产的种植效益明显地凸显出来了，除了经济效益之外，还带来许多荣誉与社会效应，其中，白水县人民荣获了三个第一，分别为1993年在白水县召开了全国第一个国际苹果文化节，举办了第一个白水苹果新闻发布会，1994年在央视频道投放了第一个农产品广告。自此，白水苹果开始小有名气，成为白水的一张产业名片，"白水苹果亿万人民的口福"成为家喻户晓的口号。苹果产业的兴旺发展为白水经济提供了坚强的物质基础，白水人民的自豪感、幸福感、获得感得到了实实在在的提高。第三个阶段是1997—2002年。白水县政府审时度势、积极谋划苹果产业出路，走产供销一体化、科工贸一条龙的农业产业化道路，并将农业产业化纳入长期战略规划中。这个历史阶段奠定了白水苹果的产业化发展水平。这使白水苹果产业发展进入快速发展阶段，各项事业焕然一新，并催生出一大批农业经营组织。其中，全县共有100多家企业，350多家专业合作社。白水在全省42个果业基地中，位列第一。同时，白水苹果年产量达550多万吨，出口量达16万吨，销售量250多万吨，并收购了陕北地区、甘肃地区、宝鸡地区及渭南北部等地区的苹果，产量和销量都实现了翻番。第四个阶段是2002—2008年。自2002年起，苹果产业开始由兴转衰，亿产价格开始往下跌。由于"早期腐烂病和早期落叶病"两大病害的影响，白水苹果产业一片萧条。农村经济形势开始下滑，果农收入增长较慢。第五个阶段是2008—2015年。这个阶段为转型升级阶段。面对苹果基地衰败、品牌影响力不强等困境，白水县政府主动与西北农林科技大学洽谈，开展校县合作工程。西农试验站落成后，为白水苹果产业增添了新活力。对白水苹果产业实施了基地改造，新品种、新技术、新机制"三新"改革。基地建设是指老园改造，已建设为中国有机苹果示范区和出口苹果质量安全示范区。这其实就是在支持基地建设的市场定位——高端定位。新技术指的是旱地矮化砧苗木栽培技术，以提高生产率，降低劳动力。这种栽培技术所培育出的新品种，能够解决品种单一的问题，与市场较好地衔接。新机制就是要突破一家一户的联产承包责任机制，大力推进适度集约化的形式，把土地聚集起来，发展规模化、集约化生产经营。于是，县政府鼓励集约化生产，大量社会化服务组织在这一阶段应运而生。截至2017年底，全县社会化服务组织有260多家，既有商业化的公司，比如宏达公司，也有一些营销企业派生出来服务基地的专业组织，诸如为农综合服务中心、四季香等。

白水县政府准确把握苹果产业的主导方向，精准施策、精准发力，使得苹果产业渡过了幼年时的危险期,发展成为白水县的主导产业,形成一个较为完善的产业体系,实现了苹果产业转型升级,拓宽了产业链条,提高了农业现代化水平,做强了苹果产业,带动了白水经济发展,提升了人民的生活水平。

(二) 土地托管类型

目前,仙果合作社开展的土地托管主要有全托管和半托管,但全托管开展较少,半托管居多。半托管是与全托管相区别的,它是指农户通过市场向第三方服务组织购买耕、种、防、管、收中的某个或多个生产环节的专业服务的过程。[1] "半托管"模式适合家庭内部劳动力缺乏、季节性外出打工、农业投入资金不足的家庭。而全托管则是指在从种到收整个农业生产过程中,托管组织全权负责,农户只需要支付服务费用即可,不需要提供任何劳动。这种模式更适合于没有能力种地的农户、非农户以及无劳动力的家庭等。可以说,全托管模式下,合作社既是土地的管理者,也是土地的经营者,身兼双职。对他们而言,土地全托需要较高的要求,不光是财力、人力,更要有相应的配套资源。更进一步来说,两种模式下,合作社承担的风险也不一样。如果是半托管模式,合作社只需提供农户需求的服务,收取相应的服务费用。至于农业种植是否受到自然灾害的影响、农业收成是否有所保证、产量较往年是否有所提高等一系列问题,农户关心的会比较多。因为农业产量的多少直接关乎其收入的多少。合作社在这一过程中,其利润更多地是以托管服务为主要来源。如果是全托管,合作社会跟农户约定一个最低农业产值,如果超出产值,超出部分的就按市场价格四六开(合作社分成四成利润,农户分六成利润)。这样一来,农业种植将双方利益联结起来。更有甚者,合作社是农户土地的保姆,直接负责帮农户管理土地。如果土地管理好,农业收成提高,农户便会很开心。如果是遇到自然灾害,农业收成不好,合作社不单要损失一部分的利润,而且农户还会责怪合作社管理不当,最终是"出力不讨好"。以合作社运行的实践来看,半托管居

---

[1] 陈义媛:《土地托管的实践与组织困境:对农业社会化服务体系构建的思考》,《南京农业大学学报》(社会科学版) 2017 年第 6 期,第 165—166 页。

多，更易被农民接受。因此，本章将深入考察半托管的具体运作机制。

（三）半托管模式的运作机制

1. "西农模式"注入科技活力

西农试验站始建于 2005 年，2006 年首批专家进入试验站开始前期筹备工作。当时白水县的苹果产业正处于持续下滑期，白水的总体形势十分严峻。一方面，大面积的乔化果园品种老化、果树进入衰退期、苹果早期落叶病和腐烂病大面积爆发，很多果园面临病虫害威胁；另一方面，当时整个苹果市场行情低迷，种植苹果难以取得可观的经济效益，农户对种植苹果产生心理障碍。加之，大城市用工需求大、就业机会多，农户更愿意选择外出务工，增加家庭收入。苹果种植出现用工荒、果园被抛荒的尴尬局面。在这严峻的形势下，西农试验站依靠白水县政府和农技推广站开展了校县合作科技示范入户工程。这一时期，由于试验站还处于筹建阶段，各项基础设施配套不齐全，缺乏固定的办公用地、试验场所和住所，大多数专家教授面临两头跑的困境，有时只能驻村入户和农民们同住同吃。驻村入户的专家们积极开展农户心理建设工作，消除农户的心理障碍，重塑农户对未来苹果产业的信心。与此同时，专家们还进行老园改造，给农户管理果树提供专业性指导，并长期下乡驻村以跟踪苹果生长的周期变化，及时更新技术、及时提供服务、以科技示范于农，释放科技活力。试验站专家严谨认真的工作态度和兢兢业业的工作作风，赢得了农户、科技示范户的信任，为今后的技术推广工作打开了良好的局面。

在技术推广过程中，试验站专家意识到要想取得大范围、大面积的推广效应，仅有农户参与是远远不够的，还需要基层农业技术推广站和社会公众的广泛参与。于是，2006 年西农试验站开始探索符合实际情况的农技推广体系，在白水县政府支持下，与基层农业技术推广服务体系互相配合，摸索出了一条与众不同的"西农模式"。"西农模式"的雏形是"1+4+4"模式，即西农实验站的 1 个老师带 4 名县上的技术干部，然后由县上的技术员带 4 个乡镇的技术干部。在西农实验站后续工作的推进过程中，试验站专家认真分析研究，实时地进行战略调整，明确了今后工作中心将落在人才培养、科技示范和技术研发方面。2010 年提出

"十百千"模式，这一模式体现出"西农模式"的真正效率，其具体内涵为："十"指的是西农试验站要给白水县培养10名在陕西省渭南市上有影响的技术专家；"百"就是一百名县上的技术队伍，主要是县上的和乡镇的技术干部；"千"是指一千名村上的技术骨干。过去白水县有14个乡镇194个村子，这样算来，在这些村子中，一个村子就要培养出五六名技术员。这个模式最终为白水苹果产业的人才培养和技术推广奠定了坚实的基础。

在"西农模式"下，白水县上的技术人员得到了有效供补，弥补了技术人才的短板。合作社依托"西农模式"，获得了县上技术干部的支持和帮扶，培养出一批村级技术队伍。在村级技术队伍中，农户掌握了科学务果的方法，使其苹果质量和效益得到了有效提高，从而起到了科技示范、带动作用。

2. 合作社提供综合服务

仙果合作社的土地托管服务基本涵盖在"统一生产管理，统一质量标准，统一技术指导，统一农资，统一收购销售"的"五统一"中，即仙果合作社为托管农户提供产前农资配送、产中技术指导与生产管理、产后产品销售与加工等一系列服务。合作社通过吸纳农民加入合作社，扩大组织规模，筹集组织运作资金，提高农民的组织程度，以更好地为农户提供服务。在农资配送方面，以合作社为主体单位与农资公司建立商业友好合作关系，方便交易往来。合作社将分散的农户订单额进行登记统计，化零为整，增加交易数量，提高合作社的议价能力，保障农资质量，降低进购成本，农民也因此获得低于市场价格10%的优质实惠的农资产品。当然，这些优惠待遇只针对社员，一般情况下，对于非社员，合作社仍按照市场价予以售卖。除产前农资服务之外，仙果合作社还积极开展了合作信用业务，以进一步推进现代农业生产经营性服务规模化、组织化。农户可以以劳动、现金和实物等多种方式加入仙果合作社。入股的农户从而具备参与信用贷款的资格。当农民缺乏资金购买化肥农药时，托管农户可以从合作社中申请贷款，但贷款并非以现金的形式，而是以农资方式贷款给托管农户。这既解决了农民生产资料不足的问题，还不断深化了合作社的业务内容与服务范围，使其服务发展能力和社会化服务体系得到同步提升，使得合作社有效扩展了社会化服务能力，促使两者深度融合。在产后销售方面，2014年合作社成立了白水县仙果农业科技发展有限公司。该社属企业的经营业务还涉及苗木繁育、基地建设、技术培训、农资配送、储藏加工、展示销售、电子商务、资金互助等多个产业环节，贯通苹果全产业链。苗木繁育基地以新品种为引领，来积极推广加快苹果品种更新换代，以便快速应对市场变化，降低风险。示范基地有机认证480亩，是白水苹果出口美国首选基地。一般情况下，新品种经过科学化管理、实验示范后，取得一定的成效，能起到示范带动作用，达到技术推广效果。当前，合作社还在白水县、渭南市、西安市、东莞市等地开设苹果销售点，开设多个网上销售平台，服务纵深至生产下游。不光如此，农产品质量追溯和检测体系健全，多年打造的"虎纹"商标获得陕西省著名商标，"曹谢虎"商标也投入试用，研发自主化品牌，线上线下销售顺畅。仙果合作社建有容量为2000吨的冷库及占地面积为1200平方米的加工厂各一处，合作社的储藏、外贸加工能力达到6000吨。

合作社不断延长苹果种植的产业链条，健全服务体系，做到了"生产、供销、信用"的有机结合，能够为农户提供生产的上、中、下游服务。

3. 两级服务组织深入农户

仙果合作社设有镇村两级服务组织，镇设为农综合服务中心，村设村级服务站。为农综合服务中心位于林皋镇，是仙果合作社下的一个功能区，其以土地托管为主要内容，负责所有社员的建档立卡工作，开展与协调各项服务业务工作，为推进中长期服务做好基础工作，以保障服务落地到"最后一公里"。针对农户的服务需求，为农综合服务中心建立有农技、农资、农机、生产、加工、销售等专业服务队，服务范围涵盖了农业生产的全过程。各个服务队设有一名专门的负责人，而服务队成员的数量不限定。为农综合服务中心按照服务业务内容设立相应的收费标准。另外，为农综合服务中心还积极与乡镇实体店开展业务合作，实行股份制管理，根据服务业绩按股分红。这样一来，从产品供应到直面消费，建立起各个主体间的利益联结，减少了中间交易环节，节省成本，实现了供应与消费的良性循环发展。另一方面，村级服务站作为合作社与农户间的重要联络平台，由于各个村地理、人文条件复杂，需要尊重村庄内部发展规律，熟悉村庄状况，这也相应地要求站长候选人必须在村里具有一定的声望、受人信任、思想先进、具备一定的务果技术等。在整个社会化服务过程中，站长是合作社与果农之间的联络人、通信员。一般来说，所有需要与农户打交道的情况，都需要站长出面。站长工作中很重要的一个部分是发放农资和信息传播。由于合作社对接的农户太多，完全由合作社去跟近1000家小农户沟通是非常困难的，交易成本极高，也非常不现实。为此，在土地托管过程中，合作社会委派各个站长，去做好自己所负责辖区农户的登记、发放化肥、农药等所有工作，托管员都需要记录每家每户的土地面积、苗木量、化肥和农药施用量等详细信息，合作社根据这些数据进行订购。由于购买量大，合作社可以以出厂价从肥料厂购买肥料，然后把肥料放在站长家里，再以批发价卖给农户，每袋肥料的价格可以比市场价便宜十多块钱。在施肥阶段，站长只需提前告知果农该什么时候施肥，施多少量，果农只需按照技术要求实行就好了。站长也会随时进行技术跟踪服务，以随时发现问题，及时救治。

可以说，为农综合服务中心基于实地调研、各方反馈意见，统筹村级服务，深入农户群体，稳步推进与落实各项工作，形成了为农综合服务中心为主导，村级服务站为协调联络点，站长为宣传推广员，乡镇实体店为物流配送站，农民为终端受益者，镇村两级组织相互联结、相互作用的新型服务模式。

四　仙果苹果专业合作社土地托管经验与难题

（一）土地托管经验借鉴

1. 依托实验站培育新型职业农民

试验站是仙果合作社开展农技服务的重要保障，更是白水苹果产业的技术支撑。在土地托管中，仙果合作社依托西农试验站，向小农、社员、果农大户等开展新型农民合作知识和生产经营专业技术培训，增进合作社、农民、试验站三者间的互动合作，扭转农户狭隘保守的传统意识，传授农户科技务果方法。与此同时，快速扩大合作社发展规模，提升服务队伍素质，培养新型职业农民，打造了一支懂技术、爱农业的新型职业农民队伍。家住林皋镇的李凤玲，就是这一支新型职业农民队伍中的一分子。

案例1：李凤玲最先是在西安开木头加工厂，后来因为腿摔伤了而选择回家务果兼做代办收苹果。她家苹果的种植规模有8亩，其中6亩是晚熟富士，2亩是早熟苹果。2017年，李凤玲加入仙果合作社，入股了1000元。加入合作社后，李凤玲借助合作社平台获取到更多的渠道以了解苹果的种植管理技术，从中了解到职业农民这一概念。随后，李凤玲多次参与由合作社牵头、试验站合作举办的多次培训会、技术指导等活动。这些对李凤玲本人起到了强大的塑造作用，不仅改变了传统果树管理理念、服务合作意识，还提升了科技务果能力和水平。2018年，李凤玲考取了初级农民职业证书，并且还担任起林皋村的村级服务站站长，负责管理站上20多户社员的服务工作，并以此带动和辐射更多农民。

2. 采用半托管方式

目前，仙果合作社开展的土地托管主要有全托管和半托管，但全托管开展较少，半托管居多。无论是半托管还是全托管，都迎合了农户不愿放弃土地的复杂心理，满足了现阶段小农经济发展的客观需求。以目前的发展状况来看，半托管是发展土地托管的主要趋势。它灵活多变，更能照顾到多数半工半耕的农村家庭，更好地满足了农户的兼业需求。在一定程度上，半托管能够兼顾第三方服务组织的利益。它将第三方服务组织与农户紧密融合在一起，与农户共担风险利益，在服务农户过程中分享经营收益。全托则需要投入更多的人力、资金等，这对第三方组织具有较高的要求。尤其对于从事第一产业而言，农业生产周期较长，市场波动风险较大，很难在短期之内收回成本。因此，半托管成为现阶段土地经营的最优方式之一。

3. 站长发挥重要沟通作用

仙果合作社在实施果园托管过程中，并非由合作社直接对接个体农户，而是在各个村设站点，由各个站点的负责人与农户打交道。这样既能发挥站长的地缘优势，便于合作社更快地融入基层，以便更好地开展工作，实现技术推广和技术服务的效果，让农民实实在在地获得托管带来的利益；也能让合作社减少与农户打交道的成本，同时还能从站长那里获得农户的反馈，深化合作社发展，加强合作社为农服务的能力。这样一来三方能各尽其能，落实各自的职能，将果园托管的为农服务效果发挥出来。农户的需求得到满足，苹果种植效益凸显，农户拥有了获得感，便能增进对合作社的信任。合作社取得农户信任，有了良好的群众基础，各项工作进行顺利，践行了"为农服务"的根本宗旨，也推动了合作社的改革。由此可见，站长在果园托管中扮演着一个举足轻重的角色，起到了承上启下的作用。因此，站长人员的选拔关乎着果园托管是否能顺利开展。合作社通过组织技术培训会，培养了一批热爱农业、思想先进、科学务果的技术员。而这些技术员就是村级站长的储备人才。合作社会从这些技术员中遴选出较为优秀，并且名誉较好的人员，由他们来当任站长，负责本村（一个村设一个村级服务站）社员的技术服务和农资配送等。合作社会给站长分配任务，要求他们每月至少一次去社员家中进行访谈，一来是为了加强与社员之间的联系，二来也是为了了解社员实际情况，及时为他们提供帮助。在生产过程中，合作社制定了一份技术跟踪服务表，站长依据表上的考察指标到社员果园中去调查，以了解果树生长状况，并记录在册。站长也可以根据考察情况为农户提供解决办法，改进果树管理方法，提高科学管理能力。站长如果遇到难以处理的技术难题，可以将难题及时反馈给合作社，并由合作社指派西农专家或者农技员给农户进行技术诊断。农户在技术专家的指导下，根据土壤特性和病虫害缘故施加化肥农药。农户除了享受农资服务的"量身订造"，还享受送货到家的服务，做到了服务全面、服务到位。合作社举办的各种技术培训会、股金分红大会等活动，都经站长直接传达给本站社员。而社员的任何需求都可以反馈给站长，再经站长上传到合作社。社员参与果园托管后，可以享受到系列服务，而这一系列服务都是由站长在中间发挥作用，从产前的技术跟踪、农资供应、产中的生产管理、以及产后的统购统销，农户更多是与站长打交道。这样的一种"合作社＋站长＋农户"的一条龙服务解决了个体农户生产环节中的任何问题，体现了合作社为农服务的宗旨和理念。

4. 纵深整合产业链

仙果专业合作社于2017年设立为农综合服务中心，该服务中心是在农民自愿出资参与的前提下，引导农户参与建设运营，通过服务规模化、系统化推进现代农业发展的一个综合性平台。为农综合服务中心下设农技、农资、农机、生产、加工、销售等专业服务队，服务链条贯穿于整个农业生产过程，服务体系更为健全。这本质上是一种纵向整合产业链的方式。纵向整合产业链，这可以使合作社在产业链的各个环节中获利。比如，农资销售是土地托管中的主要内容，是合作社的主要盈利来源之一，也是产业链上游的基本工作。托管农户能够以实惠的价格，从合作社中购买到苗木、农药、化肥等农业生产资料。销售价格采用了社员制和非社员制两套定价标准，如果是社员购买农资的话，可以享受10%的优惠，即同等产品的价格一般比市场价低10元左右。如果是非社员的话，则按市场价格进行售价。而且，合作社的农资都是向厂家直接订购的，由于量大价低，社员从合作社购买农资的价格基本上就是批发价。化肥农药的药效也有保障。因为合作社的农资配方是经专家研发制定，适合当地土壤酸碱特性，具有一定的质量保证。合作社不仅提供农资销售，还在售后免费提供技术培训与指导。凡是在合作社购买农资的托管户可以享受到免费的技术培训和技术指导服务。每年合作社都会举办2—3次大型的技术培训会和不下3次的小型培训会。培训会邀请了各个领域的著名专家前来授课，包括西农试验站的站长、老师、园艺站专家、推广站的农技师等。授课内容包含有果树栽培、施肥喷药、农产品销售等方面的知识，涵盖面广，满足了不同农户的个性化需求。除了传统的授课培训之外，合作社还通过实地示范，教授农户这是什么枝条、是什么品种、在什么时候修剪、修剪完之后这个树枝的反应以及如何剪枝等。农户在技术培训的过程中，改变了传统观念，掌握了科学务果的技术与方法，提高了苹果的产量和质量，增加了农民收入。同样的，合作社也从中增加了与农户的交流，有效地规范了农户务果的生产行为，有助于统一质量标准。农户遵照合作社制定的标准规范操作后，就能真切地感受到技术带来的实际效果，从而增强了两者间的认可与信任，强化双方之间的合作关系，消除农户心理顾忌、降低打交道的成本，保障合作社的良性发展。除了产业链上游的农技和农资之外，合作社同时提供产业链中游的农机服务、合作信用和下游的农产品销售服务，将各个产业链条进行整合，既满足农户全方位的需求，又使得合作社赚取上游农资销售的利润、筹集中游信用合作的资金、获取下游苹果销售的利润。①

简而言之，合作社纵向整合各个分隔的产业链条，满足了农户的多元化需求，强化了农户与合作社间的契约关系，增强了两者间的利益相关性，共担经营风险，减少了损失。更为重要的是，合作社在践行服务为农理念时能兼顾到自身利益，有助于合作社获取整个产业链上其他环节的利益，维系合作社基本发展，并进一步纵向发展。

（二）土地托管难题

1. 机械化程度不高

与大田作物生产不同的是，苹果种植产业是一种技术密集型产业，很难实现整个生产过程的机械化操作。大田作物的生产环节都较为简单，无论是播种、插秧、翻地旋耕，还是除草、打药、收割、晒麦等环节都可以实现生产的标准化，可以用机械来代替人工。然而，苹果生产流程却比较复杂，从苹果的套袋、摘袋、剪树拉枝、施肥喷药到摘果等环节都需要大量的人工投入，实行大型机械化难度比较大。而且，苹果投资量比较大的原因并不是因为化肥和农药的成本较高，主要还是人工成本高。在白水县，男性劳动力的成本为 100—120 元/天，女性 80—100 元/天。最棘手的难题是在农忙时节，合作社难以雇到人。从苹果本身特点来看，苹果不耐摔，在套袋、采摘等环节上，它要求轻拿轻放。不然一个 80 级的苹果如果磕伤了的话，将被当作次果处理，售价大打折扣。另外，合作社开展的果园托管大多是半托管模式，在遵循社员自愿的基础上进行托管。不同农户在资源禀赋、劳动力情况、社会关系等方面存在较大差异，这使得他们对土地托管的需求程度不一，种植品种和种植方法不同，相邻地块间土地托管程度存在差异。因此，合作社很难将土地大面积连片经营，导致规模化程度低。这样一来，既降低了果园托管的生产效率，加大了果园托管的经营成本，也阻碍了机械化生产，

---

① 胡凌啸、周应恒、武舜臣：《农资零售商转型驱动的土地托管模式实现机制研究——基于产业链纵向整合理论的解释》，《中国农村观察》2019 年第 2 期，第 49—60 页。

难以实现规模效应。

２．标准难以统一

果园托管"五统一"模式中的每一个环节都是紧紧相扣、密不可分的。在"统一技术"的环节上，合作社对苹果的种植技术要求高，强调技术的连续性、标准化和专业性。仙果合作社的产业技术来自两方面：一个是依靠西农试验站专家们的专业知识进行技术指导与培训；另一个是依据曹谢虎多年的种植经验总结出来的一套乡土技术。技术是基础，管理是保障。生产管理就是在苹果生产的整个过程当中实施的一系列技术管理办法。它就是严格按照技术标准来做的，根据当年的气候来制定，既有一年的管理办法还有季度性的管理办法。比如每年的６月２５日—３０日这段时间必须进行苹果的第一次套袋。只有在技术和生产环节进行统一之后才能达到质量标准。

现实中，由于农户都存有贪图便宜的心理，即便合作社的服务做得再好，农户也会因为一点小利而做出违背托管协议的事情。比如农户有时候贪图便宜，轻信了外面五花八门的农资商的介绍买了假药，农户也不会如实坦白。结果是喷了假药后，随之带来了一连串的不良反映。更进一步来说，整个苹果的市场定价也很难进行统一。有些农户可能早收果子，苹果便会卖个好价钱，一斤比别人高五分钱。而且果商在收购时，会依据苹果品相、色泽的不同制定相应的收购标准。无论是果商还是果农，每个人心里都有一杆秤，只有达到了交易双方共同的水平线，这笔买卖才能最终达成。但是合作社统购统销的价格波动不大，不管苹果质量好坏都是一个价格。出于"理性经济人"的考虑，农户会更愿意将好果子拿到市场去自销，而将次些的苹果卖给合作社。长此以往，合作社将因苹果质量问题而无法形成竞争优势，甚至面临亏损的危险。因此，合作社也就不会再去收购农户的果子。尽管合作社与果农签有托管协议，双方约定好到果子成熟后进行收购。但现实状况是，这种协议对果农不具有约束效力。因此，在托管过程中，很难对农户行为进行有效规范和制约，一旦一个环节没有按照托管的要求进行，就很难实现标准的统一性。

案例２：杨女士，５２岁，小学文凭。家里有４.５亩果园，全部为富士苹果。果园就她和丈夫在管理。儿子常年在西安工作，平日里很少回家，只在过年过节时回家看看父母。因为苹果种植规模不大，夫妻两人完全应付得过来，所以儿子很少在农忙时节来帮忙，杨女士也不希望自己的孩子像他们一样在农村务果，觉得没前途。2010年，杨女士参加合作社的土地托管。因为看着大伙都参加了，也就参加了，认为也不会有啥损失。她觉得合作社只是借个名头让人去买它的农药化肥，生产管理那么烦琐，也懒得去弄。因此，果园管理基本上还是按照自己原来的那一套方法进行种植。农资也基本是自己购买的较多。杨女士的附近刚好有个农资店，平常来来往往，跟老板关系也比较好，基本所有的农资化肥都是从那家农资店里购买的。由于农资不相匹配、生产操作不规范，结果造成托管之后，杨女士的果园基本没有多大改变。

3. 劳动力紧缺

由于苹果种植产业自身的特点，在套袋、剪枝等生产环节需要投入大量的人工，很难由机器完全代替。另外，大部分土地难以连片经营、规模化程度低，导致大机器无法正常投入使用，为此需要花费更多的劳动力资源。从这两个方面来说，目前苹果种植仍需投入较多的劳动力资源，是一个劳动力吸附型产业。面对来自城市的大量用工需求，加之农村基础设施配套不齐，更多的农村中坚力量愿意转移到其他产业。再言之，当代的年轻人不愿意种地务果，造成了苹果种植劳动力紧缺、劳动力普遍老龄化。更甚至因苹果自身生长特性与果农间种植的品种差别不大，导致苹果的生长周期较接近、果子集中成熟，时常遇到抢套抢收的情况。

案例3：林女士，女子服务队的成员之一。因为自家的果园亩数较少，还有两位老人，农忙时节老人们也会跟着帮忙。所以家里的农活基本不需要雇用其他劳动力，自己也可以抽身去给别人剪枝，赚取额外的收入。林女士觉得虽然辛苦些，但是每天的工资一般有80—100元，一日三餐还提供茶水和伙食，一个月下来的收入有1000多元，感觉比种地强多了。忙也就农忙那几天忙一下，其余的时间都比较清闲，总体的待遇还算不错。林女士在剪枝队里已有两个年头了，大家也比较信任她。现在哪家农户需要剪枝之类的，都会直接去找她。但她也时常发愁，她说："现在都不太好找人了，像我们队里的人数越来越少了，村里能干活的人出去的比较多，我要不是家里有老人、小孩需要照顾，我也想去外面打工，工资比这个也高多了。有时根本就找不着人，像每年的6月25号到6月30号这段时间必须进行苹果的第一次套袋，错过了该时间段就会对果树生长产生重要的影响。大家都忙着弄自己的果园，只有自家的弄完了才会给别人帮忙。可是等他们弄完了别人也就不需要了。所以有活干也愁呀！以前随随便便都可以找齐10个人，现在不但要提前去张罗人，还得到其他镇上托这问那的才能勉勉强强凑齐10人。"

4. 连片经营受阻

土地托管的最终目的是实现土地的连片集中经营、提高土地的规模化程度，增加农业生产效益。但是在调查过程中发现，不同阶层的农户对土地托管的需求不同。有些农户他们常年在外务工，非农收入较为可观。对他们来说，放弃农业生产的机会成本较少，因此他们对土地托管的需求更为强烈，也更加容易进行土地交换或者流转。相反，有些农户（尤其是老年人、妇女）由于自身健康情况或家庭需要，只能留在家中从事农业生产，土地是其基本生活的保障，农业收入是其家庭的主要收入来源。因此，他们更加依赖土地，具有浓厚的土地情结，不愿意舍弃土地，想自己耕作，对土地托管的参与意愿不强。农户对土地托管的需求难以统一，造成了土地连片经营的组织成本较大，无法与社会化服务体系进行有效对接，不利于土地实现机械化、系统化、规模化经营，不利于农业生产水平的提高，阻碍了现代农业的发展。

案例4：李先生，60岁，他和老伴经营着9亩苹果，其中8亩是红富士。农地的位置也比较方便，平时的化肥农药可以开小车直接送到地头。挨着李先生的那几户人家有的是举家进城，有的是不想种地，都把果园进行托管了，就他这一户还是自己经营的。老伴已

50多岁了,他们有两个儿子,大儿子在西安的中铁局工作,平日比较繁忙,回家次数少。小儿子平日里回家的次数多些,回来帮父母亲管理果园。后来小儿子听说合作社在弄土地托管,觉得好,想让父亲也把地托管给合作社。毕竟上班之后,他们城里和农村间来回跑也不方便,想接父母到身边。但是,李先生自己说:"在城里不舒服,哪里都去不了。这土地不能不种呀,儿子们回来了还能尝到自己种的果子,别人种的都没有自己种的好吃。"儿子们劝解不了,只能顺着李先生的意思来。现在,李先生和老伴在农村务果,所有农活基本是两位老人自己去弄。果子成熟时他们都会给孙子们带点过去。孙子们放假后,儿子们都会把他们送到爷爷奶奶身边,两位老人觉得这样的生活挺好的,自己经营,不担心饿着,也不用给孩子们添麻烦。

五 土地托管与农村基本经营制度的变革

(一) 统与分:合作社与小农户的利益诉求

自小岗村拉开农村改革大幕以来,农村基本经营制度经过实践的不断检验,展现出了强大的生命力,证明其是符合时代发展趋势的。以家庭为经营主体,尊重农户意愿,激活了"分"的活力。传统意义上的农村集体的"统"是一种公共产品的统筹,它不仅帮助农户与市场对接,保证市场的充分、完全竞争,以维护农户的基本利益,还开展集体性经营活动的基础建设,补给公共性资源,以保障农户生产的持续性,实现社会公平。维护农户利益是其最终的落脚点。当下,土地托管是在大量农村劳动力进城务工的背景下应运而生的新模式,是对农村基本经营制度的进一步完善。土地托管仍坚持家庭经营的基础性地位,不改变土地承包关系,土地的承包权、经营权仍归农民,"分"的优势仍继续发挥出来。托管过程中,合作社给农户提供了综合性服务,发挥着统筹作用,丰富了"统"的主体,更赋予了"统"新的内涵。与村集体不同的是,合作社组织农户、统筹资源的目的更多是偏向于减少交易成本、扩大盈利空间。①

1. 合作社：赢利维持组织运转

合作社的持续健康运行必须要建立在获取利润的基础上。在推进土地流转过程中，合作社遇到了土地租金上涨、利益多元繁杂、生产效率低下等众多挑战。这一系列挑战，导致合作社的组织成本、运营成本、管理成本攀升，经营利润遭到削减，合作社的发展遭遇严重冲击。为此，立足于合作社的长久发展，合作社积极探索，开始由土地流转向代管服务转变。这也是对农户需求的一种积极回应。随着城市用工需求增大，大量青壮年选择弃农进城，从事其他产业，老人农业盛行、农业老龄化问题凸显、农民科技素养低下、农技知识无法及时更新。此外，很多兼业型农户在农忙季节还需请假返乡，直接影响到其务工收入。所以，从现实角度来看，农户对土地托管的需求度极高。这为合作社自身发展提供了良好的机遇。合作社凭借资金、农业机械、农业技术等资源优势，致力于为广大小农提供相应的生产服务，逐渐退出对土地的直接经营。土地收益仍归农户，从而避免土地纠纷，降低生产成本、调动小农的积极性。另外，合作社聚集众多小农，化零为整，对接市场，具备一定的市场竞争优势。这样一来，合作社在服务小农需求的过程中，扩宽了发展业务、找到了获利点、维持了合作社的良序健康运行。②

2. 小农户：增收致富

苹果作为经济作物，比起非经济作物，能为农民带来更高的经济收入。因此，苹果产业被白水人民视为一种重要的农业产业。与此同时，苹果产业对农业技术要求较高，对自然条件要求高。这便容易造成苹果种植效益难以提高、因人而异、因地而异、因技而异。拥有生产技术的土专家、获得技术专家指导的种植大户等，其苹果能够得到专业化、科学化管理，苹果的产量和质量往往较好；而普通农户的技术来源单一，苹果种植缺乏有效管理，遇到生产问题也往往"病急乱投医"，导致了苹

---

① 赵晓峰、赵祥云：《新型农业主体发展与中国农村基本经营制度变革》，《贵州社会科学》2018年第4期，第157—162页。

② 赵佳、姜长云：《兼业小农抑或家庭农场——中国农业家庭经营组织变迁的路径选择》，《农业经济问题》2015年第3期，第110页。

果的低产量、低品质、低效益。面对这一现实难题，多数人存在提高苹果种植效益的迫切需求。对于大多数农户而言，农业生产是农民就业途径之一，是他们日常生活的重要物质保障和收入来源之一。种"好"苹果是人心所向，是农民一致的需求。种"好"苹果意味着苹果产量高、质量优和效益好，从而带来了农业收入的增加，使农民致富。

案例 5：以白水县可仙村的武某和陈某为例。武某代表着苹果种植效益较好的农户。他家果园每亩投入费用在 6000 元左右，苹果的亩产量可达到 4000 千克，苹果都在 80 级以上的，并且苹果商品率可达 90% 以上。由于苹果爽口质优，武某的苹果销售价一般高于市场价 0.2 元以上。陈某则代表苹果种植效益一般的农户。陈某果园每亩投入费用为 4000 元左右，苹果亩产仅 2000 千克，苹果基本是 75 级，且以市场价格销售。

（二）制度变革：培育主体与构建服务体系

1. 培育主体：小农再造与新型农业经营主体

中国农村改革 40 年来，亿万人民运用自己的智慧，结合国情，通过勤劳的双手在实践中创造了符合农业生产特点的统分结合的双层经营制度。然而，农业生产力的不断发展，对我国"统分结合"的基本经营制度提出新要求，随之也做出新的调整。以白水土地托管实践调查为例，在"分"的层面上，传统小农转变了落后思想观念，开始接受了新技术、新知识，其融资经营能力、科技应用能力、机械使用能力和开拓市场能力显著提高，实现了小农再造。无形中，一批优秀的科技示范户在这个过程中能够运用自身的优势资源，把握机遇并发展为科技示范户的典型代表，这部分群体脱颖而出，将发展成为现代农业的中坚力量。在"统"的层面上，传统的村集体组织"统"的功能被重新激活。同时，土地托管使得农民合作组织与农民建立起紧密型的利益联结机制，集体服务功能得以增强，这将有益于提高农户的组织程度，发挥统筹协调的作用。农民合作社在不改变基本经营制度的前提下，将农业生产的种、管、收、防的某个或多个环节，交由第三方服务组织去统一完成，农户根据使用社会化服务的多少支付服务费，农户仍然享有土地的剩余土地所有权，托管方的收益则主要来自服务费、农资和农产品价差。

现阶段，农村基本经营制度中，"分"的功能已经得以较好地释放，但"统"的主体不太明确，"统"的功能弱化，统与分相脱离。农村基本经营制度的这些难点，也是解决问题的突破点，重点就是要找准"统与分"的衔接点。必须从实际出发，充分尊重农户的意愿，农户需要什么样的服务就发展什么服务，农户想要如何合作就进行怎样合作，勇于探索，允许多种农业经营方式并存发展，寻求合适的经营方式，以求将小农户纳入农业规模化经营之中，实现由分散经营向集约化经营的转变。

2. 构建体系：明确各方的功能

（1）政府的功能

政府方面主要指村集体组织和县上农技站。农户在与合作社达成土地托管协议的过程中，村集体组织扮演着中间协调者的角色，起到协调与监督作用。如果村干部直接介入到土地托管中，村集体的统筹行动阻力大，农户一有麻烦就会将全部责任推卸到村干部身上。比方说，村干部安排无人机喷药，安排在前的农户满意，而安排在后的农户就会不满意。村干部负责购销农资，若万一遇到不适宜的天气，破坏化肥农药的药效，导致苹果产量减少，农户就会责怪村干部，甚至是责骂村干部。这样使得村干部落个"出力不讨好"的尴尬结局，而村干部以中间调节者的角色进入农户的生产中，就能摆脱村干部面临承担无限连带责任的压力，提高了村干部参与土地托管的积极性。县上农技站的主要职责就是推广科技，在农业科技信息的传达上发挥着上传下达的作用。先进的农业技术由乡镇农技站进行对接，传递给农技推广员，然后由村级农技推广员转译成农户易懂的、易接收的形式，从而完成科技的传播和推广。这样一种自上而下的技术传播与试验站的传播路径略有不同，但两者的初衷不谋而合，都为现代农业的发展提供了技术支撑。

（2）合作社的功能

土地托管包含于农业社会化服务，发展现代农业必须要培养新型农业经营主体、构建完善的社会化服务体系。在实践中，合作社充当着组织者和管理者的角色，并逐渐代替传统集体组织的"统"的功能。一方面，合作社"益贫性"的制度安排，要求合作社的一切行为决策必须力争保障和维护农户的基本权益，提高农户的自我发展能力。同时要对农户土地进行统一技术指导和生产管理。另一方面，合作社需要整合各方资源，聚合分散小农的农机、土地和劳动力资源，协调其他社会化组织机构，进行优势互补，开创各方组织力量齐头并进的良好局面。

（3）小农户的功能

分散经营的小农户是土地托管的主要参与主体，其行为决策决定着土地托管的成效。在参与土地托管时，小农户需要辩证地认识到土地托管的利弊，以及认清不同形式的土地经营方式的收益与成本。土地托管不是稳赚不赔的，不能过分苛责甚至是威胁合作社或政府做出任何承诺。在必要的时候，应该遵循合作社或者政府的统一安排，以推动土地托管工作的顺利开展。

（三）土地托管模式的实践成效

1. 土地托管促进了科技推广

西农苹果试验站的成立，为仙果合作社的土地托管的开展注入了科技动力。近年来，西农试验站生成 8 项关键技术，孕育出瑞阳、瑞雪两个新品种，并建立起优质苹果生产技术流程，推动了白水县的老园改造工程和传统的乔化苗木栽培到旱地矮化砧苗木栽培的换代升级，并且培养出来一大批新型农业经营主体。试验站科研工作者在长期的驻村推广实践中，不断总结经验，最终摸索出"1+3+5+5"和"1+4+4"模式，从而培养出一大批科技示范户。试验站率先对这批示范户开展培训。培训后，示范户们对自家的老园进行改造，并以此带动身边农户也进行老园改造。经过多年的时间，这批示范户中有部分人已经成长为优秀的新型农业经营主体的典型代表，例如女子剪枝队的带动人林秋芳和白水县仙果合作社理事长曹谢虎。在这批示范户的带动下，农户也开始接受新式务果技术和管理理念，使得白水县的苹果产量和质量全面提升。在托管过程中，农户接受了来自试验站、园艺站等多种渠道的技术培训，全程按照合作社的技术规程进行管理，既达到了土地托管要求的质量标准的统一，又使农户掌握了技术，扩大了技术的受众面。

2. 土地托管提升了合作社社会化服务能力

土地托管模式最大的特点在于丰富了"统"的主体和内涵，提升了合作社社会化服务能力。自1978年实行家庭联产承包责任制以来，农户自主生产，明确农户的主体性地位，"分"这一层面得到了充分显现，大大激发了农民的生产积极性，而传统集体经济组织的"统"的功能却被大大地削弱了，已经很难再能有效地组织和调动分散农户。合作社借助土地托管这一契机，发挥出"统"的功能。当然，作为市场主体，它们是从获取更多的利益为出发点来与农户打交道的，但在这个过程中，它们统一农户的种植品种、统一耕作技术、统筹调配村庄的水利电气设施、统一收购果子，也将农户更好地组织起来，使其与农业社会化服务较好地衔接。另外，合作社通过为农户提供符合农户需求的社会化服务，把闲散的资源和专业化服务组织有机地聚合起来统一安排、统一实施，进而较好地解决了农业生产问题。这既发挥了农户经营的天然优势，又实现了农业规模化生产，便于机械化操作，也为合作社未来的发展找到了立足之地，以便更好地服务于民。合作社不再单独局限于产业上游服务，而是逐步向后、向前延伸，服务体系得以不断健全，服务能力全面提升。

3. 土地托管提高了农业生产效益

土地托管消除了农户离家务工的后顾之忧，更好地将农业剩余劳动力进行引流。特别是对于那些不愿意种地或者没有能力种地的人，他们可以选择"全托"，只需交付服务费用，合作社就能代替其进行规范管理。农户选择"全托"后，他们完全可以安心地进城从事具有更高经济效益的产业，避免于农忙时节里在农村和城市两地之间来回奔波。并且，他们还能享受土地托管之后带来的更高的产出和农业收入。选择"半托管"的农户，他们可以购买某个生产环节的服务来替代个人无法承受的劳动强度，获得更加经济有效的工作方式，以此缓解自身劳动强度、提高劳动效率、增加家庭收入。

案例6：李某，白水县可仙村。土地托管前，李某自己管理苹果。苹果种植从种到收每亩均需要七八个工作日。在农忙时节，李某还得请假回家，来回在路上也耗费了大部分时间。匆忙结束农忙后，李某又要返回城市，劳动生产率非常低。土地托管后，合作社可以负责管理，农户只要跟站长联系下就有人上门服务，苹果种植得到规范管理，每亩苹果仅需三至四个工作日就能完成，时间缩减了一半，起到事半功倍的效果。按当地小工费用 80 元/天来计算，劳动总成本可减低约 320 元。而且在外打工的李某也不因为请假而影响工作，这既解决了李某外出劳务的后顾之忧，也避免了土地抛荒，使得土地在承包者外出的情况下依然可以得到有效管理。

4. 土地托管实现了小农再造

由于农户本身的文化水平以及社会关系网络有限，他们缺乏农资农技相关的知识来源和获取技术的渠道。比如，农户并不知道哪种化肥好，所以在市场上购买化肥时他们是盲目的，完全是跟风从众或者道听途说的，但合作社对化肥的性质和特征是非常了解的，它可以帮助农户，给予农户一定的指导。农户在面对苹果种植技术时，也是带有盲目性。事实上，农户的务果技术一般是"依葫芦画瓢"，照着别人的样子学，根本就没有掌握其精髓。合作社则截然不同。合作社借助西农试验站的平台，为农户提供各种技术培训大会，或者请来试验站专家来现身说法地为农户教授各种务果技术。长此以往，试验站在白水县上产生了公共效应，也在潜移默化中慢慢地扭转了农户传统的务农观念，使其更加重视科技务果的重要作用，从而更加主动地去接受新技术。

案例7：合作社要求每年的 6 月中旬必须打蚜虫药，即使苹果上面没生蚜虫也要打，这样也可以起一个预防的作用。刚开始合作社让站长这样宣传时，农户是不信任的，甚至有些站长也抱着无所谓的态度，但当农户确实看到打药和没打药的苹果情况明显不一样时，他们的态度就开始慢慢转变了。

其实农户们是只相信他们眼前看到的情况的，他们亲眼看到土地托管后，科学种地带来的成效，他们就会自动转变观念认可土地托管。在这个过程中，农户也慢慢接受了科学务果，其自身的农业知识和思想水平得到提升。另外，在这过程中，合作社也培养了一批批优秀的新型职业农民,来带动周边其他农户管理好果园。农户自己无形中也能督促自己把自己的果园给管理好,这样一种督促力量也体现了农户由被动接受到主动学习的转变,由此起到的效果将比外在施加的压力更为持久明显。常言道,"树大好乘凉"。仙果合作社已注册了自己的品牌商标,而且已经在市场上形成品牌效应。合作社的"虎纹"苹果一个能卖到10元。农户参与到果园托管后,如果按照合作社的生产流程,生产出来的苹果在颜色上、口味上能和曹谢虎的"虎纹"苹果达到一个相近的等级。合作社将分散农户的苹果进行收购,借助品牌来提升产值。这样一来,合作社可以有更多的货源储备,而农户自身也能销售出更高的市场价格,提升产值,使得双方互利共赢。这样一种求质不求量的共享理念,就会起到规范农户行为的作用。农户也将会扭转"苹果产得多就卖得多"的传统观念,开始转而生产有机生态苹果。

六 小农户与现代农业有机衔接的路径思考

由于,大量小农户将长期依赖土地而生存,现代化农业以规模化进行经营又是一个的必然趋势,但小农与现代农业并非格格不入,以合作社为主体的土地托管将是解决这一阶段性矛盾的有效形式。要实现两者的有机衔接,我们可从以下几点着手:加强科技实验站建设、发挥村级统筹建设能力、强化小农户与新型经营主体的利益联结和营造良好的政策环境。

(一)现代农业在小农基础上具有可行性

1. 农业现代化发展需小农参与

从现阶段的农情来看,我国有两亿多农户。这一部分农户将长期存在,他们仍然需要依靠农业获取经济来源,居住在农村。毋庸置疑,未来农业发展必将走向现代化,但是必须清楚认识到,农业现代化需全面、协调发展,农业、农村、农民都应该同步发展,不能将小农退到时代和市场的边缘。它是一个渐进的过程，实现土地适度规模经营，不可能一蹴而就，需要循序渐进，有条不紊地推进。再者，以家庭为主的生产经营模式仍具有优势：精耕细作的生产方式有助于提高农业生产效率，保护土壤肥力，减少化肥农药施用量，更好地保护生态环境和保障食品安全。另外，实现农业现代化并不是要求，中国所有乡村都要实施规模化经营，完全依赖培育新型农业经营主体来发展农业存在很大的风险，应该因时因地创新模式，宜农则农、宜果则果，根据当地的实际情况，尊重农民意愿，挖掘小农的天然优势，创新农业生产模式，进而实现小农户与现代农业的有机衔接。

2. 小农与现代农业可共生

虽然分散、小规模和难以统一的小农生产与规模化、机械化和专业化的现代化农业不相适应，但是这并不意味着现代化农业就一定会排除小农生产。它们两者可以兼容，甚至可以实现互利共赢、共同发展。[①] 仙果合作社采用了全托管与半托管服务，但主要以半托管为主，为各个农业生产环节提供配套服务，比如各项农业生产资料的统购统销、技术服务、农产品收购与销售、信用合作、冷藏加工、综合服务等服务项目。合作社以服务赢得农户的信任与支持、凝聚民心、优化环境、提高组织效率、提升服务能力、扩宽发展空间、实现可持续发展，这为农业现代化发展培育了主体、完善了农业服务体系、延长了农业产业链、提供发展动力。另一方面，在土地托管中，农户仍然享有土地的经营权、所有权、剩余索取权，农民利益得到保障，提高了生产积极性。反过来，农户在接受农业服务的过程中，实现小农再造、带动科技示范，从而有助于农业现代化发展。

3. 有机衔接：以合作社为主体的土地托管

土地托管的运行模式使得合作社与小农户在追求自身收益最大化和风险最小化的过程中，充分发挥各自的资源禀赋优势，实现局部地区中劳动、土地、技术、资本和管理等要素的均衡分布与其资源的合理分配。

[①] 叶敬忠：《没有小农的世界会好吗？——兼序〈新小农阶级〉中译本》，《中国农业大学学报》（社会科学版）2013年第3期，第12—21页。

首先，合作社利用现代农业耕作技术、机械技术和科学管理知识，并借助完善的服务体系，为小农户提供农业生产服务，有效解决了小农户耕作水平低、农业生产方式落后的问题，有效化解了小农户生产方式与现代农业之间的矛盾，解决了老人农业和兼业农户的力不从心和后顾之忧。其次，土地托管实现了小农生产基础上的农业规模化，保障了小农户的切身利益。最后，土地托管还能够提高农民的科学文化素质，强化新型农业经营主体的服务能力，创新服务模式，破除束缚小农的外在约束性条件，释放出巨大潜能，激发小农生产的生命力，从而将小农户的发展融入现代农业的快速发展之中，使以小农为基础的农业现代化成为可能。

（二）对策建议

1. 加强校县合作的科技试验站建设

科技是第一生产力。要加强小农户与合作社之间的合作，就要借助校县合作的科技试验站建设项目，加强与县上技术推广站、园艺站和西农试验站的合作。一方面，发挥政府导向作用，积极争取县上的技术支持。县上的各级政府要利用好各种媒体渠道，积极做好有关土地托管的宣传报道，让农户充分认识了解土地托管模式，消除他们对土地托管怀有的顾虑，促进合作社顺利开展土地托管业务。更重要的是，政府要实时地下派技术推广员到农村，密切关注基层群众需求、开展农户技能培训工作、完善农村各项硬件设施、构建完善的社会化服务体系，为土地连片经营创造良好的前提条件。同时，县上也要加大对西农试验站的科研投入，鼓励研发具有自主知识产权的高性能精准农业关键技术，实现优质高效低耗，促进农业的转型升级，以科技代替人工投入，弥补农业劳动紧缺的不足，提高机械化生产水平。另一方面，西农试验站要借助西农教学平台，加快科技成果的转化，积极探索多形式、多样化的技术推广模式，重点攻克苹果种植技术难题，为苹果产业发展注入新的活力。另外，要发挥试验站在白水的地理优势，让"西农模式"落实到地，加强对涉农人才的培训，全面提升农户素养，同时注重吸引更多本土、地方人才投身于农业，使农业更具有内生活力。

2. 发挥村级统筹建设能力

村集体是土地所有权的主体，因此，它对土地托管具有重要的推动作用。村集体组织要发挥"统"的功能，大力宣传和引导农户对土地托管的全面认识，消除农户的心理障碍，让"离土离乡"的农户积极地参与到土地托管中，减少土地抛荒面积，节约农用资源，消除连片经营障碍。同时，组织农户进行农地互换，允许农户对比收益成效选择土地托管，减少农地纠纷。另外，村集体组织要大力加强农业基础设施建设，建设农田水利灌溉设施、完善防洪防水体系、修整田间道路、改善农业生产条件，使得农地连片、路相连、灌得进、排得出，取得规模经营效益。

3. 强化小农与新型经营主体的利益联结

首先，要关注土地托管主体，尤其是合作社、种植大户、家庭农场等经营主体与小农户这两大群体。前者是土地托管的实施者，后者是土地托管的参与者。托管主体的自身定位会直接影响土地托管的成效。因此，土地托管各大经营主体需要找准自己的定位，履行各自职责。另外，要正确处理好各大主体的利益关系，尤其要注重让利于民，让农户切实感受到土地托管后带来的收入的增加。这就需发挥合作社的专业力量，在农资供应、生产管理以及统购统销上进行规范化、制度化和科学化。同时，需要不断加强农户的技能培训，让农户能凭一技之长获得农业之外的收入，减少对土地的依赖性，让合作社有地可托。此外，新型经营主体应该提高其综合服务能力，不断深化与农户的合作，扩大服务领域和服务内容，不断增强双方的利益相关性，建立长效联结机制，以增进两者间长期合作共赢。

4. 营造良好的政策环境

合作社对于农村和农户，不仅仅是一个经济合作组织、土地托管的实施主体，更像是一个"公共物品"，对当地农村经济发展具有很强的外部性。因而合作社的发展，需要政府的协助。政府不仅要给合作社提供一个良好的政策环境，还要在合作社发展过程中给予一定的项目资金扶持、技术支持以及市场信息等。从合作社的发展实践来看，当前政府给予合作社的帮助还满足不了合作社的发展需要，尤其是资金扶持力度不够。政府可以适当放宽金融机构对合作社的借贷要求，增加借贷额度，支持合作社资金周转，积极采取贷款贴息、贷款优惠等政策。同时，各级政府部门不仅要认识到土地托管发展存在的必要性及重要性，以及其是实现小农户与现代农业有机衔接的重大实践，还要加大宣传力度，对农户进行引导，使其积极参与。但也要防止出现过度采用行政手段强力推行，违背农户意愿的行为，应该遵循客观生产发展的需要，完善能够保障农户利益的制度机制，允许全托管和半托管等多种方式存在。

第六章

合作社主导的农技推广模式

随着我国农业改革的进行，农业推广在促进农业发展的过程当中逐渐起到了重要的作用。目前，国家建立完善有效的推广体系，对农业发展具有非常重要的现实意义。和发达国家的农业推广相比，我国现在主要是政府主导型的农业推广体系。这种农业推广体系已经不能够满足于现代农业发展的生产需要，因此需要借鉴别的国家的农业推广的经验，以及结合我国自己的农业推广现有状况进行农业推广质量的提高。[1] 要关注推广人员工作积极性问题，探索新时代的农业推广体系下的农业推广模式，对于农业经济的发展有怎样的实践意义。在我国目前的经济体制下，政府主导的农业推广模式已经逐渐取代了新型农民与农民为主体的推广模式。中国共产党第十六届中央委员会第三次会议全体通过了关于完善社会主义市场经济体制的决议，其中指出，"要深化农业科技推广体系和供销合作社的改革，形成一个农业社会化服务中社会力量广泛参与的局面"。在这样的农业技术发展背景下，中国的农业推广体系在进行改革的时候，积极地联合各方面，例如科研机构和企业高校等社会力量，这使得农业科技推广的主体逐步形成。国家应该把各种力量进行结合并创造出一种新的农业推广体系和新的农业推广模式用于服务农民。在现如今的农村经济和农业的发展当中，涌现出了一大批很有潜力的平台，农民专业合作社就是这样一个很好的例子，它在促进农业新科技的推广过程当中，逐渐起到了非常重要的作用，农民专业合作社是农民和科研，

---

[1] 张生瑞、董兴永：《以农民专业合作社为载体创新农业技术推广体系建设的思考》，《新农业》2018 年第 17 期，第 61—62 页。

以及高校与农产品市场之间的一个桥梁。合作社在发展的时候与农民还有科研院所、学校等进行紧密的联系,为农民的农业生产创造了极大的便利。合作社的"三农"服务通过农民专业合作社及时将所有科研成果推广到农民,农业科技推广的渠道变得更宽。通过示范与推广,农业科技推广的效率得到了显著提高,农业科技推广的成本得到降低,农业科技推广目标能够很好地实现。农业科技推广在完善农业科技推广体系方面与实现农业现代化方面都发挥了非常重要的作用。①

2007年《中共中央国务院关于积极发展现代农业扎实推进社会主义新农村建设的若干意见》指出,要想建设社会主义新农村,就必须以现代农业的发展为首要任务,必须以科学发展观来指导农村工作。② 农业技术创新和科技进步体系是非常重要的部分,它能够促进现代农业推广有效地进行,能够使科技成果成功地转化为生产力,服务于农民和农村。因此,本章选择以农民专业合作社为主导的农业科技推广模式进行研究,以合作社主导型推广模式为研究对象,通过对白水县仙果苹果专业合作社的调查,深入了解农业推广模式的运用。合作社的农业科技推广模式研究对提高我国的农业科技成果转化和完善我国农业科技推广模式具有重大意义。

改革开放以后,我国的推广体系经过发展和完善呈现出一种多元化、多样化的趋势,主要是以政府主导的民营企业公司进行大力推广的模式,但是这种推广模式逐渐处于劣势地位。有些农业推广模式仍然是自上而下的方式,交流和沟通非常的不便捷,解决问题的速度和自身的发展都比较缓慢。③ 农业推广体系的重新研究和进一步研究将会促进我国农业科技推广体系的完善,对新的农业发展阶段的农业推广体系的建立起到了促进作用。

现代农业的发展与农业科技推广是密不可分的,在农业生产中农业科技的作用已经受到越来越多的关注。农业科技推广与农民专业合作社

---

① 梁辉:《农民专业合作社农业科技推广模式分析》,硕士学位论文,四川农业大学,2013年。
② 王坤:《资阳现代生猪产业体系评价研究》,硕士学位论文,四川农业大学,2012年。
③ 高启杰、朱希刚、陈良玉:《论我国农业技术推广模式的优化》,《农业技术经济》1996年第2期,第1—4页。

为主体的新模式已经成为农村经济在新时代发展的新途径。本章分析了农业科技推广如何在农民专业合作社与政府农业技术推广部门、高校、科研院所和龙头企业间进行连接，并建立一个新的农业技术推广模式。①农业技术推广模式不但会促进农业科技成果转化率的提升，并且会提高农业生产的效率，从而促进农民的收入增加，改善生活条件。这些关于农民合作社主导型的农业科技推广模式的分析，对于我国的农业科技推广体系的建立，有着很重要的意义，也为解决"三农"问题和农业现代化提供了新的路径和方法。②

主要的推广模式有：自上而下的推广模式，主要是由技术人员开发的，然后由推广人员进行专门的技术传输。在大多数农民接受这种推广模式教育以后，这项技术将会在农民当中形成很好的推广效应。③农民们以自己的认知方式，利用自己的实践经验，提供对于农业技术的要求和建议，重视农民在使用过程当中的需要能够充分利用农民的生产积极性，加深他们对农业科技创新的兴趣，也能够很好地了解科技创新在生产过程当中对农民的实际作用。另外一种推广模式就是教育和培训。④农民是愿意接受教育和培训的，前提是培训的内容与他们的生产生活相关，这种模式能够提高他们的劳动生产能力，并且和将来的农业发展有关。这一种推广模式过程比较短，课程也比较少，但是能够提高农民自主学习的积极性，使他们对农业技术推广和农业科技主动开放式地加以接受⑤。这种方式更加灵活，对农民的自学以及自制力要求比较强，当然也更方便当地有关推广部门的支持和推动。

斯旺森（B. E. Swanson）根据农业推广活动的目标、对象、组织与职

---

① 卢小磊、陈曦、陶佩君：《我国大学主导型农业推广相关研究的分析与评价》，《中国农机化》2012年第2期，第21—25页。

② 熊尚鹏、付文杰：《农业高新技术产业化与我国农业的持续发展》，《农村经济》2005年第6期，第51—54页。

③ 叶邓军：《农民专业合作社的农业科技推广现状、问题及对策研究》，硕士学位论文，浙江农林大学，2017年。

④ 林繁：《合作社参与农业科技推广模式的实证分析》，硕士学位论文，福建农林大学，2015年。

⑤ 吴建平、高剑华、邢丹英等：《农业推广及其价值链探析》，《安徽农业科学》2009年第25期，第12248—12249页。

责范围、方法及推广人员的作用等对农业推广模式加以分类，分为普通农业推广形式、培训和访问体系、大学组织的农业推广、商品开发和生产系统、综合农业发展计划、综合农村发展计划、参与式推广方式①。

日本在研究农业技术推广方面，有着非常完整的研究体系和模式分析。日本的农业科技推广体系是以政府为主导、农协为纽带、科研机构为支援的多维立体结构。② 日本的农业推广研究主要是以农业推广体系、推广运行方式、农业推广内容、推广资金来源以及推广人员的任用和培训为主要对象。日本的农业推广模式主要是以农协为核心，将政府和民众紧密结合在一起，形成自上而下的农业推广模式。农协作为日本广泛存在的科技推广组织，成员主要是当地的农民精英和推广人员。另外，日本的合作社推广模式也发展得非常成熟。日本的合作社是与农协紧密结合的组织机构，它服务于农民的生产、培训、销售和流通。总结一下，日本的农业推广研究有以下几个特点：国家与地方的统一协调；注重技术试验与推广实践；技术服务的对象为直接务农者；为改善农业生产和农民生活而全面地开展。

我国关于农业推广以及农业推广模式的研究开始于 20 世纪 20 年代，但一直到中华人民共和国成立以后，我国的农业推广以及农业技术推广都处于界定不分明的状态。③ 政府在整个推广过程当中，属于决策者和执行者的角色，占据着主导地位。改革开放以后，中国的推广体系呈现多元化，推广模式也呈现多样化的趋势，主要表现为：以政府主导的组织结构，使得私人企业和公司在数量以及规模上都处于弱势的地位；现有的推广模式大多以自上而下的动员传递为主，导致推广效果不佳。④。

中国目前的农业推广模式主要是推广项目和辐射范围，所涉及的服务模式有技术承包、技术咨询、信息服务、商业服务为代表的约束模式，

---

① 叶建利：《浙江省农业推广模式研究》，硕士学位论文，西北农林科技大学，2014 年。
② 崔春晓、李建民、邹松岐：《日本农业科技推广体系的组织框架、运行机制及对中国的启示》，《农业经济》2013 年第 4 期，第 6 页。
③ 赵文、李孟娇、王芳、王静：《探析国外主要农业推广模式及其对中国的启示》，《世界农业》2014 年第 9 期，第 134—137 页。
④ 杨凤兰、张真：《专业合作社对农业推广的作用》，《中国蚕业》2004 年第 4 期，第 60—62 页。

以及公司和农户还有民间组织形成的启蒙模式，依托于项目的模式，促进技术转化成果的模式，公司＋农户或者民间组织＋农户的模式等几种推广模式。① 项目推广模式是主要的常见类型，比如国家还有地方各级单位每年进行农业科技项目推广，并把项目移交给下级单位进行有规模地广泛地推广这种模式，操作性的特点就是没有薪酬，也就是说由政府全面负责农业技术推广的部门出资。但是这种模式也存在缺陷，农业科技成果的选择主要是由政府进行，这就容易造成对于科技成果的选择存在偏向性而不是市场性，因此导致服务的效果不理想，科技部设立的"星火计划"就是典型的项目推广模式。②

另外还有业务服务模式，是指在农业推广部门以及从事农业推广的机构开展了一系列关于材料、信息和技术的服务，并与实体经济的发展有效结合的推广工作服务。这种业务服务模式能够加强服务推广机构的经验积累以及扩大推广机构的发展空间，形成有效的良性的循环。③ 例如，西北农林科技大学的农业专家与宝鸡市政府共同建立的服务机制就是典型的综合性服务型农业推广模式，与上述项目模式不同，业务服务模式带有更多的公益性目标。④

有学者对于非政府组织的推广模式，比如各种农业技术研究协会、专业服务机构和生产合作社等进行了研究。推广模式衍生出生产前、生产中、生产以后等自助服务模式，通常来说，在这些非政府组织的推广模式当中，会形成一个风险共担和利益共享的机制。在中国，高校、科研机构、农民还有推广机构，往往自成一派自成体系，导致科研人员、农民以及推广人员三方面的脱节。⑤ 因此，在人事制度方面，三方应该打

---

① 温海蓝：《农户参与大学农业科技推广模式的行为及效果研究》，硕士学位论文，西北农林科技大学，2017 年。
② 云慧：《农民专业合作社推广农业技术的对策研究》，硕士学位论文，西北农林科技大学，2016 年。
③ 杨弯弯：《汝州市现代农业技术推广模式研究》，硕士学位论文，浙江海洋大学，2018 年。
④ 于水、黄自俭、钱宝英、袁登荣：《基于高校为依托的农业科技推广体系研究》，《科技与经济》2008 年第 5 期，第 41—44、57 页。
⑤ 叶邓军：《农民专业合作社的农业科技推广现状、问题及对策研究》，硕士学位论文，浙江农林大学，2017 年。

破这种封闭的状况，加强内部与组织之间的交流，把自上而下的推广模式改为从下向上反馈，鼓励从里面走出来解决问题的新思路。这种推广方法的尝试，是以科研和基层成果为主要推动力来实现农业技术推广新模式的形成。另外，有学者专门对依托于高校的农业科技推广体系进行研究，认为以大学为基础的农业推广体系，是以农产品市场的发展为导向，利用大学的科研优势和项目为纽带进行有关农业科技的创新与推广。[1]

一　白水县仙果苹果专业合作社农业科技推广模式分析

（一）白水县仙果苹果专业合作社基本情况

仙果合作社由最初的 10 人发展到目前，社员人数共 520 户，注册资金达到 500 万元。曹谢虎本人（合作社法人代表）出资 300 万元，白水县兴合资产经营管理有限责任公司出资 50 万元，高永宏等 13 名成员出资 150 万元。2008 年白水县仙果苹果专业合作社被评为"优秀果业协会"，2014 年合作社可仙示范区建成"白水苹果出口美国基地"；2014 年合作社打造的"虎纹"商标荣获"陕西省著名商标"，"虎纹"苹果成为白水苹果中的佼佼者。仙果合作社覆盖 4 个乡镇 24 个自然村，带动辐射 1000 余户。2012 年合作社"虎纹"牌红富士苹果取得有机认证。目前建有白水苹果形象店 2 个，全年销售苹果 12000 吨；建设的 150 亩苹果无菌苗木繁育基地，育苗 100 万株；建成储量 2500 吨冷库和 1200 平方米的苹果外贸分选车间，年外贸出口能力可达 6000 吨，每公斤 8—10 元，2016 年销售收入 2108.22 万元，年盈余 169.46 万元。

（二）白水县苹果专业合作社推广模式的概况

仙果合作社自成立以来，已形成了稳定的苹果种植、加工、储藏标准。合作社主要负责人曹谢虎多年以来从事苹果种植、加工、储藏，经

---

[1] 张树峰、王学锋：《我国基层农业推广体系创新与研究》，《安徽农业科学》2007 年第 20 期，第 6313—6314 页。

验丰富，合作社与白水县农业局、渭南市农业专家服务团、西北农林科技大学长期保持技术合作关系。已与西北农林科技大学、西北农林科技大学白水苹果实验站签订技术服务协议，协助各企业在合作社完成农民技术培训工作。同时，合作社通过引进技术研发人员，从事产品开发研制工作，依托生物科研单位，深化新产品的开发与研究，提升苹果的内在品质特征。合作社目前已经建立起依托于各科研究单位的农业技术推广体系，以合作社为平台，对社员进行农业技术的推广和新品种的介绍宣传。合作社还成立了技术服务队，每年会定时定期地对社员进行农业技术的培训和田间技术指导，主要的推广模式有"政府农技推广部门＋专业合作社＋农户"模式；"农业科技公司＋专业合作社＋农户"模式；"高等院校及试验站＋专业合作社＋农户"模式；"推广联盟＋专业合作社＋农户"模式。

1. 合作社推广农业技术的科研基础

仙果合作社每年都会派社员和站长们去西北农林科技大学进行学习和培训，针对苹果树的管理和种植进行学习。西北农林科技大学在白水县建设有苹果示范基地，当有新的苹果病虫害防御技术或者新的管理技术时，仙果合作社能够最快地学习以及运用到合作社内部农户的果园当中去，能够极大地为果农提供最新的技术和管理方案。仙果合作社重视新的关于苹果种植的研究成果，比如西北农林科技大学的苹果新品种瑞阳、瑞雪。新品种一经研究出来，合作社的负责人曹谢虎就率先更换新品种，勇于尝试最新的科研成果，并且及时与专家学者交流。曹谢虎这种积极的学习态度与学习意识，使得合作社在发展和规模扩大中抢占市场先机，获取了更多的资源和销售渠道，为合作社社员的盈利和创收创造了不可磨灭的贡献。笔者在调研中发现，目前仙果合作社内部绝大多数社员的苹果种植管理，依然在社长的带领和引导下紧跟白水苹果试验站的最新科研进展。仙果合作社苹果的品种更迭，生产过程中的管理创新与技术，都以白水苹果试验站的研究成果为导向和标杆。这种导向意识，极大地丰富了果园管理的技术手段，使得果园管理更加与科技接轨，与现代化果树管理办法并齐，带领合作社众社员少走弯路，以最便捷快速的渠道获取果树管理最前沿有效的办法。

2. 合作社技术服务的内容

在调研过程中笔者发现，仙果合作社在带领和引导社员进行果园管理方面做得非常彻底和全面。合作社尽可能地为社员提供技术服务，这其中包括：大型培训活动、社员代表培训活动、田间地头指导活动、高等院校学习、农资服务等。大型培训活动是合作社举办的规模最大的培训活动，一般以200人左右的规模在合作社的会议室举办，邀请农技站或者高校的老师来进行讲解。大型培训会一年举办三次左右，社员和非社员均可参加，是合作社规模最大的培训。社员代表培训活动仅指合作社的站长培训，合作社为了能够给每个地区的社员都提供及时有效地技术服务和技术指导，分别在各个划定好的农业生产片区选定技术好、能力强、富有责任心的社员担当站长，以便及时为周围社员服务。站长培训一般是技术性的指导学习，由合作社聘请或者邀请试验站的老师前来进行具体的指导，由站长学习然后传播技术予各社员。田间地头指导活动一般发生在春天果树疏花疏果的时候，由站长和技术人员进入到社员的田间地头现场指导社员进行疏花疏果的操作，另外还有冬天果树拉枝修剪的时候，也需要技术人员和站长前往田间地头进行现场指导，为果农提供全方位的全面的技术服务和指导。高等院校学习是指合作社每年都会派出去几名特别优秀的站长前往西北农林科技大学进行再学习和进修，鼓励站长向专业的职业农民发展并考取证书，以此来带动和激励社员的学习意识，更好地学习新的管理技术，也更主动地接受新的知识。

另外合作社还为社员提供农资服务，以往的农资使用情况比较混乱，导致合作社内部社员的苹果生产品质不一，合作社无法进行统一收购和统一管理。现在农资服务为合作社的苹果生产提供统一的农资服务，使得社员能够有渠道有选择地采取最科学有效的方式使用农资进行统一生产和管理，更有利于合作社的统购统销。

3. 合作社农技人员培训情况

白水仙果合作社特别重视社员的培训和学习指导，会定期举办果树管理和技术的培训指导。合作社还会举办技术大赛，比如果树疏花疏果比赛和果树修剪大赛，以各种形式的比赛和培训提高社员的果园管理技术，同时还能够有效地提高农民学习的积极性，更加促进了农业技术在农业生产中的应用。合作社以社员培训为核心的意识和行动力，都为社员的生产发展提供了长足有效的促进机制,使得社员能够及时获取最新最有效的前沿技术和管理手段,同时也为合作社的品牌形成和统一销售提供了充足的货源基础。根据笔者的调研观察,白水县仙果苹果专业合作社在促进当地农业技术推广方面,作出了不可磨灭的贡献,带动影响了周围的非社员农户,为西北农林科技大学的科学技术研究提供了宽广的宣传渠道,并进行有效的运用,极大地促进了当地苹果产业的发展。

(三) 合作社农业科技推广的优势

1. 农业技术获取便捷

白水县仙果苹果专业合作社,位于白水县林皋镇,距离西北农林科技大学的白水苹果试验站不过十几千米的距离,驱车前往极为便捷。交通便捷为周围地区农户的技术服务和学习提供了方便。西北农林科技大学白水苹果试验站每年会定期不定期地举办果树技术管理培训会,周围地区的果农和合作社都可以前来学习。仙果合作社也是时常组队前往培训学习和交流,这为依托于合作社的技术传播和技术推广提供了极为便利的条件。白水县位于陕西省渭南市,距离西北农林科技大学 218 千米,驾车 3 小时即可到达,这也为合作社的技术学习和职业农民培训提供了方便快捷的渠道。西北农林科技大学在杨凌设有推广联盟总站,各个地方单位和企业均可以加入联盟进行技术学习和资源共享,这也为合作社的进步与技术推广提供了服务。[①]

2. 农业技术的转化率高

苹果产业是一个更新换代比较缓慢的产业,因为其生长周期长,前期投入成本巨大,所以投入产出的时效比较长。但是,一旦新的一轮产品更新换代没有及时跟上,将会面临市场淘汰风险和损失。白水县有西北农林科技大学苹果试验站,早在 2005 年,试验站建设成功,是目前国内唯一的苹果专业试验场站。白水苹果试验站的设立为县内的果民们提供了大量最新最前沿的科研成果和技术指导。

将新发明的产品和技术转化成具体的科技成果进行推广是一项艰巨

---

① 李同昇、罗雅丽:《杨凌示范区农业技术推广模式分析与优化途径》,《西北大学学报》(哲学社会科学版) 2007 年第 1 期,第 11—15 页。

且复杂的工作，在这期间，需要各个推广部门的配合和协作，才能很好地发挥效益。由于苹果产业的独特性，尤其是新产品的研发需要耗费巨大的人力、物力和时间，苹果品种的更新换代也同样需要较长的时间。一方面，果树由幼苗生长发育到挂果产生效益起码要三四年的时间，没有一定的经济基础和勇气，果农一般不会采取苹果品种的更迭。另一方面，农民的知识水平有限，没有足够的风险承担能力，很难进行快速有效地品种更换和新技术的采用。而在市场的潮流中，一步落后将会带来的损失同时也是不可测和不可估量的，合作社的出现，能够很好地缓解这一问题的矛盾。白水苹果专业合作社是社员入股制的合作组织机构，社员加入合作社以后，能够最快接触到最先进的管理技术和最新的培育品种的信息。合作社的社长和理事长都是果树管理的能手，他们对于苹果市场的把控要优于社员，加之仙果合作社的社长本身就是新品种的直接受益人，社长本人果园的收益和新品种的带头示范作用能够极大地鼓舞社员进行新品种的尝试与改变。笔者在调研中发现，仙果合作社的社长早在2007年的时候，就已经开始种植西北农林科技大学苹果试验站的新品种瑞阳、瑞雪，合作社至今已经发展成完整的拥有独立品牌的苹果产业，包括生产、管理、营销、库存、物流。在社长的积极带动和效益吸引下，社员逐渐乐于尝试新品种，以期能够获得更好的效益。同样，新的管理和培训技术也在合作社的带领下和技术服务下，走进了社员的田间地头，帮助他们更好地开展生产活动，以高标准高要求，生产出符合合作社统一销售品质的苹果，既带动了社员的积极性，也增加了社员的收入，扩大了合作社的产量。

3. 容易形成多模式聚合的推广体系

我国目前的推广模式还处于多元化的雏形阶段，各类型推广组织之间缺乏足够的沟通，尚未形成行之有效的组织聚合。按照现阶段农业推广实践经验来看，我国目前主要的推广模式包括：以政府部门为主体的合作农业推广，以高校为主体的合作农业推广，以科研院所为主体的合作农业推广，以自助型组织为主体的合作农业推广，各推广模式之间由于主体和对象不同，很少开展合作与相互影响。同时由于各推广组织的动力来源不同，使得推广模式的融合变得比较困难，利益驱动下的推广主体也有着不同的目标和需求。行政型的推广主体为促进农村经济的长足发展,同时完成上级的任务目标;教育型的推广主体为促进教育和科研水平的提高,同时增强科研实力,培养更多的科研人才,提高学校的声誉和社会地位;科研型的推广主体为推动农业科研水平与技术的提高,同时深化农业基础研究,实现科技成果的经济、效益化;企业型的推广主体为求企业的利益最大化,同时扩大市场占有率,提高企业竞争力。

各推广主体由于不同的需求和目标使得他们难以在推广过程中深度交流和协同促进。而这种现象在仙果合作社发生了新的变化,仙果合作社的负责人曹谢虎是一位极其好学和有经济智慧的农民企业家。他在成立合作社以后,继而成立了仙果为农综合服务中心,发展了本人名下的企业注册了苹果品牌。曹谢虎个人也是生产管理苹果的高手能人,是职业农民,所以不论是在政府推广层面,还是在学校教育推广层面,又或者是在企业和科研机构的推广层面,他都能很好地结合自身以及合作社,把资源和信息整合为己所用,从而为各个推广组织的结合起到了促进作用。比如他能够把苹果试验站和西北农林科技大学的学习相结合,又能够利用自身的企业传播和政府农机推广站的配合共同服务于合作社社员的生产活动。合作社所能提供的平台给了各种推广模式相互交汇融合的机会,让白水地区苹果产业相关的产品和技术推广得到了更加充分地普及。因此,依托于合作社的农业推广,在聚合推广模式层面上来说,是具有借鉴意义的,在促进合作社本身产业发展的同时,能够对各种推广模式进行实践、考察,也给研究新产品和新技术的实践带来方便快捷的实验机会,有利于合作社和各推广组织互相促进、互相学习。

4. 信息和技术传播速度快

农业推广在农业发展中占据着非常重要的位置,从科学技术的角度来说,农业推广的有效实现加速了农业的科技进步和生产方式的转变,从现阶段我国农业发展角度来说,农业技术的有效推广是进一步促进我国成为农业大国、农业强国的有效途径。科技变革和新技术新产品的应用都离不开行之有效的农业推广。在以往的农业推广中,主要有以下几种基本的传播方式:个别指导法、集体指导法、大众传播法,每种推广方法都对应有不同的推广对象和功能。个别指导法适宜于针对普通农户的调查访问及网络查询;集体指导法适用于进行短期培训和方法示范;大众传播法适用于电视、广播、杂志等。农业推广中的新技术和新产品,科研不易，推广更是阻碍重重，那么依托于合作社的农业推广就凸显出它的整合优势。在合作社中，由于多种推广模式并行，形成多模式聚合的推广体系，使得合作社可以开展多种推广方法，不论是进入田间地头进行一对一的个别指导还是集体组织进行培训，抑或是发印学习小册子，都是被社员和广大农民朋友所接受和认可的，并且都能形成有效的组织形式。合作社主导型的农业推广还因为其深入社员农户中，因此在农村地区具有一定的说服力和地缘优势，更容易获取农户的信赖，加速信息知识和技术在农户间的流通传播。因此，笔者认为仙果合作社在促进苹果产业新品种新技术推广方面做到了积极有效的带动作用，加速了白水实验站科技成果的转化和技术传播，为试验站的科研注入了实践基础。

（四）合作社农业科技推广模式运作机制

1. 组织管理机制

组织是相对静态的组织实体和动态的组织活动过程的统一。农业推广的组织是为了实现特定的农业推广目标，执行特定的农业推广职能，为了使组织能够更好地服务于推广任务，组织负责人要对组织进行科学合理的管理。农业推广的组织一般都会受到外部环境的影响，比如社会环境对组织的作用，社会作用对组织进行影响和作用，也称为宏观环境。同时，农业推广组织的内部环境也会影响组织的运行，比如组织的内部条件和氛围以及物质文化都会对组织的管理和运行造成影响。另外，农业推广组织的内部结构和运作过程都会对组织的推广活动造成影响。

结合农业推广组织的特性，笔者对仙果合作社的组织管理外部环境和内部环境以及组织结构进行了剖析。仙果合作社的农业推广组织主要构成有社长、理事长、站长、社员，人员构成简单，层次比较单一。在进行农业技术推广的时候，仙果合作社具有号召力极强的外部环境，由于社长所种的新品种的带头示范效应，白水苹果试验站和西北农林科技大学的专家、学者、教授以及政府推广部门都会对合作社率先抛出橄榄枝，这在合作社中形成了极为有利的资源获取渠道和快捷的技术指导。合作社的推广组织所处的外部环境无疑对推广活动和推广内容有着极大的促进作用的，合作社的社长理事长及部分站长经常前往西北农林科技大学进行职业农民培训和学习，对于新品种和新技术的掌握处于领先地位。因此，合作社组织开展农业技术推广可以达到很好的社会效应。关于合作社内部的环境，主要由合作社内部的条件氛围以及物质文化所决定。社长、理事长及部分站长职业农民的身份对合作社推广组织内部的影响是非常正面积极的。仙果合作社在社长曹谢虎的积极带动下，能够勇于创新接受改变，对新技术、新产品抱有强烈的学习和应用意识，并能够把这种良好的态度和风气带到各社员的生产活动中去，整个合作社推广组织呈现出一种好学向上乐于分享的气氛，这也对依托于合作社的农业推广活动创造了良好的环境，为农业技术的推广提供了广袤的传播土壤。

组织的内部结构，也是影响合作社农业技术推广组织的关键。仙果合作社人员构成简单，但管理却不简单，由社长和理事长亲自带队挑选的站长，不但负责向社员提供生产技术服务，同时还负责对社员的教育和培训。每一个站长都是合作社在长期的生产经营中发掘培养的技术骨干和农民精英，选择他们为社员服务以及推广教育，不但可以在技术传播途中降低技术失误的可能性，同时还能带动普通社员学习并保持进步意识，让他们向优秀社员学习，向优秀的农民精英看齐。综上，仙果合作社在推广的组织管理和实践活动方面切实做到了科学化管理、做到了系统的推广，为整个白水地区依托于合作社的农业技术推广模式做出了表率，向农业技术推广的发展提供了宝贵的实践经验。

2. 人员管理机制

好的组织离不开有效的人员管理制度，仙果合作社下设镇村两级服务组织，镇设中心，村设服务站，服务站成员由农民个人提出申请，合作社考察聘用；服务站（点）长由个人提出申请，成员推选，"中心"考察任用。以上人员聘期为三年，合作社对聘期人员每三年进行一次考核，考核合格的可以继续聘用。在工作中有创新、成绩突出的管理培训人员，前十名会给予奖励，并纳入年终奖励和下期聘用考核范围。合作社与乡镇实体店实行股份制管理，服务业绩按股分红。合作社办公人员实行公开招聘制，严格招聘程序，任人唯贤。合作社负责为所有成员建档立卡，为实行中长期服务做好基础工作，成员人数达10人以上设立村级服务站，成员人数5人以上10人以下设立村级服务点。成员被吸收为村级服务员应交纳股金500元，村级服务站（点）长交纳股金1000元。层级分类明确地推广组织，在执行推广业务和技术服务的时候，能够有条不紊地进行，同时这种层级制度分明的组织，更有利于合作社进行统一的监督管理，对社员来说也是具有激励作用的，在推广任务的进展中，责任分工明确，推广范围清晰，更能形成较为系统的推广局面。由于苹果树的管理技术纷杂，在进行技术和新品种推广时，有秩序的人员管理和制度分配能够大大地提高各站长和农民精英的工作效率。

3. 技术服务机制

普通意义上的农业推广经营服务包括公益性服务和经营性服务两个方面。普通意义上的农业经营服务泛指农业推广中发生的经营性服务，体现在推广人员在推广过程中为用户提供的农资和农产品流通服务，以及在生产环节和农家生活等各方面的服务。尽管广义的农业推广服务经营涉及为用户提供生产性和生活性两大领域的服务，但现实中主要还是以生产性服务为主。仙果合作社属于公益性服务和经营性服务相结合的农业推广经营服务模式。① 具体的技术服务机制是以合作社的果园托管为切入点，坚持规模适度、功能完备的原则，打造拓展果园托管"统一质量标准，统一农资供应，统一技术服务，统一生产管理，统一收购销售"的"五统一"托管服务新模式。

合作社为了形成自己商品数量庞大的产业链，在对社员进行技术服务和指导时，引导社员培育与合作社要求的品质相同的苹果。所以，合作社技术服务的目标就是统一管理，标准化管理，形成质量统一的苹果产品。例如合作社购置大型先进农业机械，整合社会农机，形成规模化服务能力，并陆续开展农机展示、销售、租赁、维修等业务。农资直供能发挥合作社农资经营优势，合作社开展集中采购、统一配送，采取直配直供业务，把质优价廉的农产品物资送到农民身边，发挥合作社农产品经营优势，配置利用农产品加工冷藏设施，搞好产销对接，拉伸服务链条。② 统防统治则是购置自走式喷药机械和飞防设备，开展病虫害统防

---

① 高启杰、姚云浩、董杲：《合作农业推广模式选择的影响因素分析——基于组织邻近性的视角》，《农业经济问题》2015 年第 3 期，第 47—53 页。

② 包根潮：《让农业成为有奔头的产业——记浙江省东阳市碧得丰粮食专业合作社理事长王美君》，《中国农民合作社》2017 年第 8 期，第 61—62 页。

统治服务,积极参与区域性绿色防控等政府购买服务项目。农民培训是指面向农民合作社社员、果农大户、农机手等开展新型农民合作知识和生产经营专业技术培训,增强农民的合作意识,加快农民合作社发展步伐,提高为农服务队伍的服务技能,打造职业农民队伍。综合服务是指通过以上的统一技术服务,合作社能够把社员的力量整合起来,形成自己强大的产业数量,使得合作社的苹果品牌在市场上更有竞争力和优势。

4. 利益分配机制

白水仙果合作社实行股金分红制,服务站(点)、成员服务费由组织农民培训、物资推介和吸纳资金等绩效共同构成,采取积分年终返现或提供购物卡、优惠券等方式兑现,1个积分等同人民币1元。乡镇实体店服务费由入股股金分红兑现。合作社员工及所有入社社员均可发展辖区新社员入社,并按照入社股金金额1.5%(推荐)对介绍人一次性计提绩效工资,年末决算后发放。社员存入互助金的介绍人,按照合作社支付给社员互助金一次分红的50%计提绩效工资,按月考核年末兑现,每人每月补助人民币50元。绩效报酬由组织农民培训、物品推介、资金吸纳及成员工作量等共同构成。对在全年工作中有创新、服务效果明显、组织管理有方的前十名站长给予奖励,在服务期间贡献突出,纳入年终奖励和下期任用考核范围。社员入股,必须以货币形式入股,股金依个人经济而定,但最低为500元。

成员加入股票合作问题的股权证书,作为成员为所有股权和分红获利的基础。成员可以共同认购股份,共同认购应该选择一个成员并履行其相应的权利和义务。董事会批准后,成员可以在公司完成提款手续,并收回"会员证书",该公司的股本将在两个月内,年终汇算清缴后退还。

5. 激励监督机制

依托于合作社的农业推广组织在进行监督管理时,与以往其他的专门化的推广人员管理存在很大的差异。一般对于推广组织人员的管理需要包括人力资源、招聘解聘、人员甄别、定向、员工培训、业绩考核、职业发展及晋升与福利、员工关系与工作条件等。但是由于合作社是农村集体组织,具有地方特色和农村地缘化影响,所以在定向和职业发展以及工作条件等具体的组织管理中,弱化了这几类的管理监督机制。合作社由仙果合作社法定代表人社长牵头负责整体管理和运营，供销联社负责指导和监督"中心"的业务工作。合作社设有为农综合服务中心（简称中心），中心设主任1名，下设农技、农资、农机、生产、加工、销售等专业服务队，各设部门负责人1名。

在人员甄选方面，由于苹果产业服务的独特性，合作社会优先从社员当中选取优秀的职业农民和技术能人进行培训，然后由社员自己申报岗位。一般来说合作社能够提供的岗位包括站长、技术指导员、服务队等具体操作性的岗位，筛选骨干人员以后，针对服务内容和要求，组建专业服务队，进一步提升服务能力和水平。同时，坚持"有偿服务和无偿服务相结合"的原则，对于成为技术骨干和服务队的社员进行更多的技术培训，加强团队建设和管理。制订培训计划，一般都是根据苹果试验站的技术指导进行培训，或者依托于西北农林科技大学的专家教授，有频次地有针对性地对推广人员进行特定的训练。同时，在管理层级上重视管理人员的结构组成，合作社为了加强组织领导，形成以总经理、技术骨干和职业农民为核心的中心工作领导小组，加强对合作社的建设及推进信息进行动态管理和监督，强化政策支持，同时积极争取政策支持。

另外除了监督管理，还会定期举办修剪大赛和表彰大会，对社员进行股金分红，对合作社的技术骨干进行择优评选，在大会上表彰，给予物质或现金奖励。表彰大会一般定于每年的8月份，正是一年当中果农务农相比较而言农活简单的时候，春季较多施肥疏花疏果，冬季较多修剪枝条，秋季忙于秋收和采摘。因此，合作社定于每年8月份进行年度总结和表彰大会，对往年的社员进行股金分红，对在农业技术推广及服务中表现出色有突出贡献的技术骨干进行表彰。综上，白水仙果苹果专业合作社能够基本做到推广服务管理完善，推广过程监督有效，推广成果奖励分明。

（五）白水县仙果苹果专业合作社主导型农业科技推广模式实践

1. "政府农技推广部门+专业合作社+农户"模式

随着农业的发展和农业技术的不断创新，我国的农业推广项目迎来了更多的机遇和挑战，越来越多的新兴农业技术被用于农业生产和农民的生活当中，农业推广则在这其中起到了关键性的作用。目前我国的农业推广结构是，由政府领导，分层级自上而下派专门的农业技术推广人员在农村和农民生产生活地区进行农业技术的宣传和教育，为新的农业技术的传播和农业技术的学习创造了有利的条件。本书着重研究的是依托于农民专业合作社的农业推广模式，包括：政府的农业技术推广部门和农民专业合作社，还有农户三方结合形成的推广模式。以白水县仙果苹果专业合作社为例，仙果合作社自成立以来积极密切地与政府的农业推广部门进行合作交流，切实做到了及时有效地进行农业技术的宣传与学习，主导农业技术推广的范围和进程。合作社通过政府农技推广部门对合作社主要技术人员进行培训指导教育，然后再由合作社主导组织学习和培训，对合作社的社员农户进行再学习和再教育。合作社这种自上而下的体系，有效衔接推广部门和农民上下游，将新的农业技术和研发的新农业产品推荐到农民和农户生产生活当中去，有效地提高了农业技术推广的效率。此种推广模式以合作社为平台主导进行，以政府的推广部门为依托，自上学习政府农业推广部门所要推广传播的农业技术，自下对农民进行了农业技术知识的普及和教育。这种推广模式使得农业技术推广的范围变大、渠道变广、更新速度变快，更有利于农户接受和学习到最新的农业技术手段，以及了解到最新的农业产品。

2. "农业科技公司+专业合作社+农户"模式

除了政府的农业技术推广部门之外，合作社逐渐形成了一种新的推广模式，即由农业科技公司、专业合作社和农户三方结合的推广模式，而白水县仙果苹果专业合作社在农民的生产生活中扮演的主导农业技术和发展方向的角色则完美地展示了此种推广模式。白水县仙果苹果专业合作社成立后，法定代表人曹谢虎相继成立了白水县仙果苹果专业有限责任公司，公司负责人在管理合作社的同时，本身也属于农业销售科技公司，主营业务有虎纹苹果以及农资销售。不同于传统意义上的农业技术和农业产品的推广，农业科技公司可为农业推广带来农业销售模式的推广和农业销售渠道的推广。合作社的农业生产与公司的农产品销售和农资服务成配套体系，并能够对苹果产业的发展和农业技术及新品种进行很好的市场反馈。以农业科技公司和合作社主导组建的平台形成的推广模式使得专业合作社和农民能够更大程度地获得农产品销售的经验以及销售的渠道来源，有利于农产品进行更好的贸易，从而促进专业合作社和农户的经济效益。

3."高等院校及试验站+专业合作社+农户"模式

成立于2005年的西北农林科技大学苹果试验站是中国唯一的苹果研究站，按照学科交叉、国际高水平的目标，集成果树学、食品科学、植物保护、资源环境等学科优势，构建科技创新平台，围绕我国苹果业可持续发展的重大理论和关键技术问题，凝练形成种质资源与遗传育种、砧木选育、优质高效栽培、质量安全等研究方向。[1] 试验站促进苹果学成为国际一流学科，为陕西及甘肃地区的苹果产业发展作出巨大贡献。

2009年苹果试验站重点抓"1乡2村5点"，即收水乡的有机苹果示范；尧禾镇丰乐村的"公司+农户"示范点，北井头乡上徐村渭南市市长示范点；5个点分别是苹果试验站附近的杜康石狮点、林皋乡可仙点、杜康镇冯家塬点、冯雷镇耀卓点、雷牙乡东方城点。苹果试验站服务全省苹果产业，继续进行苹果基地县果农技术骨干的培训。

仙果合作社位于白水县林皋镇，距离白水苹果试验站10千米路程，合作社与苹果试验站建立了长期的合作关系。仙果合作社每年会在苹果培育的关键点派技术服务队前往试验站学习取经并邀请试验站专家来合作社培训指导。合作社在试验站技术的传播和农民对技术的需求方面搭建了一个有效的平台，农民可以通过合作社获取和享受新的农业技术指导以及农业技术方面知识的普及。由合作社主导并牵线搭桥的农业技术传播，在降低了试验站宣传推广的成本同时，节约了农民获取信息知识的时间成本。果树管理的时效性很强，比如每年的疏花定果以及除虫妨害都有时间限制，一旦错过有效期，会对果子的产量和质量带来影响。试验站信息技术的及时性大大提高了农民的生产效率，降低了技术更新带来的时间成本。另外，合作社还参与西北农林科技大学的技术指导和学习教育，合作社每年会选派农业技术服务队的成员以及有志成为职业农民和农民精英的社员前往西北农林科技大学进行学习培训接受关于苹果种植和果树管理专业的农业技术教育。

---

[1] 南利菲：《试验示范站发展研究》，硕士学位论文，西北农林科技大学，2018年。

4. "推广联盟+专业合作社+农户"模式

白水苹果专业合作社在参与试验站的同时，还主动加入了"瑞阳瑞雪推广联盟组织"（以下简称联盟），在联盟里可以有效地学习和获取种植办法与销售渠道，能够更好地主导合作社地区苹果种植的技术和品种的发展方向，同时能够更快速高效地为合作社和社员们服务。联盟主要是由两种自主研发的苹果品种主导形成，分别是瑞阳、瑞雪。瑞阳、瑞雪苹果品种是由西北农林科技大学的赵政阳教授团队于2015年育成具有完全自主知识产权的优质苹果新品种。[①] 在我国苹果产业结构调整的关键时期，西北农林科技大学为使其尽快健康有序地推广并加快成果转化，让更多生产经营者受益并有效地进行品种产权保护，并根据苹果品种结构调整优化需要，结合以往推广经验广泛征求多方意见，采用新思路、新模式组建了"瑞阳瑞雪苹果联盟"，该联盟于2017年9月29日在西北农林科技大学成立。

联盟理事长单位为西北农林科技大学，品种选育人赵政阳教授担任理事长，陕西杨凌瑞果农业科技有限公司为秘书处单位。瑞阳、瑞雪苹果种植、经营、服务相关企业及合作社共同组建了该全国性联盟组织，这也是国内首个苹果品种推广、协作联盟。联盟现有常务理事单位15家，理事单位27家，遍布陕西、甘肃、新疆、山西、山东等苹果优生区，包括从事苹果苗木繁育、种植、营销及服务的相关企业、合作社。仙果合作社作为联盟的一员在苹果生产和销售的过程中，能够有效利用可仙点的推广联盟，进行瑞阳瑞雪苹果的技术学习和获取销售渠道。加入联盟的会员有关于瑞阳瑞雪的生产管理和销售信息的共享服务。仙果合作社在联盟中获取的资源与信息，通过合作社平台的主导作用对社员进行传播，使得联盟的作用和影响力在农民的生产经营中得到了扩大和提升。农民可以通过合作社的平台学习了解瑞阳瑞雪苹果的种植情况、苗木售卖点、苹果管理经验、种植技巧和销售方法，有助于合作社在促进自身经济效益发展的同时，带动农户与合作社一起进行统一管理，促进品牌苹果的形成。

---

① 赵政阳、高华、王雷存：《晚熟苹果新品种——瑞阳、瑞雪》，《科学种养》2018年第3期，第56—57页。

二 合作社主导型的农业科技推广模式
存在的问题及原因

(一) 合作社主导型农业科技推广模式践行中的问题

1. 农民的认知水平有限

笔者通过对白水县仙果苹果专业合作社农业科技推广项目的研究发现：合作社在促进农业科技推广方面做出了非常多且全面的贡献，但是推广的过程当中依然受到了一定的阻碍，这种阻碍程度一般来源于以下几个方面。农民的认知及接受程度不足，农业科技推广在非社员农民中的深入程度不够，融资及果树管理办法难以在农户中统一，推广新品种的风险得不到控制，以上四个原因当中，农民的认知及接受程度不足是比较难以改善的一个原因。

陕西历来就是苹果种植的大省，白水县的农民也多以苹果种植为主业。因此，当地农民对于苹果种植和管理有着一套独特而传统的认知以及操作的办法。所以当新的技术和新的产品对他们以往的苹果产业进行冲击的时候，农户们一时间难以做到全面地判断接受并正确地认识这个事情。思想比较开放，比较有先见的农民会尝试着去了解新品种和新技术，从而更好地接受农业科技推广所带来的新产品从而从中获益，但仍有一些农民对于这种外来的新的农业科技技术和产品持有抵抗和反对情绪。近年来，由于我国大力支持农业农村地区农业科技技术的推广和传播，农民在认知以及教育程度方面已经得到了极大的改善，但是仍有一部分农民由于自身的原因和所处环境的限制，对于新的农业技术推广以及即将到来的新的农业生产模式，不能够很好地接受。

案例1：赵先生，65岁。目前只有3亩玉米，1992年开始栽种秦冠、红星和富士，目前有1.56亩的苹果地。赵先生育有两儿一女。大儿子在家，小儿子外出打工了。没有加入合作社的原因是因为加入合作社要钱，自己不愿意出钱加入合作社。思想程度不够先进，苹果树管理和剪枝也学不会，都是在乱剪。苹果树管理也没有什么效益。平时的管理也是跟风管理，一点都不科学，打药的时候是叫别人来打药，用的是别人的私人机器。对合作社的态度和看法是合作社只管帮忙剪枝，因为合作社有自己的修剪服务队，本人对于合作社的一些情况也不是很了解，因为自己没受过什么教育思想比较保守一点，对于这种新的农业技术合作社和这种模式不能够很好地认可。没有听说过瑞阳、瑞雪，但是提及自己大儿子应该知道一些。过去一年的果园管理成就是，去年一共套了6万苹果袋儿。卖了2万块钱，1斤是1.6元。300斤的次果，卖了0.5元/斤。今年一共套了1.3万个苹果袋儿。对苹果管理这一块儿的认识比较少，也不想去接触更多的管理知识，或者说是技术知识。平时的果园种植都是在瞎管理、瞎种植，去年让大儿子接管了三亩地苹果树，自己现在也不怎么务农。大儿子在接管了果树以后，不知道他怎么管理的，也没有参与进来，小儿子现在还没有结婚，也不想回来种植果树，所以对于果树管理没有什么想法，也没有什么诉求。

2. 推广模式对非社员农民的影响较低

白水县仙果苹果专业合作社成立以来，主要服务于社员、社长、理事长等内部人员。一般只有加入合作社的社员和合作社的主要核心领导层，可能享受合作社提供的农业技术以及新的产品，具有一定的局限性和条件的。只有加入合作社，成为合作社的一分子，才能有资格、有机会获得合作社为社员提供的农资、信息以及技术培训、技术指导、统购统销、贷款、赊销等服务。技术服务这方面，合作社有专门成立的服务队，由专门的职业农民、精英农民组成，是一批具有高超技术手段的果树管理人才队伍。人才队伍对合作社社员进行不定期地、关键的技术培训和技术指导，但是一旦脱离了合作社，比如说没有加入合作社的农民，他们就不能很好地利用合作社这一平台对自己的农业技术以及新产品的发展起到帮助作用。非社员农民一般会处在合作社信息以及技术的边缘，只能够通过邻里街坊之间进行一些简单的技术传播和接触，并不能够完整地全面地及时地受到有效的农业技术科技的帮助，这也正是推广的全面性的问题的存在。

案例2：高女士，48岁，种植有果树6亩，其中秦观4亩，富士

2亩，西瓜1亩。苹果种植从1992年开始，已经种植28年了。有一个女儿25岁，一个儿子22岁，家里有一个老人，是87岁的老母亲。女儿在西安打工，儿子在专科学校学习。自己多年以来，对于果树的管理，都是自己一个人在摸索。果树管理全部由自己和老公两个人完成。他们每年果园的肥料能够花费五六千块钱。打药花费500块钱。修剪果树是老公自己跟姐夫学的手艺，都是自己完成果树的剪枝。去年套了5万块钱的袋儿，卖了12300元。孩子是贷款上的学，孩子勤工俭学自己还贷款。帮别人修剪果树是一天100块钱到120块钱。自己在林皋附近种植苹果这么多年了，没有听别人说过有什么瑞阳、瑞雪品种，也没有见过这个新品种。只是平时跟着合作社得到了一些关于果树的基础性的指导。别人去到合作社学习，完了以后因为他们自己不是合作社的社员，所以就跟着别人到地里去现场看一下、学一下。学多学少也无所谓跟着别人看一看、学习一下，没有其他的渠道。有时候问两句自己不懂的地方，别人也说不清楚，回去以后还是自己摸索着种苹果。

3. 农资及果树管理难以统一

根据笔者的调查，苹果产业过程当中有几个比较重要的农资以及管理环节。农资及果树管理，直接影响到果树的成长以及果实的生长和发育。所以说，农资和果树是苹果产业里生产环节当中比较重要的两个环节。但笔者调查的结果显示，合作社社员以及周围农户的农资使用比较混乱和分散，没有具体科学的选择依据而是根据自己对农资企业和经销商的了解或者跟风周围邻居进行农资使用，在苹果的农资使用情况里难以做到安全、科学的统一。

根据专家学者的意见，只有一部分经过检测和实验的农药农资是适合苹果果树生长发育的，这个时候就很难对农民提供统一的农资方面的建议，他们会因为各种因素而倾向于选择不同的农资，这导致整个地区的苹果果树在生长发育的过程当中，吸收到不同的农药化肥，影响地区果树品质的统一。合作社是把农民聚集在一起，生产同一标准同一质量的苹果为核心的组织机构。合作社把社员生产的苹果收归到自己名下以自己的品牌进行统一销售。农民在农药、化肥使用方面不能进行统一，导致后期苹果果质的不同,就会影响和减损与合作社合作出售的苹果质量,从而导致整体质量下降或者质量不均等问题,影响合作社的统一销售,进而影响合作社的经济效益。

除农资方面,果树管理也是一个比较难以统一的点,农村经过这么多年的苹果产业的发展,涌现了一批农民精英和比较优秀的农业技术人员,他们对于果树的管理都有着自己的一套办法。但是,农民自身的这一套办法没有经过专家学者的科学认定以及统一。农民在管理过程当中,会优先采用自己认为非常好的优秀的经验,从而不去学习或者拒绝学习推广人员给他们提供的新的管理办法。果树的管理一般体现在春季的疏花疏果以及冬季的修剪枝丫的过程当中。苹果花儿的疏密,以及果子的疏密,还有冬季剪枝的技巧都会直接影响果树的生长发育和苹果的品质。所以,苹果树的管理,对于苹果果品和质量的统一也是比较重要的一个环节。因此,合作社希望农民能够对果树进行统一化的管理,但在这一个进行当中,也受到了阻碍,部分农民认为自己的果树管理经验非常的优秀,根本不需要学习其他的管理经验。

案例3:秦先生,48岁,初中学历。种植果树有20年了,家里现在有4亩果园,去年卖了15000斤的苹果,共卖出去3万块钱。平时会参与农业技术推广的会议,听赵政阳老师的课件。觉得自己的农业技术使用得非常好,果园管理都采用的是有堆存化肥。同时也指出,果农都是根据自己的种植习惯进行果树的管理和农药化肥的使用,再加上农药化肥市场比较混乱,害怕买到假的,所以他每年都听课,每年都进行多方面的比较,但是心里有时候还是没底。他也知道合作社,但是并没有加入,因为对合作社没有足够的信任。自己的果树已经20年了,虽然面积不大,但是种植管理得非常的好。他通过看书,果业局发的关于苹果种植的书。对于瑞阳、瑞雪还是了解的,但是因为现在流转土地比较难,想提高果树的投资但是又不愿意流转别人的土地,所以没有进行瑞阳、瑞雪新品种的推广。对于政策方面,认为政策不好,现在的水利工程灌溉项目没有得到很好的实施,农机站的设施也不行,对农业生产管理造成了一定的影响。企业的作用比较大,政府对于自己的果树管理没有起到什么样的作用。自己是残疾人，而且有四级残疾证，但是并没有拿到什么关于残疾的补贴，申请贫困户也比较难以办理。

4. 农民的抗拒心理较强

白水县仙果苹果专业合作社社长采用的是苹果试验站研发出来的新品种瑞阳、瑞雪。但是它的社员们只有一部分采用了这个新品种，一般的农民由于对新品种不了解，不会轻易地去尝试新的苹果品种的栽种，这也是推广苹果新品种的一个阻碍。另外在技术采用方面，由于苹果树的技术效用需要经过至少一年的苹果生长周期，所以农户对新的种植技术也是采取保守的使用态度。只有让一少部分的乐于尝试新品种和新技术的人种植使用了，并取得了极好的经济效益以后，才能够对广大农户起到带动作用，促进更多的农户去尝试栽种新的苹果品种以及采用新的管理办法和新的农业技术手段，从而起到一定的推广效益。因此，苹果新产品推广过程当中应该首先对农业大户以及农业企业家进行部分的新品种推广，如果成效显著，经济效益比较好，再进行全面的新品种的推广。对于农业技术而言这个周期可以缩短一些，因为技术的采用效用实现比新品种的实现周期要短。总体而言，根据笔者的调研情况，农民对于新的农业技术和新的农产品品种普遍存在推广初期的抵抗心理。值得注意的是，对部分年轻的农户和从新品种中获利的种植老农户来说，对新品种和新技术的采纳态度要明显积极一些。

案例4：李先生，60岁，种植有9亩的果园，其中富士8亩多，果园的5亩富士苹果才开始挂果。自己的果园都是1990年的老果园。去年一共投资了10000元。今年投资了15000元。老婆今年59岁，有两个孩子，老大35岁，在中铁二十局上班，老二29岁，回来帮忙管理苹果。自己对于专业合作社的态度是拒绝的。因为感觉合作社的风险比较高，自己不愿意听合作社的，听说过新品种。自己的果园已经准备挖掉重新种植新品种，但是还有对于果品的品质适应的气候等多方面的担心。因为瑞阳、瑞雪从开始种植到挂果，一定要四到五年的时间，所以自己还在了解的阶段，并没有着手开始种植。现在的情况是谁种了瑞阳、瑞雪就跑去找谁了解，多了解一下，因为自己对于新品种在市场上的效果，自己心里很没有底。采用的化肥是复合肥、农家肥、油渣，因为农药化肥市场比较混乱，电商一般都采用的水溶肥。自己平时会去白水县听培训会，有关于果树修剪的，听一下，有关于农药化肥的就不听他们的，因为感觉他们讲的不符合自己果园的实际情况。

（二）合作社主导型农业科技推广模式实践中出现问题的原因

1. 农民的受教育程度较低

我国是农业大国，务农的农民人口数量占据了非常大的比例，农民的文化素质以及教育都受到了一定的制约。农民的认识和学习能力相比较一些受过教育的社会人士来说略有欠缺。因此，在科技推广的过程当中，与农民的沟通交流会出现因为认识和接受程度不足导致农民不能够很好地接受新的农业技术以及新的品种的现象。农民们习惯以自己固有的认知和历史经验来进行判断，而不善于接受新的知识和科技，对于新科技和新技术带来的风险，他们也承担不起，所以笔者认为农民的认知及接受程度不足。这种问题发生的原因一方面是由于农民自身的文化素质教育程度不够，另一方面，笔者认为农民的趋利避害性较强，他们自身抵抗风险的能力较弱，一般来说不会去采取或者从事风险较高的活动。有关于推广对象的文化素质以及教育这一方面，农业科技推广学中认为，科技推广的主要过程是以新技术和新产品以及精心研发的知识宣传为主，其中对农民的再教育也是非常重要和关键的一个环节。

2. 推广人员及社员的普及意识较弱

合作社不是政府机构，它是农村社会自治组织，依托于合作社的农业技术推广，还存在被边缘化的农户不能很好地接受农业技术推广教育的问题。合作社的技术服务组织首先是为社员和管理者服务的，周边农户没有加入合作社的，就没有很好的渠道和机会学习到和了解新的农业技术和新品种。笔者认为，这是相关推广人员的农业科技普及意识较弱导致。以合作社为平台成立起来的技术服务队，是由优秀的农民精英或者职业农民组成，他们是果树管理种植方面的佼佼者，但对于推广知识和推广技巧以及推广人员所要求具备的素养是相对缺乏的。合作社虽然没有义务对非社员进行技术推广和服务，但从整个地区苹果产业发展的角度和合作社扩大社员壮大产业规模的角度来说，对非社员进行适当的农业技术的推广和培训是有益的。合作社对非社员的农业技术普及有助于他们加深对合作社苹果产业的认识，促进合作社与非社员之间的交流，也有助于普通农户紧跟苹果产业发展的前沿技术促进自己的生产管理。因此笔者认为，非社员难以接受到合作社推广组织的及时指导和知识普及原因在于合作社农机推广组织中的精英社员缺乏对周围人的科技普及意识和互相交流学习的传播理念。

3. 农资市场的混乱

笔者在白水县合作社调查发现，苹果树生产管理的农资这一方面有非常多的农药化肥厂商，他们会与农民建立一个属于他们自己的购买链体系，比如说通过赠送的方式让农民使用自己家的化肥，从而产生后续的购买。而大多数的农户在这种免费给予的活动当中不能够很好地识别哪一些农资适合自己的果园、果树。施用什么样的农药化肥，农户多处于一种不清楚、不明白、跟风的状态。农户经常是周围的邻居以及亲戚使用了哪一种农药农资，他们就会跟着使用，缺乏自己主观的判断。现在的农药公司、化肥公司比较多，农资市场的混乱对农民造成的冲击也比较大。农资混乱的局面形成一个村庄甚至一个地区有多家农药农资企业，他们纷纷与农民进行交易，结果导致农民之间所采用的农资也是大不相同。

4. 农民对市场风险的规避

对于苹果产业来说，苹果的生长周期比较长，从开始栽种树苗到真正的挂果，能够产生经济效益最少需要三到五年的时间，果树的投资周期比较长，前期投入成本也比较大。从市场的角度来说，当一个新的品种推广出来的时候，科研人员只是研发出一个新的苹果品种。品种成品在市场上的认可度以及市场经济效益是怎样的无从可知，要经过市场的筛选和淘汰，这就为新品种的推广和栽种带来了巨大的、不可控的、不可预知的风险。新品种的口感、卖相和果皮表面的颜色和果子的大小都会影响消费者对于新品种的接受程度。大多数农民都是小农经济，他们大多经营自己的几亩果园，很难做到投入过多资产到一个新的品种当中去，试错成本太大，巨大的风险压力他们承担不起。对于较年轻的农户和从新品种获利的老农户来说,他们积极采用新品种是由于他们对农业技术和新品种的认知比一般农户要深入一些而且乐于接受新鲜的事物。在新品种初步取得种植成功和市场认可以后,推广新品种就会变得容易起来,甚至有农户主动寻找研究院和试验站进行新品种的栽种嫁接以及苗木采购。

四 国外农业科技推广模式对我国的启示

(一) 美国农业科技推广模式对我国的启示

美国的农业科技推广体系的主要特点是,它拥有高品质的推广队伍以及完善的推广体系。尽管美国的推广人员不足一万人,但是推广的质量比较高,他们在推广过程当中可以将先进的技术准确快速地传递到农民的生产生活当中去,在实际的农业过程当中发挥有效的作用[1]。美国的推广资金是由联邦、州和县财政共同承担,此外还会有家庭农场、农业生产企业、农业发展基金会和农业教育部门以及广大的志愿者的资助。美国的信息化程度之高使得他们在农业生产和农业推广方面拥有自己的网站。通过网络平台,他们的推广人员可以从世界各地随时了解到各地农业技术的发展状况以及市场信息,从而能够及时地把种植的信息和知识通知给农民。[2] 美国这种信息的传递速度和效率大大地降低了农业科技推广过程当中时间的局限性以及地区的局限性。[3] 美国的农业推广体系服务的是所有的农业生产以及农民,所涉及的领域非常广泛,主要包括农业技术推广的项目,它是用来促进农民使用现代化的农业生产技术以及管理服务知识的;还有家政服务项目,用来帮助农业家庭改善农业生产劳动者的生活质量和家庭幸福指数。[4] 美国针对农民教育,采用的是合理

---

[1] 张正新、韩明玉、吴万兴等:《美国农业推广模式对我国农业高校的启示与借鉴》,《高等农业教育》2011年第10期,第88—91页。

[2] 高建梅、何得桂:《大学在美国农技推广体系中的功能及其借鉴》,《科技管理研究》2013第1期,第111—114页。

[3] 李远、孟晓宏:《美国合作农业推广体制》,《世界农业》2000年第2期,第51—52页。

[4] 张改清、张建杰:《美国合作农业推广体制及其对我国的启示》,《中国软科学》2003年第7期,第153—155页。

利用土地和保护自然资源，促进农业项目的开展以及减少对环境的污染。他们主要推崇的是脑健、手健、心健和身健（合称"四健"）。这四个方向指标已达成一个良好的农民的学习环境，激发他们的农业生产兴趣，促进他们对农业技术的使用，增加农业技术在他们生产生活当中的时效性。①

（二）荷兰农业科技推广模式

荷兰的农业推广模式，荷兰在农业推广方面有联络办公室，主要是将农业推广、科研和教育三者进行联合，共同协作发展，权责分明，体系明确。② 荷兰的农业推广部门都是属于农渔部，其中有农业、教育、农业科研研究和农业推广，由一个管理层人员负责这几方面的工作，然后其他地区的实验站以及推广站还有联络部门等地点都设置得非常接近，方便管理人员活动和开展推广工作。荷兰有两类研究所，第一类是以农业基础研究为主的研究所，位于瓦赫宁恩农业城；第二类是以农业研究为主的实验站基地，每一个实验站基地都会拥有几个实验农田。为了在科研和推广部门之间建立更加广泛的联系，荷兰农业部在研究所和每一个实验农田所在地都有负责联络的办公室。负责联络的办公室主要是通知相关的推广人员进行报告和会议，以及最新的科技成果的介绍和展示并且会对各个推广人员进行定期的培训，开展培训班并将培训的结果反映到负责联系的办公室，然后由农业部科研部门统一管理。值得一提的是，荷兰的农业技术推广和新的农业技术研发以及新产品的创新不只是政府层面以及研究所单一决定的，每五年政府和研究机构就会进举一次大会定制，新的研究计划是科研所、国家政府机构、农民和推广部门共同参与的。因为荷兰的研究机构研究经费的一半来自农民，所以农民和推广部门结合起来，对接下来的农业科技研究任务进行共同决策，如此就形成了农业研究、农业教育推广以及推广部门三方面共同联合起来的形式。

---

① 崔春晓、李建民、邹松岐：《美国农业科技推广体系的组织框架、运行机制及对中国的启示》，《农村经济与科技》2012 年第 8 期，第 120—123 页。

② 王文玺：《美、荷、英、墨农业推广、教育与科研之间的关系》，《世界农业》1992 年第 6 期，第 30—31 页。

关于农业教育的培训计划，荷兰对于农民的教育方面分得比较系统，农业教育、正规的成人教育都非常的重视农业技术的培训，会不定期地与学校和研究所举办实践知识和技能评选，并组织他们参加。荷兰在成人教育方面有专门的技术培训中心，中心设有老师、科研人员，还有农业技术推广人员，以及由农民自发组成的管理委员会编写适用于成人的教育书本，并且不定期地组织培训活动。除了老师讲课以外，培训机构还会请一些职业农民、经营农民还有推广人员进行课程讲授。[①]

（三）我国现有的农业科技推广模式

我国现有的农业科技推广模式主要有政府主导型的推广模式，其中包括项目辐射型、技术承包型、技物结合型（私营部门也介入）公司带动型推广模式以及农民专业合作社带动模式。项目服辐射型主要是指地方政府利用高新技术与试验区、示范区，还有科技进步的一些技术园区进行协调组织，集中调动农民学习新技术的积极性，从而加快农业科技推广的步伐，扩大推广的面积。以项目为基准进行项目和技术的结合，才能够提高推广的经济效益。技术承包型是指运用经济手段，通过农民和生产单位共同来签订技术合同，把农民与生产单位进行紧密的结合，由技术负责单位提供技术创新，[②] 但是由于技术单位和农民之间不能够明确地划分权责，还有政治以及利益相关，所以比较难以实现，目前没有取得比较好的效果。有机物结合型就是指农业技术推广部门利用自己的技术研发特点加上农产品物资配套的良好的服务。比如说庄稼医院就是一个典型的代表。在实践过程当中，有机物结合型的农业推广模式，在很多地方也停留在一般的农业技术部门，搞一些农业生产等资料的经营服务，并没有开展广泛的农业技术推广。公司带动型的农业技术推广主要指的是大的农业生产公司或者一些农产品企业直接与广大的农户取得联系，提供农业生产所需要的品种、化肥、农药、农机，并派技术人员对农民进行指导。公司带动型模式当中主要是以利益机制为驱动力，使得农产品公司和农户之间形成一个利益共同体，从而促进推广模式更好

[①] 王炳天：《荷兰的农业推广体系及其变革》，《世界农业》1993 年第 7 期，第 51—52 页。
[②] 聂海：《大学农业科技推广模式研究》，博士学位论文，西北农林科技大学，2007 年。

地开展。①农民专业合作社是一种合作组织带动的模式,由专业的技术协会和农村自发兴起的,以专业性服务组织为核心的对农户进行产前、产中、产后的农业生产服务。大学为依托模式是指大学自己建立起来的一套推广体系,针对不同的主导产业区建立的试验站,对农户和需要技术推广的单位和机构进行经常性的咨询服务,并在网络发布科技服务内容,利用新媒体进行农业技术推广的传播。另外大学为依托的组织模式能够对农户以常态化培训的方式进行培训,使得他们能够很好地掌握了解农业技术的创新之处并运用到农业生产上。

(四)国外农业科技推广模式对我国的启示

1. 建立新型农业科技推广体系

通过对各个国家的农业科技推广模式以及农业科技推广体系的研究,笔者发现了其中值得我国进行学习的几个重要方面。首先,我国应该建立健全属于自己的农业推广体系模式。像美国、荷兰等农业发达国家在宏观推广模式上,都有自己侧重的一面,但是在农业科技教学一体化上,他们的做法是一致的。我国目前存在学校和各科研单位以及农民不成一体的局面,容易造成科研人员、农业科技推广机构以及农户之间相互分散,缺乏联系,不能够进行及时有效的沟通,推广的上下游关系没有打通,造成断层和脱节。所以,我国应该加强建立新型农业科技推广体系,将科研人员、农业研究所、研究站以及推广部门还有农户多方联合起来,从上至下进行农业技术推广的传播,以农业技术的共同需求来创造供给。总而言之就是:农民需要什么样的技术,由下至上的科研机构以及研究所就进行研发和创新什么样的技术。科研人员和研究所研制出了什么新的品种或者开发出了新的技术也要及时有效地传递给农民和农户。这就需要农村市场建立一个完善的推广体系,不管是处于劳动生产一线的农民还是研究所科研站进行研究的专家都应该建立起一个通畅的、沟通的、交流的平台和桥梁,鼓励农民进行农业科技的探索,让他们加入农业科技和研究发明中。鼓励推广组织从生产生活实践当中找出需要进步和改

---

① 高启杰:《国际农业推广改革与我国的对策》,《中国农村观察》2000年第4期,第19—23+80页。

善的问题，从而进行完善和改进以便更好地促进农民进行农业生产活动。我国是农业大国，农村人口以及务农人口占据了比较大的比例，所以我国在进行农业推广体系的研究与建立的时候，应该尽更大程度地满足多数奋斗在第一线农业生产过程当中的农民，根据他们的需求，建立一个广泛的、积极的、有效的、提供反馈问题的平台。

2. 提高从业人员文化素质

提高我国的农业科技推广质量非常重要的一方面，是要提高农业科技从业人员的文化素质。农业推广的基本任务是协助推广对象分析问题和解决问题，在这过程当中，推广人员需要具备沟通传播、教育、咨询等能力。所以，农业科技推广人员的文化素质直接导致和影响了农业推广的成果与效果，因此在选择推广人员的时候，应该重点考察推广人员的各方面素质与能力。推广工作在很大程度上可以看作对推广对象的教育工作，或者说是组织与促进推广对象学习的工作。传播是农业推广工作的典型特点之一，教育是农业推广学概念中最核心的一个。因此推广人员自身应具备足够的教育与学习能力以及相关的知识才能够在推广过程当中达到有效的目的。情感是人对于客观事物是否能满足自己的需要而产生的体验态度，对于农业推广人员开展推广工作来说，一方面推广人员应控制好自己的情绪，另一方面，推广人员应该善于引导推广对象的情绪，使推广对象在推广活动中保持适当的紧张度，兴奋而理智。农业推广人员的职业道德素质也是非常重要的一方面。当今社会，组织成员普遍面临着道德困境，需要对正确和错误的行为进行界定。世界上没有统一的道德标准，因此在道德选择时，个体通常会有不同的标准。农业推广人员在进行推广计划的制订实施时，应充分考虑三种道德标准，并通过实践不断完善和总结农业推广道德标准。推广人员应该做到爱岗敬业、日益创新、服务农民、奉献社会、诚实守信、客观公道、尊重科学、实事求是。推广人员还应该具备的专业素质有专业技术知识、农业推广学知识、农业推广学相关学科知识、农业推广人员的技能素质、农业推广人员的经历与经验等。

3. 生产、推广、科研三位一体协同发展

通过研究以上国家的农业科技推广模式，笔者发现，在美国、日本及荷兰的农业推广体系中，他们更加注重的是教育型的农业推广组织机构，形成以生产、推广和科研三位一体协同发展的农业科技推广模式。这种推广模式主要包括农业、高等院校以及农业中等职业学校设立的农业推广机构以及依托于农业研究所科学研究的发展而形成的体系，在生产和推广过程中紧密结合，以农业生产促进科研，为农业生产提供科研方面的需求，提供科研的方向以及农业技术推广的方向。这种推广模式由科学研究促进农业生产，然后由推广人员在其中起到桥梁的作用，属于教育型和科研型相结合的农业推广模式。科研机构专门设置的农业推广组织，推广的对象主要是农民、企业以及农业工业园区，这种推广模式有益的地方就是能够极大地提高科研成果的转化率，使科研成果能够尽快地转化到农业生产过程当中去，为农业技术的传播和农业推广模式起到一定的促进作用。

五　完善专业合作社农业科技推广模式的对策及建议

（一）加强专业合作社生产质量的统一

合作社促进苹果产业的发展，应该加强合作社生产质量的统一。一方面能够起到促进合作社苹果产业一体化，包括生产、农资、销售。另一方面合作社生产质量的统一，有助于对合作社的社员和合作社主要的苹果生产基地进行统一化的管理，更加有助于农业技术的推广和新品种的普及宣传。最后，生产质量的统一能够加快合作社进行农资统一销售的趋势，降低分散农户的销售风险和信息成本，为合作社的经济带来长久稳定的发展前景。

（二）健全农技推广模式的资金保障体系

合作社目前运行状态良好，能够为社员农户提供农技指导和品种介绍等方面的服务。但由于合作社的农技服务不属于专业组织机构，不受政府和国家直接管理，因此在运行过程中会出现资金来源不足、动力缺乏的现象，所以应该加强对合作社平台的农技服务组织的资金支持，建立健全对合作社农机推广模式的完善，利用好合作社这一平台，更好地为社员和广大农民群众服务。政府可以设立专门的合作社推广服务资金用于合作社农机推广的宣传服务和培训，并允许非社员参与培训学习，这样一来，可以增加推广人员的积极性，同时促进与周边农户的交流和信息传播，使得合作社的推广模式得到更大范围地扩大，使社员和非社员在享受农技推广层面接受到同等的服务，更大规模地扩大合作社农技推广模式的影响力，真正实现以合作社为依托的多种推广模式的结合与运作，以更好地促进当地的农业技术推广。

（三）建立健全职业农民及农民精英的教育体系

重视培养职业农民和农民精英再造是依托合作社为主的农业技术推广模式当中最重要以及最关键的一个环节。职业农民和农民精英是在农村社会当中对于苹果产业经验最丰富，从业时间较长且比较优秀的农民或者社员。这一批人的教育和引导更加有助于他们带动当地苹果产业的发展，以及促进普通农户对新品种和新技术的学习与了解，有效促进农业技术的推广。职业农民及农民精英将成为农村社会地区发展必不可少的一个中坚力量。职业农民在农业技术的传播与指导过程中起到了带头作用和引导示范作用，未来在农业推广过程中将会发挥更大的力量。培养职业农民和农民精英再造的方式，除了选拔职业农民和精英农民以外，更重要的是对他们进行培训与教育。白水县对职业农民和农民精英的培训教育主要依托于苹果试验站，以及西北农林科技大学组织的培训教育活动，以向苹果试验站和西北农林科技大学学习的方式或者专家学者教授前往合作社讲座授课的方式开展。农民精英再造是个比较有历史渊源的农民教育过程，通过对精英农民的再学习和再教育，促使他们发展进步成时代最需要的职业农民和精英农民，让他们能够为合作社和依托于合作社的农业科技推广服务，作出应有贡献。

（四）组建合作社的专业农技推广队伍

合作社目前的农业技术推广服务队是由社员推荐，合作社选拔出来的在社员中具有较强的果树管理和运营能力的优秀社员。但是由于选拔的层次不一，社员的管理和技术水平与科学的管理和技术水平存在差距，因此有必要组建一支具有科学管理知识和先进管理经验的推广队伍，统一技术、统一管理。为了建立这支队伍，建议合作社认真严格筛选推广人员，并统一进行学习和培训。可以通过设立"培训委员会"形成专门的有管理层级的组织机构，定时定点地对推广组织机构的社员进行培训教育。比如合作社应当利用当地苹果试验站的优势资源，以及依托于西北农林科技大学的学校教育，成批成量地对社员进行统一的集体的培训和训练。合作社现阶段的农业推广模式已经不仅仅属于合作社及总社内部社员所享有的推广模式，使用好这一组织机构对当地的农业技术推广工作的开展以及促进当地苹果产业的快速发展都起到了非常重要的作用。建议合作社与政府机构单位以及试验站和高校，进行紧密地联系和沟通，政府机构提供政策和资金方面的支持，合作社提供良好的组织平台，高校提供科学先进的推广知识教育，共同促进合作社推广队伍的专业化。通过政府补贴、合作社投资以及高校服务等一系列措施打造一支特有的非专业人员组成的专业推广队伍。完全有效地利用好农民精英和职业农民的带头作用，让他们发挥出最有价值的作用。

（五）加强对农业技术推广模式的宣传

我国经济发展进入新常态，正从高速增长转向中高速增长，经济增速放缓背景下继续强化农业基础地位、促进农民持续增收，是我们目前面临的一个重大课题。农业的发展和农业经济的稳定一方面有赖于市场的需求，另一方面取决于农业科技的进步和农业技术的发展。仙果合作社致力于新品种的产业化和促进农业技术的普及利用率，在实现农业经济增长和促进社员增收方面达到了互利共赢的局面。因此，我们应该继续改善和发扬这种切实可行的合作社主导型推广模式。从小农经济逐渐扩大到龙头企业或合作社的扩大规模式发展，在降低成本的同时能够将品牌做大做强，形成有市场竞争力的优质苹果品牌，加速仙果合作社苹果产业规模化一体化。所以，建议合作社和当地政府推广部门重视合作社主导型的农业推广模式的实现，在普通农户和社员以及非社员中进行有效的普及和宣传，让合作社主导型推广模式脚踏实地地在白水苹果产业中发挥更强大的作用。合作社可以采取村民大会或社员大会进行合作社主导型农业技术推广模式的宣讲，加深农民对推广模式的认知和了解，以便于他们更好地参与进来。合作社在宣讲时应注重宣传的时间点和方式方法，选择合适的宣讲人进行知识普及，争取在整个白水地区形成人人能参与、家家有技术的推广局面。一旦这种推广的体系形成，对于后续的技术推广和新品种的推广都是极其便利的。也可以供国内其他地区的合作社借鉴，农业的发展离不开农业技术的变革和更新，一个好的推广环境、好的推广背景能够起到事半功倍的作用，能加速新农业技术和新品种的落地实现，从而尽早地进行市场判断，为农业技术的发展和改良提供及时有效的反馈，同时促进农业经济更好更快地发展。

（六）以专业合作社为核心形成有价值的推广模式

一个有组织有规划的农业科技推广体系能够更好地为农业科技推广与传播作贡献。依托于仙果苹果专业合作社的几个推广模式的主要特点就是以仙果苹果专业合作社为核心的同时开展其他几条推广模式，进行农业科技技术的推广和新产品的宣传，但是还没有形成完备的、有迹可循的、以合作社为核心、其他各方促进的合作社推广模式体系。所以农村地区有必要建立起来以合作社为核心，以高校、农业企业、实验站、农户为主导力量，共同发展协同进步的推广体系。根据对现阶段的推广现状的分析，对白水县苹果专业合作社的推广模式的分析，笔者认为依托于合作社的农业科技推广模式，将会给农业推广提供更广阔、更灵活、更长远的平台，能够更加有效地促进专业合作社与农户及其他推广机构密切、高效的沟通交流和学习，能够促使新的科学技术和新的品种在第一时间有效地传递到需要信息和资源的农户当中去。依托于合作社的完备的推广体系的建立，将会有效解决农业技术推广、农业科技推广"最后一公里"的问题，更加有效地促进农业技术产业化的实现，以及促进农村地区农业技术推广体系的全面性和完整性。

我国目前处于农业高速发展的关键期，实现农业现代化的进程离不开农业科技的进步。从农业生产规模和生产技术来说，我们都面临着前所未有的机遇和挑战。白水县作为陕西的苹果大县，一直以来致力于苹果产业的发展促进农民增收。在不断地摸索和探究中，逐渐落现了苹果示范基地、苹果试验站、专业苹果合作社等多种发展苹果产业的组织机构，为白水地区的苹果产业创造了良好的生产环境和市场氛围。在这其中，西北农林科技大学的试验站和推广联盟在其中起到了催化融合的主要作用。本书主要就合作社主导的促进农业技术推广的模式进行分析和研究，以期得出对合作社主导的推广模式的有效意见。

笔者研究发现，合作社主导的农业技术推广模式主要存在以下几个问题：农民的认知水平有限；推广模式对非社员农民的影响较低；农资及果树管理难以统一；农民的抗拒心理较强。针对主要问题进行分析，发现导致问题的原因分别是：农民的受教育程度较低；推广模式对非社员农民的影响较低；农资及果树管理难以统一；农民的抗拒心理较强。最后，结合对其他国家和我国的农业推广模式的研究分析得出促进我国农业技术推广模式成熟发展的建议：加强专业合作社生产质量的统一；健全农技推广模式的资金保障体系；建立健全职业农民及农民精英的教育体系；组建合作社的专业农技推广队伍；加强对农业技术推广模式的宣传；以专业合作社为核心形成有价值的推广模式，分析研究出这六个建议供合作社和当地政府采纳以达到更好的农业推广效果。

发展农业技术是促进农业发展最有效的办法，高效准确地推广农业技术能够缩短科研机构与农户之间的鸿沟和差距，使得科研成果能够有效地转化到农民的田间地头，为实现农业现代化插上科技的翅膀。笔者在后续的科学研究中将会针对已发现的问题进行进一步的考察与实践，努力把科学技术和知识完整地投入我国农业事业的发展当中。

第七章

农技推广支撑苹果产业发展的甘井经验

我国政府长期以来重视农业技术推广，不断增加相关财政支出、提高科技推广人员素质，以期加大农业技术推广的力度，但在面对大量分散小农户时农技推广效果并不如意。① 在小规模土地生产经营背景下，小农户在劳动力素质、科技水平以及扩大再生产等方面呈现弱势，严重制约了我国农业科技贡献率的提升。② 因此，深入理解不同农业经营主体的技术选择偏好和行为逻辑，理解小农户的技术采纳行为逻辑，揭示农户行为面临的阻碍和制约条件，对于推进我国农业技术进步意义重大。虽然我国农户并不是积极的农业新技术采纳群体，但是随着农村劳动力的大量流出以及农业兼业的普及，农户之间出现了明显的分化。在农民的分化过程中，由于不同农户的家庭禀赋特征和资源约束条件的不同，不同类型的农户对于农业技术的偏好存在显著的差异性。③ 由于农户自身禀赋和资源约束条件的限制，使得农户在进行技术选择决定时，往往会考虑自身禀赋特征与采用技术后的农业收益。因为采用新技术具有一定的风险性，因而当农户面临的不确定因素比较高的时候，为规避风险，农

---

① 孔祥智、楼栋：《农业技术推广的国际比较、时态举证与中国对策》，《改革》2012年第1期，第12—23页。

② 郑旭媛、王芳、应瑞瑶：《农户禀赋约束、技术属性与农业技术选择偏向——基于不完全要素市场条件下的农户技术采纳分析框架》，《中国农村经济》2018年第3期，第105—122页。

③ 何安华、刘同山、孔祥智：《农户异质性对农业技术培训参与的影响》，《中国人口·资源与环境》2014年第3期，第116—123页。

户往往更加倾向于原有的生产技术的维持,而不是对新技术的冒险。由于不同的农户自身禀赋特征的不同以及面临的风险偏好不同,因而当面临新技术的采纳时,会出现很大的差异性。基于此,认识不同类型农业经营主体在农业技术推广过程中的技术采纳行为,理解其行动逻辑和行动差异,探析不同类型农业经营主体的农业技术采纳的实践机制和影响机制,对于促进我国农业科技推广的广度、深度,促进农业转型背景下小农户与现代农业的有机衔接,推动我国农业现代化有效实现具有重要意义。

通过对已有研究文献的梳理,笔者发现学界对于农业经营主体技术采纳行为的影响因素的作用机制的研究已有一定的积累。关于社会网络与农业技术采纳,旷浩源认为,在农业技术扩散中,农村社会网络的影响重大。[1] 李卫等认为,由于在技术推广初期农户对耕作技术的使用与效果不太了解,因此农户通过相互交流可以获取该技术的信息并掌握该技术的使用方法,农户间的频繁交流提高了农户对耕作技术的采纳与使用。[2] 乔丹等认为,社会网络在农户的节水灌溉技术采纳行为方面具有显著的促进作用。[3] 季柯辛等发现,以社会网络为代表的技术扩散模式通过直接或间接降低农户的技术生产成本和交易成本,从而促进了农户对先进良种技术的采纳。[4] 关于农户资源禀赋差异与农业技术采纳之间的关系研究,朱方长认为,农户对农业技术创新的采纳行为受到社会文化相容性的影响,同时还受到人际网络链中观念领导力量的影响。[5] 李宪宝认为,农业生产规模、经营结构和农户技术水平的不同,影响农业经营主体的技术采纳行为,使其技术内容、推广途径及推广主体选择呈现显著

---

[1] 旷浩源:《农村社会网络与农业技术扩散的关系研究——以 G 乡养猪技术扩散为例》,《科学学研究》2014 年第 10 期,第 1518—1524 页。

[2] 李卫、薛彩霞、姚顺波:《农户保护性耕作技术采纳行为及其影响因素:基于黄土高原 476 户农户的分析》,《中国农村经济》2017 年第 1 期,第 44—57 页。

[3] 乔丹、陆迁、徐涛:《社会网络、推广服务与农户节水灌溉技术采纳——以甘肃省民勤县为例》,《资源科学》2017 年第 3 期,第 441—450 页。

[4] 季柯辛、乔娟、耿宁:《农户技术采纳的一个关键影响因素:技术扩散模式》,《科技管理研究》2017 年第 23 期,第 159—165 页。

[5] 朱方长:《农业技术创新农户采纳行为的理论思考》,《生产力研究》2004 年第 2 期,第 42—43 页。

差异。① 李婷等认为，社会网络对农户智能技术采纳有显著正向影响。② 姚科艳等认为，决策者受教育程度、家庭劳动力数量及兼业化程度等农户禀赋对秸秆还田技术采纳都有显著的影响；秸秆还田作业补贴及秸秆利用核查对农户技术采纳具有显著的促进作用；秸秆还田技术的采纳在作物间存在差异。③ 提出政府可以对不同类型的农作物采取差异的秸秆综合利用支持政策，短期内继续实施秸秆还田作业补贴和效果核查，长期则应提高机械化还田作业质量，加强补贴政策宣传，提高农户技术采纳的持续性。④

此外，也有学者从土地流动、资金流动和劳动力流动对农业技术采纳行为的影响进行分析。王景旭等研究了水稻种植技术的需求因素，其研究发现农户的种植面积越大，则由于其面临的风险也将越高，故而更加可能采用先进的技术和设备用于水稻生产，从而减少自然灾害等带来的损失。⑤ 黄祖辉研究发现土地细碎化程度越高，稻农水稻生产技术效率越低，因此提高土地流转有助于减少土地的细碎化程度，从而带来农机生产技术的提高，导致对其需求的增加；应该通过制度设计和制度保障来促进土地流转，从而实现土地规模连片耕种，从而推进农机采纳的提高和农机效率的提高。⑥ 韩家彬等研究了土地确权对土地流转和规模经营的影响，其研究发现，农地确权推动了农户土地规模经营，并对种植大户产生了更加显著的影响。⑦ 由于土地确权明确了政府、村集体以及农户的权利边界，从而稳定了各个主体的土地投资预期，推动了规模化经营

---

① 李宪宝：《异质性农业经营主体技术采纳行为差异化研究》，《华南农业大学学报》（社会科学版）2017 年第 3 期，第 87—94 页。

② 李婷、应瑞瑶：《社会网络对农户智能农业技术采纳的影响——基于江苏省 13 市 370 户农户的调查》，《江苏农业科学》2018 年第 7 期，第 341—345 + 352 页。

③ 姚科艳、陈利根、刘珍珍：《农户禀赋、政策因素及作物类型对秸秆还田技术采纳决策的影响》，《农业技术经济》2018 年第 12 期，第 64—75 页。

④ 同上。

⑤ 王景旭、齐振宏、杨凡等：《农户对水稻主要技术需求及其影响因素的实证研究——以湖北省为例》，《农村经济》2010 年第 10 期，第 32—36 页。

⑥ 黄祖辉、王建英、陈志钢：《非农就业、土地流转与土地细碎化对稻农技术效率的影响》，《中国农村经济》2014 年第 11 期，第 4—16 页。

⑦ 韩家彬、张书凤、刘淑云等：《土地确权、土地投资与农户土地规模经营——基于不完全契约视角的研究》，《资源科学》2018 年第 10 期，第 2015—2028 页。

和种植意愿。

杨燕等研究了林农采用林业技术行为的影响因素，其研究指出林业收入占比较高的受教育程度高的林农会采用病虫害防治技术，在于林业收入占比高的林农对于林业的依赖性越强，从而更加可能采纳先进的技术；而林业收入占比低的林农营林时可能疏于管理，只会采取简单的方法，而没有运用先进的技术进行管理。[1] 蔡键等指出，相较于中低资本禀赋的农户，低资本禀赋农户拥有较少的抵押物和较低的社会资本，因此不论是借款需求还是贷款难度都比较高，因而应该加大对低资本禀赋农户的贷款力度，提高其运用技术采纳的可能性。[2]

陈开军等认为，农村劳动力的流动与转移有利于农户偏向于技术创新，主要在于外出务工带来了农户收入的增加，从而提高了农户筹集购买生产性资金的能力，带来了对新技术的采纳。[3] 李争等发现农户的兼业程度影响其对于农业新技术的采纳，农户兼业程度提高促进了现代农业技术的普及。[4] 但是，也有学者对此持相反观点。蒲艳萍以西部地区289个自然村有外出务工家庭和无外出务工家庭的调查问卷为样本，分析发现大量文化程度较高的青壮年男性劳动力外出务工，一方面使农村留守劳动力的劳动强度增加，另一方面对先进农业科技的推广应用和现代农业的发展带来一定负面影响，不利于农业技术的采纳。[5] 刘纯彬等认为劳动力的兼业行为降低了农业新技术的采用意愿和可能性，由于兼业农户的机会成本较大，因而会导致农户采用新技术的标准会上升，从而不利于农户对于新技术的采纳[6]。陈辉等通过分析小农家庭经营对猕猴桃种植

---

[1] 杨燕、翟印礼：《林农采用林业技术行为及影响因素分析——以辽宁省半干旱地区为例》，《干旱区资源与环境》2017年第3期，第101—106页。

[2] 蔡键、唐忠：《要素流动、农户资源禀赋与农业技术采纳：文献回顾与理论解释》，《江西财经大学学报》2013年第4期，第68—77页。

[3] 陈开军、贺彩银、张永丽：《剩余劳动力转移与农业技术进步——基于拉—费模型的理论机制与西部地区八个样本村的微观证据》，《产业经济研究》2010年第1期，第1—8页。

[4] 李争、杨俊：《农户兼业是否阻碍了现代农业技术应用——以油菜轻简技术为例》，《中国科技论坛》2010年第10期，第144—150页。

[5] 蒲艳萍：《劳动力流动对农村经济的影响——基于西部289个自然村的调查资料分析》，《农业技术经济》2011年第1期，第70—79页。

[6] 刘纯彬、王晓军：《劳动力选择性流动对农业技术创新的影响》，《中南财经政法大学学报》2011年第4期，第39—45页。

技术推广的影响,认为兼业化经营农户由于家庭生计来源的多样性,会降低对于农业产业收入的依赖,因此其投入新技术的积极性并不高。①

已有学者从土地流动、资金流入、劳动力转移这三大生产要素进行分析。对于土地流动,大部分学者认为土地规模面积的增加能够促使农业新技术的被采纳和被使用,然而也有部分学者对此提出质疑,认为土地流转应该和适度规模经营相适宜。对于资金流入,学界普遍认为资金流入的增加有利于农户采纳农业新技术,有利于新技术的传播和使用,因此应当不断健全农村金融信贷服务,促进农户资金流动。对于劳动力转移,一部分学者认为农村劳动力的转移有利于新技术的采纳和应用,但反对者认为劳动力向非农产业的转移和农户兼业化程度的加深,会降低农户的投资意愿,从而降低农户对新技术的采纳意愿。另外,大部分学者还注意到社会网络、社会关系和农户资源禀赋对农户技术采纳行为的影响。总体而言,农户拥有的社会网络资源越丰富,社会关系越发达,那么农户可以利用的资源就会越多,技术采纳过程中的采纳意愿和投资能力会随之提高。关于农户资源禀赋差异,大部分学者注意到农户的社会资本、劳动力数量和质量等因素对于技术采纳的影响。而国外有学者注意到农户的经济理性,用农户生产的投资收益比来分析农户技术采纳的心理和行为。

通过对已有研究文献的梳理发现,多数研究侧重于从某一单个因素探讨农户技术采纳行为,而对于农户在农业推广过程中的农民分化现象对于农户技术采纳行为的研究尚不充分,对于社会经济环境对农户技术采纳行为造成的分层现象的描画不够细致和深入,缺乏对案例的深入具体分析,尤其在分析农户资源禀赋差异对农户技术采纳行为产生的作用和影响时,这方面的深入细致的分析尤为缺乏,大部分采用实证研究的方式分析,而缺乏对现象的长期追溯和详细深入的呈现。因此,本章将从实地调研经验出发,通过对产业结构调整和市场经济发展的大背景下,乡村接受农业新技术、新品种的过程中,农户的不同差异行为和表现机制的研究,来深入分析社会环境和农户资源禀赋差异对农户技术采纳行

---

① 陈辉、赵晓峰:《农业技术推广的"低水平均衡"现象研究——以陕西省P县为例》,《农业经济》2016年第9期,第7—9页。

为的影响,以及异质性农业经营主体的出现和技术采纳的分层现象的实践逻辑,对于当前我国农业技术推广体系和农资市场的影响。从而弥补相关学术研究的薄弱点,拓展相关研究领域的内容。

改革开放以来我国农业发展取得了长足进步,然而科技贡献率仍然较低。统计数字显示,我国 2011 年的农业科技贡献率为 53.5%,远低于发达国家 70%—90% 的水平。[①] 农业科技的"最后一公里"问题悬而未解,农业技术的现实生产力转换率较低。[②] 农业技术推广及技术采纳的主体是农民。[③] 那么,农户在农业技术推广及应用中普遍遭遇哪些瓶颈和问题?在采纳农业技术的过程中农户行为是趋于同质化还是出现异质性分化?产生这些现象的原因及其内在机理如何?又对农业生产经营环境产生什么影响?本章正是要回答这些问题。本章基于陕西省合阳县渭北旱塬地区 H 村的苹果种植经营农户的调查研究,以求生动细致地描述农户在农业技术推广和采纳过程中的行为,分析其背后的深层逻辑和影响机制。为了深入探索合阳县当地苹果产业发展及其技术推广历程同农业经营主体之间的关系,探究技术变迁对农民分化的影响,笔者于 2018 年 11 月进入合阳县展开相关调查研究。其间,深度访谈了 20 多人,涉及县乡农技干部、村干部、合作社负责人、农业园区负责人、技术骨干和普通村民等不同身份的群体。

一 合阳县甘井镇苹果产业发展与技术推广历程

(一)合阳县甘井镇 H 村的基本概况

H 村位于甘井镇北部,北邻黄龙山脉,处于半山坡地区,东距甘井镇中心约 3 千米。该村共有 2 个村民小组,共 170 户村民,650 口人,可耕地面积 2025 亩,其中有 1300 亩水果园,果园中有 700—800 亩是老品

[①] 陈锡文:《农业科技进步贡献率去年达 53.5%》,2012 年 2 月 2 日,人民财经网,http://finance.people.com.cn/stock/GB/222942/stock/GB/222942/17001439.html。

[②] 谢方、徐志文:《农业技术入户一个不可忽视的影响因素:社会规范》,《中南大学学报》(社会科学版)2015 年第 5 期,第 169—174 页。

[③] 叶敬忠、林志斌、王伊欢:《中国农技推广障碍因素分析——农民应成为农技推广的主体》,《中国农技推广》2000 年第 4 期,第 4—6 页。

种果园，其余则是后续新建果园。除果园之外的其余耕地用来种植玉米、小麦、花椒作物，一些效益不好的老果园改种小麦和玉米。粮食作物主要是小麦和玉米，其他经济作物很少，花椒、核桃等作物不能抵抗霜冻灾害因此很少被种植。从村庄常住人口来看，现在村里面45岁以下的很少见到，干农活的都是45岁以上的人，即大多是"60后""70后"一代人。

合阳县的苹果产业发展以甘井镇、杨家庄镇、黄付镇为主，越往北，果品质量越好。一开始发展的时候苹果品种主要是黄元帅、秦冠、红星和一些杂品种。那时来给农民培训的专家也并不是十分专业，而且实践经验非常少，直到2010年才开始探索清楚果树的种植技术。除了培训技术的问题，起步时期由于公司为了多卖树苗，倡导大家多种树，而政府官员为了在任期间的行政业绩，也倡导大家多种树，结果导致起步时期农民果园里的树种植得过于密集，苗木单产产量减少，农民效益并不是很好。1988—1990年，当时主要品种是秦冠，农民种植效益很好，但是1995年以后富士品种主宰了市场，所以1990—1995年载的树种到了2015年前后都被市场完全淘汰了。但是1995—2005年这十年，由于市场供大于求，果树种植技术培训得不到位，因此苹果价格不断下降，而且秦冠市场行情不好，农户对果园的管理就松懈了，也导致果园效益下降。2005年以后随着苹果市场价格回升，2005—2009年H村开始大面积地建苹果园。2010年以后有的农户开始学习利用有机肥施肥，提高果树的单产量和质量。到如今，H村有70%的农户都从事苹果产业，在这些农户中，拥有十亩以上果园的可以算是规模比较大的农户，而这部分农户占到果农总数的30%左右。

（二）甘井镇苹果产业发展及其技术推广历程

1. 1985—1992年：艰难起步阶段

（1）甘井镇苹果产业的发展背景

甘井镇地处合阳县城西北12千米处，东临同家庄镇，西接金峪镇，北依黄龙山，辖区总面积126平方千米。全镇辖9个行政村7个农村社区76个自然村129个村民小组，6929户27441口人，耕地面积97446亩，其中农田54261亩，果园43185亩，花椒和核桃等其他杂果林1.8万亩。全镇农户平均有7—8亩的果园，全镇一共有109口机井灌溉，机井每小时可以出20多吨水，甘井镇没有水田，都是旱地机井灌溉。2017年甘井镇人均收入9408元。

20世纪90年代，政府大力推广果树技术培训，当时甘井镇、城关镇、路井镇和家庄镇四镇由于地理位置的优势成为合阳县苹果产业发展的四大重镇。20世纪90年代以后，由于产业发展周期的冲击影响，只有甘井镇的苹果产业保留下来，其余四镇的苹果发展遭到淘汰。其原因有两点。其一，在甘井镇驻村的时任农科院院长、西北农林科技大学驻村教授李立科大力宣传苹果种植，对当地村民形成一定的宣传作用和抚慰作用。其二，渭北旱塬地区光照条件、土壤条件和气候条件的组合非常适合苹果的生长。[①]苹果果树生长适宜地区需要具备昼夜温差大、光照充足、紫外线强烈的特点。甘井镇北依黄龙，地势较高，因而具有这方面的区位优势，所产苹果大多早熟，相比其他三镇产的苹果可以提前半个月上市，卖价较高，单价最高值可达4元/斤。

自20世纪50年代起，合阳县甘井镇已有苹果果树栽种历史，据了解当时主要在附近的山间、山沟里零星种植，既不成规模，也并不是农户家庭生计来源，更多的是"地尽其利"的一种表现，作为农副产品和充分利用土地资源而进行的零星种植。从1985年开始，陕西省委省政府确立了建立渭北百万亩苹果基地的发展计划，并进行强有力的行政引导和行政动员，从省级开始，逐渐推动，市级、县级承接行政计划，确定具体方针策略，并进一步推进到村里，深入到农户中去。到目前为止，渭北地区已有1000多万亩的苹果种植面积，苹果产业也成为陕西省八大产业之一。由此可见，渭北地区的苹果产业发展最开始由政府推动，通过行政计划和行政命令的作用，将零散分布、不成规模的苹果树变成农户家庭生计重要来源、具有一定规模的产业支柱，拓展了当地农户的家庭收入来源渠道，提高了农户家庭收入水平，促进了渭北地区果业产业的发展，提供了经济发展的新动力和新模式。然而，单纯依靠自上而下的行政推动，缺乏农户内生性的种植需求，苹果产业在发展之初面临多方面的困难和压力。

[①] 成喜玲：《全球化背景下陕西农产品价格波动问题的探讨》，《中国商贸》2012年第16期，第232—233页。

主要依靠行政力量推动的苹果产业，其发展之初市场效益尚未凸显，加之农民的温饱问题没有完全解决，在大多数农民的观望态度中艰难起步。甘井镇依照先做成六万亩苹果种植园的规划，开始进行土地调整、政策宣传以及外出实地考察等工作。首先，通过放活村集体土地调整权，以生产大队为单位，将各户分散的土地调整到一起，便于农户集中生产和规模化种植。其次，自县级以下的各级政府官员、行政人员不断给村干部和村民讲解种植苹果相较于种植小麦的优势，提出"一亩田等于十亩麦"的宣传口号，打破村民担心苹果销路的顾虑，扭转村民宁种小麦不种苹果的思维惯性。20 世纪 80 年代的渭北旱塬，98%是旱地，年降水量550 毫米。[①] 干旱少肥的限制使得渭北旱塬的粮食连年低产，甘井镇的前身甘井乡小麦亩产量每年只有 100 多斤，农民连温饱问题尚不能解决。这种情况直到李立科改良小麦种植技术，引进新的品种，采用化肥和抗旱措施之后，小麦亩产才得到大幅度提高，基本到 20 世纪 90 年代的时候，农民的温饱问题才得到完全解决。因此，20 世纪 80 年代当各级政府和村干部动员农民大面积种植苹果的时候，对于家中一年到头见不到存粮，饱受饥饿煎熬的农民而言，粮食才是保家立命的根本。在大家连饭都吃不饱、蔬菜都舍不得买的情况下，农民根本不认为食不果腹的苹果会有什么大的销量。苹果种植业的推广也自然受到了农户的强烈抵抗。

从苹果产业发展的起点看，李立科院长对 H 村苹果产业发展的贡献极大。李立科认为，甘井镇海拔 980 多米，土层 60—80 米，海拔高，土层厚，是苹果栽种的最佳地区。H 村受到李立科的宣传，并且由于李立科为甘井镇人民解决了温饱问题，到 1990 年、1991 年时候，村里最早栽种苹果的农户已有 6 家成为轰动一时的"万元户"。为了村庄苹果产业的进一步发展，村集体开始进行调整土地和修整村庄道路。修路资金由村内垫付，那 6 家万元户每家各自出资一部分，一共筹集了 6 千元资金，修理了一条村庄主干道水泥路，这条路现在仍在运营，为当时苹果收购客商进村提供了方便。

---

① 李立科、赵二龙：《浅论渭北旱塬的生产潜力》，《陕西农业科学》1986 年第 2 期，第 1—2 页。

(2) 种植观念的演变逻辑与种植技术的演变形式

第一，种植观念的演变逻辑分析。改革开放以后中国的南北差距和中西差距在不断拉大，渭北高塬的农民可能家无存粮，但东南沿海经济的日益发展却拉动了国内果业市场的繁荣。南方对于苹果的需求量日益增大，而市场供给却很小，在这一时期苹果收购价格从一开始的每斤2毛最终上涨到每斤1元。时任甘井乡果业局农业技术员的王大叔，依靠每个月60元的工资都无法宽裕地买一整袋苹果。可见，当时在供不应求的市场行情下，苹果的市场效益不断凸显，1992年以后，农民开始意识到之前认为无用的苹果竟然是能够赚钱的行当，此时合阳县甘井镇的产业结构才开始大幅度调整。

在这一阶段，甘井镇完成六万亩果园计划主要落实到三类人群身上。其一，具有前瞻性眼光的少部分农民，认可政府宣讲的种苹果可以赚钱，自主栽种的农民群体。其二，村域社会中的边缘群体。这部分人大多是村里的外来人，在划分承包地时期自己分到的土地成分相对较差，难以种植小麦，加之由于社会地位较低，成为村干部施压的重点对象。受到内外两方面的压力被迫栽种苹果。其三，村干部及其亲属群体。村干部为了完成上级考核任务，或在自己承包地里种植苹果，或通过熟人关系动员村里的人栽种，由村干部自己垫付苹果树苗钱。

第二，种植技术的演变形式分析。首先，除了苹果种植技术以外，20世纪80年代，当地农民首先解决了小麦等粮食作物的种植技术的改进。渭北旱塬地区农民依靠种植亩产量极低的小麦，难以维持一家正常生活水平，这种情况直到后来李立科提出"以磷促根，以根调水"，改进小麦种植技术以后，农民的温饱问题才得到解决。1985年，这里的小麦亩产量只有200多斤，玉米亩产量200—300斤。李立科来了以后，1988年、1989年的时候亩产达到500—600斤，2018年的时候亩产量能够达到800多斤，玉米亩产量能够达到1300—1400斤。省农科院和李立科为甘井镇农业技术改进和农民生活水平提高做出了卓越的贡献，正是由于这样的原因，甘井镇农民才满足了自己的生存需求，有能力向更高的需求层次迈进。当地群众流传有这样一句口头语——"群众把福享，多亏李院长；甘井面貌变，多亏农科院。"可见李立科和省农科院对于甘井镇农民生活的重要性。

从果树品种变化来看，村里 1985 年的秦冠一般都是乔化树，结果好、产量高。1987—1990 年发展乔化富士，1995 年开始发展矮化富士。从经济效益来看，矮化树整体要比乔化树好。乔化树果型好，但是个头小，一个果子才八两，矮化树果型不如乔化好，但是一个果子能达到 1—2 斤。

2. 1992—2008 年：曲折前进阶段

（1）波动的苹果市场效益与曲折的产业发展历程

1992—1993 年，受到苹果市场价格上涨的影响，大部分群众已然认识到苹果产业的市场效益。在这一段时期内，苹果价格不断上涨，市场效益凸显，农民的温饱问题得到解决，国家逐步取消农林特产税，而且前期政府的宣传效果得到体现，大量农户开始种植苹果树，此时的苹果产业进入一个发展特快时期。

苹果的市场效益一直延续到 1995 年，价格呈现逐年上涨的态势。但是，受到市场周期性波动的影响，河南、河北等地在 20 世纪 90 年代初期意识到苹果产业的市场效益而不断加大种植面积，到 1995 年，国内的苹果市场自改革开放之后迎来第一个饱和期。统计数据显示，1995 年苹果收购价格达到历史高点，每公斤 1.86 元。随后的 11 年间处于低水平徘徊阶段，2006 年苹果收购价格复苏，达到每公斤 1.67 元，2010 年高达每公斤 4.8 元，成为历史巅峰价格。[①] 1995 年以后，苹果价格逐渐下降，果农对于果树管理粗放，苹果质量不好，劣质果品、老化品种苹果市场价值不高，直到 2007 年，这种现象一直存在。

H 村一开始发展的时候苹果品种主要是黄元帅、秦冠、红星和一些杂品种。那时来给农民培训的专家也并不是十分专业，而且实践经验非常少，直到 2010 年才开始探索清楚果树的种植技术。除了培训技术的问题，起步时期由于公司为了多卖树苗，倡导大家多种树，而政府官员为了在任期间的行政业绩，也倡导大家多种树，结果导致起步时期农民果园里的树种植得过于密集，苗木单产产量减少，农民效益并不是很好。1988—1990 年，当时主要品种是秦冠，农民种植效益很好，但是 1995 年

---

① 孙伟尚：《陕西省苹果价格波动及其影响因素研究》，博士学位论文，西北农林科技大学，2014 年。

以后富士品种主宰了市场，所以 1990—1995 年载的树种到了 2015 年前后被市场完全淘汰了。但是 1995—2005 年这十年，由于市场供大于求，果树种植技术培训的不到位，因此苹果价格不断下降，而且秦冠市场行情不好，农户对果园的管理就松懈了，也导致果园效益下降。2005 年以后随着苹果市场价格回升，2005—2009 年 H 村开始大面积地建苹果园。

H 村在发展的过程中村集体发挥统筹作用，积极调整村庄土地以适应苹果产业发展。1996 年以后，村里一共 2100 亩可耕地，机动地第一村民小组拥有 50 多亩，第二村民小组拥有 100 多亩，村集体将细碎分散的土地以户为单位，重新调整规划，而且为从黄家坡上搬迁到 H 村中的移民也进行土地分配，用到的就是村里的机动地。当时的土地调整，每人得到三亩五分地。

（2）种植观念的演变逻辑与种植技术的演变形式

2000 年，陕西省委省政府决定为提高果品质量，需要在全省苹果园区进行一次针对果树栽种技术的整治运动，简称"大改形、强拉枝、巧施肥"。这次运动中，对果树伤害最严重的是"大改形"和"强拉枝"，即要把树枝减掉减少，只保留中间的部分，导致很多树枝被锯掉之后，后续的保护和疾病预防措施没有跟进，很多树发病腐烂，造成大面积的果树死亡。有果农在这次运动中积极性被挫伤，把自己之前种植的果树都挖掉，改种小麦。而还有一部分果农硬挺坚持，没有挖树，采取积极措施加强果品品质。这一阶段，受到苹果价格的不断波动，有些果农会对苹果的种植技术持保留态度，有些果农则积极寻求有效的果树种植技术和施肥技术，提高果品品质。其中各种情况交替上演，这一阶段成为甘井镇苹果产业发展史上的一个曲折前进的阶段。

而 H 村的农民生活的发展是随着小麦种植技术和苹果产业的发展而不断变动的。1996 年，村集体决定开始大规模调整土地、大面积栽种果树的时候，苹果种植技术培训日益重要，当时培训内容主要是讲解如何对苹果剪枝、施肥、拉枝等技术，参与培训人员主要是村里那些青壮年村民，并且是自己家里有苹果园的人，每个生产小队里去 3 个人听讲。这些村民外出去学习以后，再把所学到的东西讲给村民听，村里有专门的试验田地，供这些村民讲解。2008 年前后，村里有一次去白水学习的机会，学习一周的果树修剪技术，然后发结业证书。学习内容包括密植、稀植的行距，品种、修剪、浇水、施肥、打药。除此之外，村集体会邀请技术老师来讲课，一般一个季度至少请一次。然而，村里的苹果栽种也经历了许多波折。20世纪90年代，农林特产税打击了农民的种植积极性。2000年，针对20世纪80—90年代栽种的老果树，县政府要求对果树"大整形"，原因是本村栽种的果树不适合机械化和标准化操作，所以需要把树砍一部分，但是砍完以后又没有给予树应有的保护，所以很多树都腐烂病死，而村民一开始并不知道树会死亡。当时，受这一运动影响最严重的是位于公路沿路的农户，由于处在上级政府检查必经之地，因此沿路农户的果树被强制性地整改。2004—2005年富士价格大幅度下跌，当时每斤富士收购价格只能卖到4—5毛，有些人经受不住打击，就把树砍了，村里有五六家都把树砍了。等到2006年，富士价格就涨到了1元多每斤，而且农林特产税也取消，苹果产业又逐渐回暖。

3. 2008—2018年：繁荣发展阶段

(1) 上涨的苹果市场效益与渐进的种植结构优化

2008年以来，苹果收购价格一直呈现上涨态势。渭北黄土高原地区被认为是苹果优生区，符合苹果生长7项气候指标，也是全世界苹果集中连片种植的最大区域。陕西省作为我国苹果生产第一大省，为我国国内市场和国际市场提供了大量的苹果。随着苹果价格的不断上涨，这一时期果农的经济条件大多得到改善，收入水平大为提高。

陕西省果树管理技术整体上看相较之前有很多进步，但是陕西省的苹果种植结构仍然以传统粗放型经营模式为主，没有完全建立起现代化、标准化的生产经营体系。[①] 此外，陕西省的苹果果业种植结构未能得到优化，现在省内苹果富士品种占到80%，嘎啦占到20%，苹果产业品种大多是传统品种，难以满足不断升级的市场需求，影响鲜果的销售和果品加工业的原料供应。近年来国内对于优质苹果的需求量非常大，然而国内优质苹果的供给量不能满足其需求量。现在面临的重大问题是陕西省的苹果如何进行产业结构的调整升级。

针对苹果价格的不断上涨，合阳县果业局副局长认为是供不应求引

[①] 成喜玲：《全球化背景下陕西农产品价格波动问题的探讨》，《中国商贸》2012年第16期，第232—233页。

起的，而这个供给主要指的是优质苹果的供给，国内苹果消费的高端市场需求量非常大，然而供给量不及需求量，所以苹果价格才会不断上涨，果农要想依靠苹果赚钱需要有优质苹果的供应。因此，当今陕西省的苹果种植结构优化至关重要。但是，2000年"大改形"运动造成的失误，一定程度上挫伤果农积极性，给果农现在的种植结构优化形成了负面的心理阴影。20世纪90年代"运动式栽种"过程中，其技术路线追求越密集越好，当时为了能够提高早期的产量，卖苗商宣传农户多栽，这样自己就能够多卖苗，结果甘井镇第一批栽种果树的农户的果树栽种间距过小，单位面积内栽种的果树数量过多，也导致现在这批农户的果园果质不佳，急需结构调整。

此外，推广体系的相对不健全成为种植结构调整升级的重大阻碍。2008年以前，整个合阳县的苹果产业氛围十分浓厚。从推广机构上看，以前有园艺技术推广站—苹果开发服务中心—果业局，三级领导服务机构，技术干部都是乡镇技术顾问，承包乡镇技术需求。从推广人员下乡次数上看，2006年之前一个果业局的副局长一年能下乡110天，各级干部都要会讲苹果栽种技术，然后向农户宣传。从推广力度上看，以前推广面积非常大，技术要求也非常多，技术专员需要手把手地教会农民如何种植苹果，对于果树栽种一年四季需要全程指导服务。然而，如今三级推广机构不复存在，面对全县几十万亩的果园，政府单位里只有20—30名技术人员，技术员每年在县、镇、村讲课次数加起来只有十几次。而且，就算果业局的技术员下乡只是发放一些技术资料，很少进行专业培训，县果业局也没有这方面的资金来源。果业局技术人员认为，自己的技术干部身份转变为具有行政编制的公务干部身份之后，无法参与商业盈利活动，这消减了自身投入技术推广的积极性。相比洛川而言，合阳县的苹果产业的科技支持力度不足。洛川由果业局直接对接乡镇果业站，拥有直接管辖权，技术交流顺畅。而合阳县乡镇一级的技术专干与果业局没有权责关系，乡镇干部工资由县财政发放，不归果业局负责，果业局对乡镇技术专干也没有什么管理权力，这不利于果业局跟乡镇一级的技术交流。

最后，大学等研究单位的技术指导与实际情况有些出入，单纯依靠大学等研究单位难以解决复杂的现实问题。科研单位的研究课题由于没有和市场相适应，院校研究注重理论深度而实践运用不足，因此难以解决渭北地区的实际问题。现阶段果业产业发展要求的信息化能力强、文化素质高、技术能力强的果业技术特质难以和分散、小规模家庭生产相结合，大多数小农户难以适应高标准、高技术要求的种植模式。因此农技推广部门和科研院校与基层存在的农业技术推广"最后一公里"问题难以解决。

对于 H 村的苹果产业发展而言，在 1988—2008 年之间是一个起步的阶段，2008—2018 年是发展特快的阶段。2008 年以前，村里的代办还是骑着自行车去收苹果，村里只有村干部家安了电话，还有就是代办家里因为要和外面客商联系生意所以村里才给代办那家安装一部电话。据村民讲，当时的西杨村是一个"要饭的都不来"的村子。2008 年以来，西杨村的苹果和香菇发展得最快，因为农民尝到了甜头，知道香菇苹果能卖钱，所以干劲充足。有村民认为 2008—2018 年感觉十年的发展能够抵得上 100 年的发展，家家房子都翻新盖了楼房，内部装潢和县城看齐，精美程度基本能和县城持平。户户都有轿车，不论是否名牌，但是都有四轮轿车。农机方面，基本每家每户都有一台小型手扶犁地和旋耕机。村里有两三家做代办都做了七八年，相互之间也有竞争，但是大家没有什么私人关系上的摩擦。村里的专业农机手有两三个，拥有大型的联合收割机和犁地机，主要面向玉米、小麦等大田粮食作物，不适用于苹果园。都是在附近村庄和本村做，哪里叫就去哪里，工作地点随着业务需要而变动。

（2）种植观念的演变逻辑与种植技术的演变形式

在这一阶段，随着前期宣传效果的不断凸显，苹果种植技术越来越被农民吸收，农民天天能够接触到实际有效的栽种技术，种植方面的技术困难被不断攻破，这有利于提高农户的栽种意愿。

H 村为了更好地向农民进行技术培训，于 2014 年成立合作社，由当时的村支书 YYM 任合作社董事长，LJF、HXB 任组长，进行老园改造和标准化建设，还成立了香菇合作社、中药材加工及收购合作社。合作社的苹果统一标准以后，每斤能比自己多卖出 3 毛左右，只要达到规定的标准就可以了。每年给村民组织果树技术培训至少 10 次，也请技工学校的来给村民培训，进行统一考试，考试合格发果树管理技术证，有这个证的去洛川打工剪苹果一个月多发 30 元。具体的培训内容涵盖了果树的拉枝、剪枝、施肥、测土配方。还有一个鑫福源合作社，村里 41 户贫困户都在这个合作社里面。

2010 年以后，H 村有农户开始学习利用有机肥施肥，提高果树的单产量和质量。到如今，H 村有 70% 的农户都从事苹果产业，在这些农户中，拥有 10 亩以上果园的可以算是规模比较大的农户，而这部分农户占到果农总数的 30% 左右。

20 世纪 80 年代，陕西省提出建设渭北百万亩果园计划，将苹果种植作为省内支柱性产业。初时，温饱问题尚未解决的农户对于苹果种植大多持存疑态度，苹果产业发展艰难推进。20 世纪 90 年代以后，苹果种植业的发展随着市场波动而曲折前进，2008 年以来，苹果市场效益不断上涨，合阳县苹果产业呈繁荣发展态势。然而，分散的小规模农户无法应对当下现代农业的市场需求等问题不断涌现，甘井镇苹果种植结构的进一步优化升级面临重重阻碍。

通过对当地苹果种植技术的演变形式分析，可以看出，20 世纪 80 年代，陕西省苹果种植以秦冠为主，后来逐渐注重富士和嘎啦这两种品种。从果树种植技术来看，经历了由乔化稀植技术到矮化密植技术的转变；果树整形拉枝技术的不断推广；施肥技术由农家肥到化学肥再到有机肥转变；农业防灾减灾技术向物理防灾技术转变，防雹网、防雹弹技术得到广泛应用，抗灾技术能力由薄弱转向增强；由机井灌溉技术向滴灌技术转变；果树种植技术由适应小农户生产模式向适应大规模、集约化种植模式转变；种植技术由人工操作技术向机械操作技术转变；种植模式由传统农业向现代农业转变。

通过对农户苹果种植观念的演变逻辑分析，可以看出，经历了 1985 年至今的果业种植技术的推广，甘井镇农民对于苹果种植方面的观念发生了很大的转变。首先，其观念上由不愿意种植、排斥技术推广人员的讲授，到主动自愿种植、积极采纳技术推广人员的意见、积极外出参加技术培训、积极与邻里交流果树种植经验，甚至有跟风种植现象存在。其次，果农一开始对苹果投入较少，化肥、农药等农资投入少，果树种植面积较少，果树修剪管理等方面投入的时间精力较少，后期较多，经历了对果树的人力资本投入、经济资本投入由少变多的历程。

二 技术采纳行为差异化的推动机制及表现形态

(一) 技术采纳行为差异化推动机制的演变

1. "逼民致富": 行政驱动型技术采纳行为的推动机制

20世纪80—90年代,基层政府以行政动员和指令性手段引进某一种具有"市场效益"的经济作物,要求农民种植。这种模式曾经在全国范围内得到追捧,尤其在广大中西部地区和东部贫困地区受到了当地政府的青睐。[①] 改革开放以后,陕西省以苹果产业作为主要支柱性产业之一进行大力发展,1998年,为了推进陕西省苹果产业化发展,陕西省委、省政府制定了苹果产业化发展规划。陕西省大规模的苹果生产基地的建设离不开政府强有力的行政推动力量。地方政府也通过采取多样化的行政动员和指令性手段推动当地苹果产业的发展。

第一,建立市—县—村多级联动的技术培训和技术指导的协作链接推广机制。20世纪80—90年代,政府对于果树的技术培训极为重视,主要采取邀请专家进村讲解的方式。村集体会经常请农科院的老师、乡政府的技术专干等专业技术人员进村讲解,县果业局也会请人来讲课,基本每年讲课次数有七到八次,并且会根据一年四季不同的管理时期来针对性地讲,一般会先讲理论,讲完理论以后再去村里的示范园里做示范,有时候会按农民的要求到其自己的果园里做示范。讲课地点除了本村以外,有时也会请村民去外村听讲,或者老师去镇上讲。总体而言,当时老师和技术干部下乡讲课的次数比较多,去镇上讲课的次数比较少。

第二,通过农户发放种植补贴等资金补贴措施提高农户种植积极性。1996—1998年,由于仍有很多农户看不到苹果的经济效益,为了进一步提高苹果种植率,政府为栽种果树的农户发放苗木费用补贴。

第三,进行大范围、全方位的苹果种植市场效益宣传。H村自1981

[①] 邱福林:《政府在发展农村产业中的角色与职能——对江西Y村个案的反思》,《内蒙古农业大学学报》(社会科学版) 2010年第3期,第84—86页。

年分田到户以后,全部农民都以种植粮食作物为主。甘井镇有个旱区农作试验站,试验站专家李立科提出"以磷促根,以根调水"的理念,解决了渭北高原小麦种植难题。1986 年,上级政府开始号召农户栽种苹果树,最开始引进秦冠品种,市场收购价格在 1.2—1.3 元/斤。到 1993—1994 年期间,政府大力推广种植苹果,强制要求沿路地区的农户必须栽种果树。1997—2000 年苹果生产过剩,价格下滑,随后几年果农开始砍树。但甘井镇砍树毁园的人比较少,主要是李立科等到处宣传,希望果农能够挺过去。

2. "诱民致富":市场主导型技术采纳行为的推动机制

"诱民致富"最早是指基层政府通过给农民看得见的好处,让他们自愿地按着政府决策去做,这是政府"诱"的方式。① 在此,本书所讲的"诱民致富"主要指通过某种经济作物的市场效益凸显使得该经济作物被农户接受并自愿种植的一种技术采纳推动机制。2005 年前后,镇政府大力推进"大改形、强拉枝"苹果技术改进工作。"大改形、强拉枝、巧施肥、无公害"技术作为提高富士苹果果品质量的关键技术,得到了当地政府的大力推广,并且获得了一定的成效。但是,没有根据实际情况因地制宜地进行调整,反而适得其反。首先,大改形的具体操作不明确,不利于分类指导、技术推广和果农操作。其次,枝干比拉得过大,没有考虑新技术在黄土高原的适用性。再次,"大改形、强拉枝"应该与其他树体管理措施相结合,但是政府推行时没有注意对树体的后续护理,导致树体伤口腐烂、生病甚至死亡。这一次强制措施给了 H 村果农很大的打击,给果农造成很大的损失。这次运动以后,政府便没有像以前一样给予农户太多的行政命令和行政措施。同时,2007 年以后,苹果的市场价格相较之前大幅度上涨,苹果收购价格从第一年的直径 80 厘米大小的苹果每斤 1.9 元,一直涨到每斤 2.7 元,苹果产业的市场效益推动农户大面积地栽种苹果。那么,对于苹果种植技术的改进和完善又是由什么引起的呢?1998 年 5 月,陕西省政府印发《陕西省苹果产业化发展规划(1998—2010 年)》,规划在苹果产业化经营

---

① 吴毅:《"诱民致富"与"政府致负"》,《中国老区建设》2005 年第 6 期,第 15—17 页。

上率先取得突破，进而带动农业产业化。到 2008 年，苹果产业氛围已经日渐浓厚。

这一阶段对于苹果种植技术的推广路径发生了演变。首先，政府的农业技术培训对象和培训方式发生了显著变化。2008 年以前的苹果种植技术的推广基本依靠行政力量推动，2008 年之后由于行政冒进对果农的挫伤，政府部门开始反思自身行为，不再进行强制性的行政主导产业发展。2008 年以来土地流转和新型农业经营主体培育进程不断加快，使得 H 村的农业技术推广基本只针对园区进行技术指导和培训。最近几年，每年甘井镇全镇的培训一共有 20—30 场次，主要是春秋和冬季。秋季讲解施肥，冬季讲解树形管理修剪。据统计，2018 年 11 月到 2019 年 3 月，一年总计培训人数有两千到三千人。而且培训方式多以种植大户为主，让大户带动小户。另外，县级推广机构的调整，农技干部的编制调整，以及推广经费的不足使政府的公益性农技推广服务更多偏向新型农业经营主体。

其次，合作社、产业园区等新型农业经营主体对于技术扩散的影响开始出现。2009 年，H 村在村支书的带动下成立了 JH 合作社。合作社成立之初除了农资和农产品的统购统销以外，还专门有人负责技术培训和技术服务工作，合作社每年给村民进行的技术培训至少十次。2016 年成立的 FY 苹果产业园区在内部雇工教导工人果树修剪技术也会起到一定的技术推广作用。

最后，由于农资公司的进入，乡村农技培训市场大多被农资公司占领。据了解，2000 年以后卖化肥农药的每年都要来村里培训，尤其是 2010—2018 年之间来培训的次数非常多。农民能直观地区别出这两种培训方式，政府的培训是队长在村上的喇叭喊，让农民去村委会听课，卖化肥的一般会联系村民，而不是村长或队长。公司培训一般也会选择农户农闲时节来村里，尤其是冬季，而夏秋季都在做农活，听课的人就非常少。以前公司会用代销点做推广，带老师来村里讲课然后让农户去镇上买产品。近些年，公司的销售策略已经发生了改变，是用中间人联系村上的人，然后让农户对产品有更密切的体验，对农户的服务也越来越生活化、人情化，并且有时会派专车接送农户到公司的苹果生产基地，承担农户的车费和伙食费用。

(二) 技术采纳行为差异化的多种表现形态

1. 行政驱动型技术采纳行为差异化的表现形态

根据罗杰斯的创新扩散理论，创新采纳者可以划分为具有冒险精神的创新者、受人尊敬的早期采纳者、深思熟虑的早期追随者、持怀疑态度的后期采纳者和墨守传统的落后者五大类别。社会经济地位、个性及价值观以及传播行为和方式的不同是创新采纳者的主要区别所在，而且早期采纳者相比后期采纳者具有更高的社会经济地位，更大的职业抱负，更强的应对不确定性风险的能力。[①] 通过对 H 村早期的苹果种植技术推广历程的分析，笔者发现，在 H 村农户对于苹果种植技术采纳行为也存在分类现象。在 20 世纪 80—90 年代，甘井镇 H 村的苹果产业发展受到政府行政力量的大力推动，呈现出起步之势，然而在实践过程中，农户的技术采纳会经历一个过程。在 2008 年之前基本依靠行政力量推动的苹果产业发展过程中，农户的技术采纳行为出现分层现象。如果我们将农户对技术应用的接受程度作为分层依据，那么 H 村村民对苹果种植技术采纳的行为特质可以划分为积极自主型农户、行政导向型农户和观望怀疑型农户三个不同的层次。

（1）行政主导型农户技术采纳行为

行政主导型农户指的是在村中担任一定公共职务比如村支书、村委会主任等，或者是在村庄中承包地处于道路附近的农户，受到上级行政压力而主动或者被迫接纳新经济作物的推广技术，采纳苹果种植技术的农户类型。

> 案例1：王大爷，65 岁，中共党员，1985 年到 1997 年之间任 H 村村长。之前在畜牧站干了十七八年，1985 年分田到户的时候回村任村长。村里每人分 3 亩 5 分地，由于"生不增死不减"的政策，自己现在的土地还有 22 亩多。1985 年的时候 H 村开始推广果树种植技术，自己为了完成上级政府的行政指令，在自己的田地里

---

① 魏文欢：《罗杰斯"创新扩散"理论评析》，《传播与版权》2018 年第 10 期，第 11—12 页。

种了4亩苹果，剩下的种玉米、小麦和甜菜。初挂果一开始一亩地收几百斤苹果，第二年就收一千多斤，最多能够收到四五千斤。1998年前后苹果一斤能够卖到1.2元多，1992—1993年秦冠一斤8毛多，单价有所下降。1996年自己又种植3亩矮化富士，下面是矮化砧，这种苹果果子大、易结果。还有3亩的乔化富士，树长的高，但是不结果，还要拿刀子把树割一部分。现在自己年纪大了，果园由于非常费工，把这片园子以1亩地300元的价格包出去，包给本村出嫁的姑娘，这个姑娘的夫家是山上迁移下来的，没有土地。

从以上案例可以看出，王大爷作为H村的村主任在政府进行苹果种植技术推广之初迫于上级压力，在自己22亩多的承包地中只种植了4亩果树，剩下十多亩地仍然用来种植传统的粮食作物，比如小麦、玉米等。到了1996年，苹果市场效益不断凸显以后，才又种植了3亩矮化富士和3亩乔化富士，至此自家承包地一半用来种植果树。王大爷的行为经历了由政府行政指令要求种植果树而不得不去栽种，转变成为了追求市场效益而自愿栽种的技术采纳过程。

（2）观望怀疑型农户技术采纳行为

根据创新扩散理论，持怀疑态度的后期采纳者，在采纳创新时并非出于个人主观意愿，更多是迫于社会其他成员压力，在大部分人接受创新之后，他们才会接受。[①] 通过对H村2000年之前的农户行为追溯分析，本书认为，H村部分小农户的早期实践符合罗杰斯对于持怀疑态度的后期采纳者的理论判断。农业技术推广中，大多数农户对于新兴农业技术持观望和怀疑态度，对于新技术的使用方式不感兴趣。在20世纪90年代苹果市场效益凸显以后，村内有部分农户已经看到了苹果的市场效益开始纷纷种植果树之后，这部分农户才开始栽种果树，但是对于果树种植前景并非完全了解和信任，对于果树种植技术的学习缺乏积极性、主动性。

[①] 魏文欢：《罗杰斯"创新扩散"理论评析》，《传播与版权》2018年第10期，第11—12页。

案例2：宋大嫂作为H村的媳妇，自21岁嫁进H村，现在已经有40多岁，现在经营3亩多苹果园。1992年村里强制要求栽树的时候，宋并不确定果树能否赚钱，所以还在树下种植庄稼，2000以后生了第一个女孩，所以没有时间管理园子就不在树下种庄稼了，为了生计又在自己院子里种香菇。2003年前后，苹果树的效益显现，自己才开始对果树加大投资。觉得需要依靠投资才能让自己的果树长得更好。因为，自己栽种果园主要是跟着左邻右舍学习，有时候也跟着一些大户学习，后来看到别人家的果树长得很大，而自己的果树长不大，就开始排查是什么因素导致了这个结果，后来与人交流自己感觉应该是投资不够。自己的果园初挂果是1000—2000斤，丰产期就是4000斤左右，2008年以前75厘米以上的2元/斤，70—75厘米的1.2元/斤，65—70厘米的0.7—0.8元/斤，65厘米以下的0.1—0.2元每斤，这都是送到果汁厂的。谈到果树的投资和收益，宋大娘认为，近几年投资包括化肥、水、农药雇工等，3亩地大概得2万元左右，自己感觉自己一亩地将近7000元的投资对自己的家庭而言已经算是不低了。3亩地能够产15000斤苹果，1斤3元，3亩多的苹果园基本是赚的毛利润的一半就是自己的纯收。总体来看，宋认为自己的果园是"投资一半，赚一半"。

从以上案例可以看出，宋在农技推广过程中作为典型的观望怀疑型农户，一开始并不认可苹果的市场效益，但是由于村内大部分人种植果树，而且村集体对于农户的栽种态度也比较强硬，所以才开始种植苹果，但同时做软抵抗行为，在果树底下种庄稼，这种情况直到2003年苹果市场效益非常明显的时候，宋才开始果树的管理和投资以及相关的技术学习。

（3）积极自主型农户技术采纳行为

不同于行政驱动型农户和观望怀疑型农户，积极自主型农户作为早期的先知先觉者，具有一定的冒险精神，罗杰斯认为这类人在创新扩散过程中非常重要，拥有较充裕的财力、一定的技术知识、强大的抗压能力等，某种意义上说他们是新思想、新技术的"把关人"，这一类群体在社会成员中所占的比例较小。①

  案例3：农资代销人员徐大叔，今年50岁。家庭经济来源：第一是自己家里经营12—13亩的果园，其中有4—5亩是1988年栽种的，现在已经挖了，1994年开始种植红星、富士。第二是做农资代理的收入。2012年前后开始做代理，做"山西七星"的代理商，因为觉得这个牌子品质有保证。做这个牌子和代理是因为熟人介绍自己做这个的，一开始去甘井镇上卖，但是农民觉得跑到镇上卖东西不方便，所以逐渐转移到村里卖。

  积极自主性农户对新技术的接受能力强、技术采纳意愿明显高于其他农户，而且完全在一种自主自愿的状态下采纳新技术。这部分农户大多年龄比较年轻、文化素质较高，上过高中，勤奋好学，而且以男性居多。而且这部分农户一般有钱进行投资，"因能而富，因富而能学"。行政导向型农户大多是村中担任村书记、村主任等负有一定行政职务的农户，以及与这些农户关系较为紧密的亲属群体，或自家承包地位于公路附件的农户。观望怀疑型农户在农业推广过程中，对新型农业技术的采纳持观望和怀疑态度，对于新技术的使用方式不感兴趣，这部分农户占到村中农户数量的绝大多数。

  2. 市场诱导型技术采纳行为差异化的表现形态

  改革开放以来，农户分化不断加快，小农户、兼业农民、专业大户、合作社、家庭农场、农业企业等异质性农业经营主体并存。由于各类农业经营主体生产经营目标的不同，导致其劳动力、土地、资金等生产要素的配置和技术采纳行为等方面出现明显差别。② 伯恩斯坦认为农民并不是一个单一的阶级。陈义媛研究认为，应该从农业经营者的身份来阐释

---

  ① 魏文欢：《罗杰斯"创新扩散"理论评析》，《传播与版权》2018年第10期，第11—12页。

  ② 李宪宝：《异质性农业经营主体技术采纳行为差异化研究》，《华南农业大学学报》（社会科学版）2017年第3期，第87—94页。

农民分化。① 本书以村为单位，对农业经营主体从伯恩斯坦提出的政治经济学的四个维度进行类型学划分，将从事苹果种植的经营主体划分为以下四个类型（见表7—1）。在H村150户苹果产业经营户中，贫弱小农户占到经营总户数的1/3左右，大约有45户经营户；兼业农户的数量占比最多，有102户左右；种植大户有2户；农业产业园区经营户有1户。多元分化的农业经营主体技术采纳行为存在差异性，本书在此将着重分析其差异性的具体表现形态。

表7—1　　　　　　　　　农业经营主体的不同类型

	贫弱小农户	兼业农户	种植大户	农业企业
生产资料拥有量	只耕种自家承包地，果园规模在5亩以下，租用或使用自家农机	只耕种自家承包地，果园规模在5—20亩，购置小型农机	自发或通过支付流转费获得土地，果园规模在20—100亩，购置农机	通过支付流转费获得土地，果园规模在100亩以上，购置大量农机
劳动分工	完全依靠家庭劳动力	完全依靠家庭劳动力，代际分工与夫妻分工并存	充分利用家庭劳动力，并在农忙季节短期雇工，使两者达到最优配置	完全依靠雇工从事生产，并聘用专职管理人员进行劳动监督
收入分配	在家庭内部进行分配	在家庭内部进行分配	在家庭内部分配，支付雇工工资	以公司或企业的股份制原则分配
积累与再生产	满足家庭成员需求的简单再生产	务工务农同时积累，家庭成员的日常消费	以追求利润最大化为目标，不断扩大再生产	资本积累在农业上游或下游环节实现，以农业收支平衡为底限

---

① ［英］亨利·伯恩斯坦：《农政变迁的阶级动力》，汪淳玉译，社会科学文献出版社2011年版，第153—171页。

(1) 贫弱小农户技术采纳行为

H村的年老体弱者是贫弱小农户的主要构成群体。贫弱小农户存在家庭劳动力供给不足、土地规模经营难以扩大，农业生产要素投入过低，农业的保障功能远超过农业的经济功能。这部分农户对于农业生产技术的学习能力滞后，投资意愿和投资能力呈现低水平发展态势。

前文所述案例1的王大爷，有10亩果园，现在只留下1亩多的果园自己种植，其余果园全部转包给其他农户种植。老伴走了十几年，1个儿子，2个小女儿，儿子肝炎去世已经10年，女儿都已经出嫁了，还有1个孙子和3个外孙。由于苹果种植属于资本和劳动双密集型农业产业，王大爷的果园面积不足2亩，主要生活来源依靠种玉米和苹果，家庭劳动力不足是限制他扩大果园种植面积的主要制约因素。

(2) 兼业农户技术采纳行为

学界关于小农户的研究中，不得不提的是中国存在着大量的兼业农户，有学者称其为"以代际分工为基础的半工半耕"型农户，而且农民家庭越来越需要进城务工所获取的工资收入。兼业农户有向贫弱小农户和种植大户转变的可能性。

> 案例4：王大叔从20世纪90年代开始做H村的果品代办，主要负责对接外地苹果收购客商和本村分散的苹果种植农户，作为二者的中间人从中赚取中介费用，对于H村的果品出售和农户家庭经营情况非常了解。王大叔家中有夫妻二人，还有一儿一女都在上高中，属于典型的核心家庭，家庭主要劳动力是他夫妻二人。王大叔家庭主要收入来源依靠果品代办的收益，而苹果种植和香菇种植只是在果品代办空闲时间的一项家庭生计来源。由于大叔常年需要对外联络和外地出差，因此家中3亩多苹果园主要依靠自己妻子在打理。技术的学习一是依靠家庭教育，大家都有苹果园，施肥大家都在施肥，所以就看树大小就可以，有钱了就多上化肥，没钱就少上化肥。王的妻子在16—17岁时家里就种植苹果树，所以当时跟着父母管理苹果树，自己初中毕业，就在家里学农活。二是依靠李立科院长的教育。王大叔能够知道基本法诀："去强留弱、去直留斜，强枝叶、

弱枝花，大枝亮堂堂、小枝闹嚷嚷。"

兼业农户大多属于跟风种植、跟风学习，对于果树修剪和管理技术只是了解一个大概，但是并不深入和系统，因此技术应用过程中存在不精准、不到位的现象；对于良种及其繁育、栽培技术，作物肥料及其施用技术，植物病虫害防治技术掌握得不到位；农业防灾减灾技术使用率不高。兼业农户的技术来源大多以邻里传播和人际传播为主，通过"干中学"的方式来获得新技术。

（3）种植大户技术采纳行为

通过以上案例，笔者发现，村中种植大户种植面积都在10亩以上，学习能力强，爱钻研善总结，对于新品种和新技术的接受能力强，积极外出学习，并且对于果园的投入回报比计算得比较详细，善于不断改进投资方法，果园收益相较其他果农更高。

案例5：李师傅，男，45岁，2017年由于自己在H村出众的果业技术能力被FY园区聘请为专业技师，年薪6万元。李师傅一家三口，儿子在西安工业大学读书，他们两口子在家种植8亩苹果，在今年4月份果农普遍受灾的情况下却获得了近8万元收入。有的农户却在受灾后选择了放弃，最后颗粒无收。根据测算，苹果种植期间在套袋、卸袋、下果期间需要雇人，男士一天100元，女士一天80元。套袋则按数计算，一个袋成本4分，人工费6分，卸袋是一个6分钱，一个果合计0.16元，一亩地套1万到1.5万个袋，需要1600到2250元，占总投资的50%。每亩地还要施肥、打药、浇水，总计需投入1500—2000元。如此算来，一亩地3000到4000元的投资。8亩地的投入应该在3万元左右，而张振乾却只出了1.5万元，每项工作都有他们夫妻二人的参与，因此节约不少成本。

李接受过旱区试验站专家、县农技中心专家和白水苹果试验示范站专家的指导，结合个人实践经验，逐渐形成一套成熟的苹果栽培管理技术，他自家的苹果树就是最好的证明。1994年他种植4亩红富士苹果，2012年又种了4亩新式苹果即矮化苹果。目前正处于新老品种交接阶段，许多人接受不了，不愿意改造。显然，新式苹果密植，纺锤形树形，行间距大，利于机械化耕作、用工量低，由于果子接触阳光多，果品糖度高、颜色好。

种植大户在良种及其繁育、栽培技术，农业防灾减灾技术，植物病虫害防治技术等方面需求意愿相比兼业小农户更为强烈。并且，其技术来源主要包括接受政府公益性技术培训，外出交流、向专业化的农技服务机构和技术研发机构学习。

(4) 农业企业技术采纳行为

李宪宝认为，产业园区等农业企业追求的是自身的利润最大化，因此其技术需求意愿更为强烈，技术采纳成本以及风险承担能力更高。[①]

案例6：XF村人WJL在20世纪90年代开始种苹果，而且也是村里的苹果代办，种了二十多年的苹果，做了十多年的代办，今年成立陕西省JL果品有限公司，在县城有一家酒店。后来与陕西SH股份有限责任公司合资成立陕西FY现代农业园区。FY园区现有果树栽种面积1300多亩，其中300亩果园建于2016年，1000亩果园建于2017年，大园区和小园区的分区经理都是老板的老表弟兄，总经理是陕西省SH股份公司的人。

300亩园子有四个长期工，这四个长期工平时一直住在园区，也是园区的监工，平时园区里有什么杂活了就这四个人干。都是男性，年龄在50—60岁。一个月有4天的假期，一个月工资是2000多元，一共发12个月。虽然这四个人也是监工，但是其实并不能完全监督到位，因为300多亩的园子，靠这四个人肉眼监管，很难及时纠正督查工人，所以只能发现问题了就跟工人说，发现问题比较滞后。这四个长期工都不是外地人，都是本地或者本村人，一个来自经理所在的H村，一个来自园区老板的村庄，还有两个都是附近村庄。1000亩园子有6—7个长期工。除了大约十个监工（长期工），还有一个负责电脑操作的人，每月工资3000元，因为15天要打一次农

[①] 李宪宝：《异质性农业经营主体技术采纳行为差异化研究》，《华南农业大学学报》（社会科学版）2017年第3期，第87—94页。

第七章 农技推广支撑苹果产业发展的甘井经验 / 223

药,上一次化肥,需要用到水肥一体化的设备,用电脑控制肥的浓度,这个工作需要认真的、能够做好记录的人即可,并不需要太高的技术要求,但是由于电脑显示的不一定完全精准,所以需要有人负责开关阀门、看护机械管道以免损害,需要人力和电脑相互配合。

临时工主要面向园区周边村镇招工,但是在农忙季节由于大部分人家自己家里面有苹果园因此很难找到足够的工人,而且面临着普遍的农业雇工监督困难问题。工人们消极怠工主要表现在,工人不负责任,有时候出现给果树拉枝拉坏的情况,这不是技术掌握不到位的原因,技术是可以教会的,每次都给工人做培训,至少三天就可以学会。而且还因为工人自己家里也有苹果树,所以有时候工人很少,找不到足够的工人,所以来的人不齐,园区也不能直接辞退,更无法采取扣钱的方式,扣钱人家就不来了,人家不来这么大的园子几个人根本管理不了。避免的方法只有不断地纠正,用工紧张的时候从渭南、洛南找人,有时候要从这些地方找20多人,包吃包住,费用很多。2017年还从陕南找人来干活,5到7月份之间树拉枝的时候需要工人最多,外地人能够占总工人数的三分之一,每人都是一小时10元,但是相比本地人要一天管三顿饭。工人的劳作时间基本上是只要地不冻,天不下雨,园区里就每天都有人。每年1—2月需要20多个工人,3—4月人少,主要是整枝、拉枝、除草,需要十几个人,3月以后每天至少10个人,5—6月份需要除草、拉枝。7—8月是最忙的时候,有一个半月到两个月每天都需要40—50个工人。最多的时候一天需要60—70个工人,一共有500多个备用工人,来回叫,工头有一个微信群,在群里通知联络,或者每个村都有联系人,给每个村的联系人打电话联系。不管男工女工一小时都是10元。对于本县的工人,如果是附近村庄的中午就不管饭了,因为这些工人自己还要回家里给家人做饭,家里远的园区管饭。工作上各有分工,园区里有专门负责管水肥一体化的,专门负责带工的联络工人,经理管带工的人。

工人监督方面,工人干得总是不能让技术师傅满意,技师每天都要去园区查看,每隔半小时会去看一次,然后有问题的就及时纠正。主要是监督临时工,每组临时工里十几人有一个组长,这名组长都是管理人员们熟悉的熟人，长期工监督组长，组长监督组员，技术师傅监督全局，工人每天来园区上下班要打卡。问题主要出现在果树挂果、套袋、剪枝、开掘环节。比如套袋，如果让工人按天套，那么每天套袋的数量就会减少，如果按袋套，那么比如4000个袋子，可能只会套2000个，剩下的一半都扔掉了。每天都给工人规定任务量，然后由技术人员监督质量，但是农活能够达到70%的效果就已经很不错了。

园区的惩罚措施则是罚款或者下次不用这个人，因为每个人想法都不一样，有时候有人会故意损坏，出现大的故障的时候才会对其进行罚款，其他时候都是纠正为主，很少罚款。而且由于地多人少，技师不可能每个人都能够监督到位，就算安装摄像头也不可能每一行苹果树都安装，总会有遗漏的地方，而且大部分没有摄像头。临时工大多在40岁以上，最高年龄60岁，以女性为主。这是因为临时工用工时间不确定，一年之内只是分阶段用工，不是一直在用工，而且工资一小时12元，每天做8—9个小时，最好的一个月也只3000元左右，而且这种情况也很少出现，所以男性大多选择出去打工获得更好的打工收益。而且园区倾向于使用女工，因为女工比男工干活更加细致。从临时工的年龄分布来看，50—60岁之间的反而比那些40多岁的人干得要好，因为这些都是过去从小干农活的，长大以后也一直务农，而40多岁的人大多是"70后"，甚至有"80后"，从小干农活干得少，而且大多选择外出务工，干不动了才回来的。

现在园区面临的主要问题是工人工资连年上涨，用工成本越来越高。土肥可以机械化，施肥、打药、除草都可以机械化操作，但是树上的管理只能用人工。以前雇工，14—15元/天，后来涨到了70—80元/天，现在都是100元/天。因为工人受到年龄阶层分化，40岁以下的不想干农活，愿意干农活的都是40岁以上一直在村里务农的那部分人，但是这部分人由于去世等人数不断地减少，由于供小于求，这部分人的工资也就越来越高。而且在村里只能找到40岁以上的人来干农活。因为这受到整个劳动力市场的影响。主要是城市劳动力市场的影响，农村进城打工的人越来越多，城市工资相对较高，会连带使农业行业打工工资提高。

　　从效益上来看，小农户几亩地生产出来的苹果质量是不统一的，而园区能够做到标准化生产和结果，在这方面竞争优势高于小农户，其品牌优势、市场优势和价格优势较好。从管理上来看，小农户会更加精细一些。园区定位是走苹果高端生产路线，生产有机苹果，采用生物农药和有机肥。经理认为到2020年的时候苹果进入丰产期，那时产量大，占的市场份额大，就可以宣传"双阳"品牌，建立冷库，保证了货源以后也可以直接供给销售商，或者进行直销。

　　政府也曾积极给予过园区支持。果业局给防雹网、钢丝、钢管、地布、竹竿等。这些东西自己购买的话一亩地至少要3000元投资。水肥一体化机器要150万元，这些政府负责给了，而园区只购买了35万元左右的管子，一亩地基本就是3000多元。

以上案例表明，农民合作社的出现，有利于将村庄分散的果农联系起来，便于技术的交流和讨论，有利于农产品标准化生产，提高农民的生产及收入水平，推进我国农业技术推广体系建设。FY苹果产业园区种植规模在千亩以上，属于高投资、高效益的典型农业经营主体。农业产业园区的技术需求更多偏向于良种及其繁育、栽培技术，高精尖的农业机械化、农业信息技术，农业防灾减灾技术等方面，对雇工的管理上更加的严格，要求更加精准。而且，对农产品收获、加工、运输技术，农村能源开发利用技术，农田水利技术的需求很高，农业产业园区技术需求的范围比较广泛，涉及农业生产产前、产中、产后多个环节，特别是在市场化经营目标的主导下，对涉及产品质量安全、品种创新、加工包装等领域的技术需求更为强烈。

三　技术采纳行为差异化的形成原因

20世纪80—90年代，合阳县政府大力推进苹果产业发展的同时，甘井镇由于受到地理环境影响，农民人均粮食产量不足，难以解决农民的温饱问题。随着农业科学研究院和李立科的到来，这一问题才得到根本性的扭转。同样是刚刚从温饱线上起步的农民，为何在2008年之前仍然产生了异质性农业经营主体？为何异质性农业经营主体的农业技术采纳行为存在一定的差距？异质性农业经营主体的产生及其技术采纳行为差异的原因及其作用机制如何？本章将着重探讨以上问题，分别对两次农业技术采纳分层现象的原因进行分析。

（一）"马太效应"：资源禀赋差异的影响

"马太效应"是社会学家和经济学家们常用的术语，反映的社会现象呈现两极分化，富的更富，穷的更穷。本书通过对不同经营主体的资源禀赋差异分析，认为在 H 村的苹果种植技术推广和采纳过程中也存在由于农户资源禀赋的影响，出现富者愈富而贫者愈贫的现象。农户资源禀赋可以被视作农户个人或者家庭先天或者后天拥有的可以方便生产生活的各类资源、技术和能力储存量的集合，包括经济资本、人力资本、社会资本、物质资本等内容。[①] 本书从农户的经济资本、社会资本以及人力资本三个方面来衡量农户的资源禀赋差异。其中经济资本主要包括农户家庭经济收入水平和家庭土地经营规模，社会资本主要包括农户的社会地位、社会网络以及社会关系，人力资本主要包括农户家庭劳动力的年龄、性别、受教育程度、智力水平、身体素质、家庭劳动力总量。

1. 社会资本的影响

在行政主导型的技术采纳阶段，H 村的村支书由于肩负行政职责，处于中国基层政治体系之中，其关系对象一部分来自这一群体的上级行政官员。因此，在甘井镇推进苹果产业大发展的时候，村支书为了维持其关系网络，完成上级安排的行政任务不得不起到示范先锋作用，在自己的土地里栽种苹果树，或者积极带动自己的亲属邻里栽种果树。而村中绝大多数处于观望怀疑态度的农户，并没有与村支书一样处于基层政治体系之中，没有同等的关系网络资源，因此绝大多数农户不会像村两委及其村委班子的主要成员一样，必须栽种苹果树。总体来看，村两委及其班子成员由于拥有一定的政治资源，受到社会网络的制约，在上级的行政任务下积极主动地采纳苹果种植技术，成为 H 村行政主导型技术

[①] 刘可、齐振宏、黄炜虹等：《家庭生命周期对农户规模经营意愿的影响分析——基于长江中游三省稻农的调查与分析》，《中国农业大学学报》2019 年第 3 期，第 187—197 页。

采纳农户。

在市场诱导型技术采纳阶段，社会资本表现为社会的信任程度和社会关系的紧密程度对农户技术采纳行为的影响。

赵晓峰认为农民具有"自己人认同"的观念，相比于地方政府等外来群体，农民更加认同村两委或宗族领袖。[①] 农业技术推广实践中，普通小农户更加愿意通过平时与村庄技术带头人、村支书的技术交流、学习，来获得新的种植技术。对于普通小农户（包含贫弱小农户和兼业农户）而言，自己本家亲属的信任和长期在村庄内部交往形成的信任关系对农户的技术采纳行为具有强烈影响。通过村庄内部的熟人关系，那些技术带头人和对技术掌握情况比较好的种植能手，对自己的亲属、朋友通过私人关系交往方式传播农业技术，而其他小农户可以通过"干中学"的方式，促进农业技术的传播的变革。但是，苹果种植技术的合理实践应用需要一整套的技物配套，甚至有些技术看似简单易学，但是实际操作起来却有很多需要特殊注意的地方。有些种植大户会将技术教给跟自己关系较近的亲属、朋友或者熟人，但是并不一定每个农户得到的技术内容都完全一致，在技术的内容上面会出现较大的不同。农户之间的社会信任程度和社会关系的紧密程度影响种植大户向普通农户的农业技术传播，导致小规模兼业农户和普通小农户在技术学习和采纳应用方面出现一定的差异。因此，农户自身拥有的社会信任和社会关系等社会资本存量的多少影响 H 村苹果产业技术扩散的过程。

同时，社会信任程度和社会关系的紧密程度对于以 FY 苹果产业园区为代表的农业企业也具有一定的影响。

案例7：大园区分经理 LJF，39 岁，以前在西杨村做代办，家里有十二三亩的苹果园，也种植香菇，自己有两个孩子，大的在上高二，小的上小学。L 经理高中未毕业，去广东进厂打工，打工 6 年，觉得不想在那边工作就回到村里开始种苹果，还做代办，给人开车跑货，觉得这样也可以挣到钱就不想再出去打工了。LJF 的果树技术都是"看都看会了"，觉得果子长得好不好关键看农药和化肥的配

[①] 赵晓峰：《公私观念与熟人社会》，《江海学刊》2014 年第 4 期，第 107—110 页。

置、投资。LJF 与原村支书 YYM 关系非常要好，也是 JH 合作社的一员。

FY 产业园区的分区经理都是园区老板的本家兄弟，其中 H 村的 LJF 因此成为 FY 园区的分区经理，而 LJF 和村支书 YYM 是极好的朋友关系，因此 LJF 同时担任合作社的理事成员。特殊信任关系使得 LJF 成为园区经理，对于苹果产业的加工、运输技术、农业现代化信息技术等接受程度和采纳程度相较于普通农户更高。

2. 经济资本的影响

布迪厄将经济资本、社会资本和文化资本视为场域竞争中的目标和手段。特纳发展了布迪厄对三种资本的解释，他认为经济资本是一种可以拿来得到服务和商品的物质性财富；文化资本是指个体的生活习惯、人际交往、文化素质、教育背景等；社会资本是指个人在社会结构中的地位及其在此地位上所拥有的社会关系和社会网络。① 笔者所讲的经济资本主要包括农户家庭经济收入和家庭土地经营规模。

在行政驱动型技术采纳阶段中，H 村 20 世纪 90 年代作为一个特贫困村庄，大部分的小规模农户家庭资金紧缺，缺乏购买苹果种苗的费用以及获取并应用苹果管理技术的相关费用，受教育程度普遍不高，缺乏前瞻性和战略性眼光，成为最早一批的观望怀疑型农户。

在市场诱导型技术采纳阶段中，笔者在此引入案例对这一阶段经济资本的影响进行解释说明。

案例 8：XF 村人 WJL 在 20 世纪 90 年代开始种苹果，而且也是村里的苹果代办，种了二十多年的苹果，做了十多年的代办，今年成立陕西省 JL 果品有限公司，在县城有一家酒店。后来与陕西 SH 股份有限责任公司合资成立陕西 FY 现代农业园区。

经济收入水平和经济地位对于农户的农业技术投资具有重要影响。

---

① ［美］乔纳森·特纳：《社会学理论的结构》，邱泽奇等译，华夏出版社 2001 年版，第 463—469 页。

由于农业自然灾害严重、投资风险相对较大，普通小农户的自身经济资本积累薄弱，又缺乏一定的资本实力来负担失败的代价，因此对于信息化、机械化、科技化水平高的现代农业技术的投入和采纳意愿普遍不高。FY园区老板由于之前是苹果代办，也是一家酒店老板，相对普通农户而言拥有一定的经济实力，能够承担现代农业园区的建设费用和运营费用，因此他对现代农业技术的采纳程度和接受意愿均比较强烈。随着国家土地流转和现代农业的快速推进，地方政府鼓励新型农业经营主体的发展壮大，园区老板正是在这样的背景下，从中看到机遇和商机，然后开始投资建设现代苹果产业园区。

3. 人力资本的影响

在行政主导型技术采纳阶段，积极进取型农户普遍勤学好思、善于动脑动手、身体素质良好、业缘和趣缘关系较其他农户更为丰富。在此，笔者引入一个详细案例来说明积极进取型农户的技术采纳行为及其影响。

案例9：YYM是H村有名的技术带头人。他也是现任H村村支书，YYM每天都爱学习，每年都出去考察学习，非常爱钻研，爱动脑筋，旅游时也是去观察产业的发展，喜欢搞自身发展，有公心帮大家的忙。对于香菇、苹果种植，YYM都是能手，他自己建立有微信群专门来交流技术，而且吃饭的时候、田间地头上有空也会和大家交流。2010年的时候有半年的时间每天家里都有人来问技术，学习套袋，他每次会把套袋的时间记上，在自己地里面做实验。YYM还自己组织农民，给农民讲课。由于技术好，也喜欢服务农民，给农民讲技术，所以成为当地的土专家。他对苹果种植技术有自己一套独特的见解。一般认为苹果树是农历三月、六月、九月施肥，这是全国的普遍技术，但是他自己探索先七月施肥，今年八月底施肥，不断地探索新的方法和技术。自己的果园是低投资，一亩地投资2000元左右，但是高产出和高收益。之所以这样施肥，是因为他认为农历的三月、六月和九月施肥其实是肥料供应商误导农民的，因为十月就卖完果子了，农历八月再施肥地就容易冻上，这样树吸收不了肥料，肥料也容易被冻坏。他在8月份施肥，然后在地面铺一层草来保墒，进行灌溉，让肥料在地下保湿，不蒸发，等到来年开春以后地解冻的时候再追肥。这样就能够保证冬天里地下养分是充足的，能够供给果树过冬，而且等到来年春天的需肥量就要相对较少。村里的这个苹果种植技术只有70%的人懂，剩下30%的人都在跟风。他通过在自己的院子里面做实验，把得到的成功经验传授给大家，现在已经带动了村里30%的人做农家肥。操作上自己雇工来的时候就会给工人讲解技术，自己干活的时候就在田间地头给邻里讲技术，也会把自己实验的果子拿给村民们看，让村民认可自己的技术。摸索出的成功经验有：1. 有机肥其实不如农家肥好，建议大家用当地养殖场的农家肥，不提倡大家买有机肥。2. 改良密植园，变密植为稀植，通过提高单产的方式来提高农民收入。以前一个袋子投入加上化肥农药等是3毛，卖价是1.2—1.3元/个，目标是通过改良密植以后一个袋子能卖到2元。

H村的技术带头人通过自己的学习探索，掌握苹果种植技术的新方法，并且积极向农户传播。

在市场诱导型技术采纳阶段，伴随着市场化改革我国农村社会环境发生深刻变化，城乡流动加快，农业副业化、农民老龄化、农村空心化、农户建业化等问题大规模凸显，培育新型农业经营主体，发展科学化、机械化、专业化的现代农业成为社会热点。2000年以来，H村中45岁以下年龄的劳动力大多外出务工，从乡村向城市单向流动造成村庄大量的青壮年劳动力流失。苹果园的管理一年四季都需要有人专门负责，苹果剪枝、修整、施肥、套袋、下果子等环节需要相较平时更多的劳动力，一个10亩的苹果园在农忙时节至少需要3—4人不间断地作业，才能保证果园正常的运作。但是，农业从业人员的老龄化难以确保果树种植所需要的劳动力投入，那些留守家中的老龄人口和高龄人口由于身体素质的薄弱、家庭劳动力的缺乏，不得不缩减果园种植面积，或者出让苹果果园。在苹果种植技术方面，其接受能力和学习能力不足，智力发展迟缓，因此对新技术的采纳效果并不理想，单凭这些小农户单打独斗，更难以和科学化、机械化、专业化水平高的现代农业技术相对接。

由于2008年以来，整个渭北高原的苹果产业进入快速发展时期，各地大规模苹果产业园区或者其他类型的苹果园基地用工需求不断增长，本村本镇本县苹果园地的用工需求也不断上涨，劳动力资源除了向城市的非农部门转移之外，同时出现大量的农业产业内部转移现象。大量兼业农户出现，这部分农户群体即使自己家里拥有果园，也依然会在农忙时节先去帮别人干活，再来管理自己的苹果园。波普金认为，小农是一个理性计算的行动者，提出"理性小农"的观点。① 据此，笔者认为小农户会根据自身情况理性计算农业投入和产出，决定其农业技术采纳的行为特质。对于兼业小农户而言，被别人雇佣管理果园可以得到固定工资，而管理自己的果园不但需要一定的前期投入，而且后期果园收益受到自然因素和市场价格波动影响较大，收益不稳定，因此这部分农户群体的投资意愿普遍较低，对于新技术的采纳和接受程度不足。

对于小规模兼业农户而言，苹果种植技术尽管是一项需要长期学习和摸索的事情，也是对自身学习能力的考验，但是其差别更多的还是体现在农户施肥和投资行为上的差别。由于非农收入或者农业雇工收入的稳定性和收入水平一般高于小规模的农业收入，因此兼业农户的主要面向仍然是那些高收入、高稳定性的工作。随着工业化和城镇化的快速发展，农村劳动力不断向城市和工业部门流动，这部分劳动力主要以农民家庭的年轻人组成，而年老的大多留守农村照顾农田和孩子，通过务农和务工两份收入共同满足家庭再生产的物质需要。② 因此，对于留守村庄的兼业农户家庭，土地并不成为其主要收入来源，而是作为家庭务工收入之外的一项保障老年人基本生活需求的生计来源，是父母为其子代能够顺利进城，完成渐进的城镇化的一种保障机制。那么，对于兼业农户和老龄人口而言，农业投资作为一项高风险的投资，农户会尽可能地选择少投入，收入水平基本满足自身日常生活即可。他们对于苹果果树修剪有老师曾教过的基本口诀（去强留弱、去直留斜，强枝叶、弱枝花，

---

① Popkin Samuel L, *The Rational Peasant：The Political Economy of Rural Society in Vietnam*, University of California Press, 1979：702.

② 夏柱智、贺雪峰：《半工半耕与中国渐进城镇化模式》，《中国社会科学》2017年第12期，第117—137页。

大枝亮堂堂、小枝闹嚷嚷），然后依照这个口诀进行果树修剪。对于技术的传播，村里的种植大户因为血缘、地缘的关系也会向普通农户传播技术，普通农户会跟着学习，但是大部分农户仍然认为，种果树的关键不在树上的修剪技术，关键在于舍不舍得投资。

（二）新旧继替：家庭生命周期的影响

如果将农户的资源禀赋差异对其技术采纳行为的影响视为静态的和横向的观察维度，那么家庭生命周期对农户技术采纳行为的影响则可以视作动态的和纵向的观察维度。从共时性上看，即从静态和横向上观察，农户自身资源禀赋差异会使普通农户上升为种植大户、家庭农场，或使小农户坠落为粗放经营的兼业农民。从历时性上看，即从动态和纵向上观察，农户的家庭生命周期决定了农户会沿着一定的轨迹规律性地变动。当户主比较年轻，家庭属于扩大型直系家庭时，农户往往倾向于积极采纳新的农业技术；而当户主比较年迈，随着体力的不足以及对未来预期的更加不确定性，整个家庭也处于萎缩时期，家庭中劳动力人员越来越少，此时农户往往对农业技术的采纳比较消极。同时农户家庭生命周期对生产技术的采纳可能会呈现出倒 U 形的关系，因为家庭生命周期直接决定农户本身的资本积累和经验积累，因此当农户处于刚建立的家庭时，往往缺乏资本积累和种植经验，因而可能对技术的采纳采取怀疑和消极的态度。而当农户处于中年时，往往家庭劳动力比较充沛，而且家庭的资本积累以及农户个体的经验积累都到了一定的程度，因而对农技的采用会比较积极。而当农户处于老年形态时，家庭处于萎缩型，劳动力较小且户主年老体衰，因而可能对技术采纳持消极态度。

首先，资源禀赋的差异可能导致贫者愈贫，富者愈富。小农户受制于自身的资源禀赋，可能会向两个维度转换，一个是拥有较大土地经营面积的中农，家庭农场，种植大户。其次，小农户只能达到这个水平，除非在外力促发，资本投入之后才可能向产业园区转换，或者前期积累较多的社会资本和经济资本。再次，随着农户家庭生命周期经历不同的形态，小农户可能也会向下坠落，变为兼业农民，退出生产竞争，采取粗放式的经营方式。

家庭生命周期对同一个农户在不同时期的技术采纳发挥不同的作用。

随着个体在家庭中处于不同的生命周期，农户会在年轻时候积极采纳，到年老时候选择退出农业科技生产。

案例10：在调研中发现有一个农户，其户主今年65岁。一开始是有十几亩果园，到现在自己只种几亩。在1985年的时候村上才开始载苹果，最早有5家人种苹果，1988年和1989年挂果。1988年种了4亩苹果，剩下的种玉米、小麦和甜菜。初挂果一开始一亩地几百斤，第二年就1000多斤，最多能够4000—5000斤。随着时间的发展，现在农户处于老年时期，自己的老伴已经去世，孩子都成家了，自己就把果园租出去，只种1亩多苹果园，够得上自己温饱就可以，就成为贫弱小农户了。

同一个农户家庭中，随着家庭生命周期的变化，他由兼业农户可能向下坠落，成为贫弱小农户。从历时性的角度看，农户生产与自我的生命周期状态密切相关。

当然，在生命周期中，农户也有可能向上生长，成为种植大户。因为处于不同生命周期的农户往往对规模生产有显著的影响。因为不同生命周期中的农户的物质基础和经济基础不尽相同，对农业生产性投入的多少具有较大差异。与此同时，随着不同生命周期中农户生产规模的不同，当农户由小农转变为兼业农户或种植大户时，兼业农户或者种植大户获得一定的资金技术也有可能变为农业企业。这里有一个企业园区的案例，这个园区老板之前是村里的种植大户，也是苹果代办，后来赚钱了在城里开酒店，然后人脉资源越来越广，现在和人合伙投资办了苹果产业园区。而且，随着处于生命周期的不同阶段，由于经验的不断积累以及对农业生产的熟悉度不断增加，使得处于中年的农户更加可能实现规模经营以及积极采用技术来提高生产效率。像案例9中LJF这样的年轻人本身在村子里这个年纪段的人就不多，所以他回村发展就非常有优势。正因为其在先前积累了丰富的经验，拥有比较开阔的视野以及对农业技术有进一步的了解，从而当逐渐把握好生产的预期与自身正处于年轻力壮时，往往会积极引进先进技术，进行规模化和高技术高生产率的经营农业。

四 技术采纳行为差异化的影响

（一）挤压了小农户的技术供给空间

以FY园区为代表的农业企业吸纳政府基层惠农资源和公共农业技术服务项目，致使小农户的技术供给需求得不到满足，挤压了小农户的技术供给空间。

2008年以后，合阳县的基层农技推广体系进行调整和改革。由之前的三级领导服务机构，即园艺技术推广站、苹果开发服务中心、果业局组成的技术推广体系变革为一般化的政府行政单位，果业局和县乡农技推广中心互不管辖，果业局和镇农技专员互不管辖，乡镇农技推广经费没有保障，技术服务人员管理缺位。面对合阳县十万多户果农，果业局和乡镇一级的农技干部只能通过抓典型、抓示范户的方式开展农业技术推广和服务工作。2008年以来，农业规模化生产和土地流转政策不断推进，FY农业园区就是在这样的背景下成立的。农村税费改革以后，我国惠农资金主要以项目形式向下流动，[①] 农技推广领域中地方政府拥有对农技推广项目投放的审批权，决定惠农资源的分配方式。伴随着农业产业园区、农业企业等多种规模农业经营主体的出现，地方政府有意识地将惠农资源向这些主体倾斜。FY园区对地方政府的惠农资源的吸纳主要表现在项目资金和技术培训两个方面。

在项目资金方面，首先是政府对于贫困户的扶持资金。FY园区同时也成立了FY合作社，政府将每个贫困户的扶持资金以入股的形式投资合作社，年底由合作社向贫困户发放精准扶贫收益分红资金。因此，FY园区通过合作社的运作获得政府的精准扶贫资金投入。其次是对于规模经营主体和现代农业的项目资金。包括果业局给园区提供防雹网、钢丝、钢管、地布、竹竿等防灾设施和现代农业需要的水肥一体化设施。防灾工具市场价格约每亩地3000元，千亩园区这部分费用合计300万元，水肥一体化机器150元，园区只需要购买35万元的管道即可。

[①] 周飞舟：《财政资金的专项化及其问题——兼论"项目治国"》，《社会》2012年第1期，第1—37页。

在技术培训方面，FY园区吸纳了地方政府的农技干部和科研院校的研究人员。西北农林科技大学的土肥专家，园艺学院的王立存院长，以及果业局的技术专员是该园区的主要指导人员。园区刚建立的时候，没有自己的技术人员，因此向果业局寻求帮助，果业局的副局长来进行实地指导，除此之外也邀请白水县的苗木技术员来进行实地指导，这些都是果业局免费支持。园区后来聘请专业的技术人员来做技术指导老师，并且与果业局副局长沟通协商过技术之后正式上任。

从上述的几个方面来看，政府部门在惠农资源上存在一定的倾向性分配，这主要表现为现代农业产业园区等规模农业经营主体的政策优惠、项目支持以及人员技术的支持，而对小农户则倾斜不多，甚至处于被边缘化的境地。产业园区对农技推广部门的政策资金的依赖和农技推广部门对于规模农业经营主体的技术推广需求形成联结，不断增强双方的相互依赖性，这就意味着其他小农户难以得到足够的资源扶持。

另一方面，农技推广需要注重全体农户的需求，提升农户的人力资本。在农业转型的背景下，出现"公益悬浮与商业下沉"的双向变化，并未能有效满足农民真正的农技需求。[①] 另外，基层农技推广存在"垒大户"的现象，基层农技推广资源容易被规模经营主体俘获。[②]

在产业园区、合作社等规模经营主体未发展之前，地方政府的基层农技推广服务仍然是主要面向一般小农户，对于大部分小农户而言，享受到的农业技术干部和研究机构相关专家的指导机会是大致均等的。一般有什么问题，农户可以等到下次技术专家来村里讲授的时候直接向专家询问，或者可以外出参加很多技术培训。但是2008年以来，规模经营主体不断壮大，苹果产业化和果业技术的现代化需求难以和传统小农户形成有效勾连，地方政府基于财力、物力和人力的考虑，会主动向规模经营主体倾斜其惠农资源和农技服务。对于H村的小农户来讲，在2015年遭遇冰雹灾害之后，很多大户和小户的果园受灾，2016年开始政府要

[①] 冯小：《公益悬浮与商业下沉：基层农技服务供给结构的变迁》，《西北农林科技大学学报》（社会科学版）2017年第3期，第51—58页。

[②] 孙新华：《规模经营背景下基层农技服务"垒大户"现象分析》，《西北农林科技大学学报》（社会科学版）2017年第2期，第80—86页。

求必须搭防雹网，政府只提供防雹网，但是搭防雹网的杆子和绳子需要农户自费购买，一亩地成本大约1000元。2016年春季的时候政府给了涂树干防腐烂的药，一户只发了两斤药，只能够涂1亩地的树。政府的公益性农技推广服务产品的供给和小农户的农业技术服务设施需求不相适应。而对于FY农业园区，政府在防灾方面给予了防雹网、钢丝、地布、杆子等一系列健全的防灾设施，以及现代农业高科技机械设备等。这些公益性农业技术服务产品只针对规模农业经营主体，不对小农户供给。这样的做法无疑挤压了小农户的技术供给空间。

（二）不利于现代农业技术的广泛推广

农户的兼业化程度越深，对农业生产部分的投资意愿和技术采纳意愿越低。园区企业加深农户兼业化程度的同时，使得小农户对现代先进农业技术的采纳成本增加，降低了小农户的技术采纳意愿，不利于现代农业技术的广泛推广。另外，产业园区通过对基层政府惠农资源和农技服务的吸纳，阻碍了现代农业技术向下服务的渠道，致使小农户与基层农技推广体系之间背离程度深化，不利于现代农业技术向广大小农户进行推广。

改革开放以来，中国的农户分化随着工业化和城镇化推进产生，出现兼业农户和专业农户，其中，兼业农户伴随农业劳动力非农转移而不断加深，"农民工"随之出现。[①] 与此同时，农村空心化、土地非农化用途日益严重，甚至有些地方出现大面积的土地抛荒现象。城市资本和商业资本的下乡，虽然有利于重新调整土地面积、规整土地用途，合理利用农村闲置耕地，但是也造成了农业生产的资本化倾向和农民的"无产化"倾向。[②] 在农地规模经营和新型农业经营主体的培育过程中，大规模的土地流转使农户放弃了对部分耕地的经营权，而只保留其承包权。同时，大规模的农业园区需要大量的农业雇工，促使农户从家庭经营的形

[①] 赵佳、姜长云：《兼业小农抑或家庭农场——中国农业家庭经营组织变迁的路径选择》，《农业经济问题》2015年第3期，第11—18页。

[②] 陈义媛：《资本下乡：农业中的隐蔽雇佣关系与资本积累》，《开放时代》2016年第5期，第92—112页。

式中脱离，农业劳动力向农业产业转移，成为农业产业工人。FY园区流转了附件几个村庄1300亩的耕地，每亩地租金400元，租期共20年。虽然流转的多是两村交界处的土地，大多种植小麦、玉米，土地的家庭经营效益不如果园，但是不同农户对于土地流转仍然持不同意见。园区通过寻找村庄能人，利用村庄熟人社会关系，让本村人劝说这部分农民，比如有十家人愿意，一家人不愿意，那么就让中间人发动其余九家去给那一家做思想工作，土地流转顺利完成。而且，园区承诺被租地的农民可以优先来干活，现实情况是基本上被包地的农户中80%的人都会来干活，有的是外出打工了不愿意来干活，有的是懒在家里面不想来。在园区打工每个月能够有2000—3000元的工资，年轻人基本会进城或者到工业服务业领域寻找报酬更高的工作，而村中50岁及以上的劳动力则会优先选择来园区打工。附近村庄中的耕地被流转的农民大部分选择来园区打工，脱离了家庭经营的形式，无疑是加深了这部分农户的兼业化程度。

（三）影响苹果种植结构调整升级

农民作为农业生产经营的主体，其种植意愿与行为选择是实现种植结构调整与农业结构变动的微观基础。[①] 对于H村而言，兼业农户的大量增加会降低农户对新技术的采纳意愿，降低农户的投资意愿。加之，不同农业经营主体技术采纳行为的差异化，使得苹果种植结构优化升级新技术的采纳率不一，难以实现标准化种植和管理、难以有效推广新的种植技术，实现当地苹果种植结构的优化升级。大量兼业小农户的存在无法有效对接现代农业发展中苹果种植技术的高标准、规范化操作和管理，影响了陕西省合阳县苹果种植结构与市场化需求的匹配程度，阻碍种植结构的调整升级。

（四）加剧了基层农资市场的混乱程度

由于我国农业社会化服务体系尚未健全、农民组织化程度低，在市场信息不对称的情况下，农资经销商和农资购买者之间存在多种博弈状

[①] 李娟娟、沈淘淘：《玉米市场化改革下农户种植决策影响因素研究——基于吉林省农户对优化种植结构选择行为的分析》，《价格理论与实践》2018年第3期，第115—118页。

况，假冒伪劣农资层出不穷。在农资的销售末梢，乡村农资市场中假冒伪劣农资产品占据着比真品更为广阔的市场份额，这些假冒伪劣农资产品或是全盘作假，或是以高仿真品的形式鱼目混珠，以低于真品的价格来误导消费群体。由于种种原因，农资市场甚至会出现类似于"劣币驱逐良币"的现象。H村村民也认为，"假货太多，难以分辨，在一堆假货之中的稀有真货，并不能让农民相信，所以真的也就被认为是假的了"。笔者认为，甘井镇H村的农资市场假冒伪劣产品能够拥有较大的市场份额和农资市场的混乱及其购买群体即大规模分散的兼业小农户的心理和行为特质有密切关系。

农资销售中，农资经销商的销售策略可以划分为以下几类。第一，借助村庄内部的社会关系和熟人关系。较为典型的表现是，动员村干部、粮食收购中间商、种植大户等与村民打交道比较密切的人成为农资销售代理人。H村的小规模种植农户曾讲道，"化肥商一般不直接跟村民接触，而是借用村中的熟人社会关系，找村里的一个中间人，这个中间人不一定就是代销人，大多是村里比较有威望和权威的人，然后让这个人统一购买化肥。那么村民付账就是付给了这个中间人，就和化肥商之间隔离开来而直接面对这个中间人。农民资金不足赊账也是向这个中间人赊账"。第二，农资企业通过村庄联络人组织农民进行农业技术培训。在H村，2000年以后卖化肥农药的相关农资公司、企业每年都会来村里做培训，在2010—2018年间培训明显增多。农资企业一般会通过联系中间人，让中间人去联系村民，这个中间人多是村内的种植大户或者其他比较有声望的农民，选择农闲时节带技术老师进村讲解或者包车让村民去农资公司的生产基地进行集中培训，让农民对产品有更加密切的体验，对农户的服务趋向人情化和生活化。所以，农户区别政府公益性农技推广和公司商业性农技培训的方式在于，政府的培训是由队长通过村委喇叭、微信等渠道通知，除此以外的村民联系都是商业性质的培训。综上所述，农资供销商通过一系列的销售策略将企业的销售行为嵌入村庄社会网络关系之中，借助熟人社会的力量提高村民对产品的信任程度和购买意愿。但是，通过实地调研，H村村民依然认为自己在购买化肥农药等农资上面遭遇到不少的欺骗，主要表现在村民认为自己买来的农药化肥是假的，有时候把杀虫剂喷在果树的虫子上，虫子还能动，或者化肥并没有起到应有的作用。市面上的假冒伪劣的化肥、农药让人防不胜防，农民难以有效分辨究竟哪种是真、哪种是假。那么，为什么 H 村农民难以有效抵抗他们所面对的假冒伪劣产品？为什么农资市场在 H 村村民中口碑甚差，难以做到品质优良？笔者着重分析兼业小规模农户作为消费者对农资市场的倒逼作用的原因及其机制，并据此辨析在良莠不齐的农资市场中小规模兼业农户的影响。

分散性和弱质性小农户难以有效应对大农资市场，助长了农资市场的混乱。张蒙萌等认为，农户对于农资零售商并不是一个主动信任的过程，一般农户认为农资零售商的美誉度并不高，但仍然会选择"信任"农资零售商并购买他们所推荐的农资产品。[①] 之所以出现这种情况，是因为农资零售商和农户在乡村农资社会网络中所处的地位不同。农资零售商处于这一网络的中心地位，相比处于乡村农资社会网络边缘区域的农户而言，获取农资相关的信息和资源的能力更强、速度更快，导致二者市场信息不对称、资源获取能力不对称。

在 H 村可以发现，农户购买农资产品的主要方式，一是信任熟人介绍的东西，即根据农资代理人和自己的关系来判断；二是从众心理，看大多数人买什么自己也买什么；三是选择大品牌不用杂牌产品，即"看关系、看别人、看品牌"。即使买到了假的农药、化肥等产品，农户也很少通过诉讼渠道以法律维权，只是在下次购买时不再购买那家产品罢了，对此 H 村村民普遍自我调侃"农民的皮厚，任人宰割"。对于世代生长于斯的农民而言，村庄社会关系才是他们最信任的，向政府反映，通过法律渠道维权是不可行的。农民对于农资的购买和选择不是一个"购买—维权—再购买"的实践逻辑，而是一种"购买—试错—再购买"的实践逻辑。农民对于一个化肥、农药的认同，其实就在于不断的试错，农民只能辨别出哪些是假的，不能直接知道哪些是真的，只有在不断的试错以后才能避免买到假化肥、假农药。而农民之所以持这种意识，有以下几方面原因。其一，经历了 20 世纪 90 年代的供销社改革和农业"三站"的改革之后，如今从事农资经销的人员大多与农业部门和供销社体系有

[①] 张蒙萌、李艳军：《农户"被动信任"农资零售商的缘由：社会网络嵌入视角的案例研究》，《中国农村观察》2014 年第 5 期，第 25—37 页。

着千丝万缕的联系。① 假肥的监督审查措施由于是交由上级农业部门处理，因此现实上很难实施。其三，对于苹果果树而言，分散的小规模种植农户难以辨别化肥的真假，因为可能前一年的化肥还在土地没有消耗完，果树依靠上年的化肥也能够长得好。因此，在弱质和分散的小农面前，和农业部门、供销社体系有着千丝万缕联系的农资企业就会以一种强势群体的姿态展现，通过嵌入村庄内部的社会关系，渗透到小农户的日常生活实践和市场行为中，在信息不对称、能力不相等的境遇下，农资造假、鱼目混珠，损害小农户的正当权益。其二，兼业小农农业投资不足使高价真品难以拥有广泛市场。农户风险规避（偏好）程度会影响其农业生产和投入行为，小规模农户的风险规避程度有助于解释一些农户出现偏离利润最大化目标的生产经营行为。② H 村村民大多是 50 岁以上劳动力，40 岁以下在村从业人员只有 6—7 人。小规模农户的主要劳动力年龄构成多是那些 45 岁或者 50 岁以上的劳动人口，对于农业风险具有很强的规避偏好，农业投资普遍不高。相比真化肥，假化肥以其较低的价格更符合兼业农户的投资需求，更有基层市场。兼业农户和小农户投资程度不高、风险规避程度强，体现在农资购买行为中多少有一定的"贪便宜"心理倾向。甘井镇有个化肥代理商给他的亲弟弟推荐了两种化肥，一种是真的，原价 150 元/袋，给弟弟只要 80 元。一种是假的，原价 80 元/袋，给弟弟不要钱。但是他弟弟却选择了假的而不要真的化肥。对于化肥来讲，其实农民离肥料制作很远，不知道假肥料是如何制作的，所以误认为假肥料也是有用的。其实这是一个思想误区。而且假货太多，难以分辨，在一堆假货之中的稀有真货，并不能让农民相信。"谎言重复千遍就是真理"，即使有真的农资出现也会被认为是假的农资。

本章以陕西省合阳县苹果产业发展为例，重点分析农技推广中农户技术采纳行为的推动机制，呈现农户技术采纳行为的表现形态，并深入分析其形成原因和影响机制。研究发现，合阳县苹果种植技术推广过程

---

① 陈义媛：《中国农资市场变迁与农业资本化的隐性路径》，《开放时代》2018 年第 3 期，第 95—111 页。

② 仇焕广、栾昊、李瑾、汪阳洁：《风险规避对农户化肥过量施用行为的影响》，《中国农村经济》2014 年第 3 期，第 85—96 页。

中，农户技术采纳行为具有显著差异性，并遵循一定的演变规律。截至20世纪末，借助合阳县行政力量，当地形成了行政主导型、积极主动型和观望怀疑型三种农户技术采纳行为类型。随着市场经济快速发展和农民分化，21世纪以来，当地逐渐形成了贫弱小农户、兼业农户、种植大户和农业企业四类不同的农业经营主体，四者的技术采纳行为具有明显差异性。研究发现，农户资源禀赋差异和家庭生命周期对其技术采纳行为具有显著影响。不同存量的社会资本、经济资本以及人力资本造就了农户技术采纳行为的不同特征，并且导致贫者愈贫而富者愈富的现象。而受到家庭生命周期影响，异质性农业经营主体之间具有相互转化的可能性，且同一农户在家庭生命周期不同阶段，其技术采纳行为亦呈现新旧继替的差异形态。

异质性农业经营主体技术采纳行为的差异化现象，农业企业对基层农技推广体系的吸纳机制，会挤压小农户的技术需求空间，不利于现代农业技术的大规模推广，也会影响当地苹果种植结构优化升级。小农户的分散性和兼业化程度的不断加深，会进一步加剧农资市场的混乱局面，出现劣品驱逐真品现象。这些现象和问题，不仅挤压小农户的生存空间，也会加剧农技推广"最后一公里"难题。据此，本书提出针对性政策建议，以促进农技推广服务精准投放，满足不同农户的技术需求。对于农户的技术采纳，应该尊重其一定的自然演变规律，农业技术支持应该分类施策、精准投放，对小农户、种植大户、农业企业的公共农业技术服务政策应当有所区别。除此以外，培育新型农业服务主体，促进农业服务的规模化，发展多种形式的适度规模经营等方式也需要被纳入考虑范畴。

附录一

小农经营现代化的新走向[*]

一　问题的提出

在人多地少的国情下，我国仍有超过2亿户"人均不过三分、户均不过十亩"的小农。[①] 在此背景下，中国农业的现代化绕不开小农户，十九大报告也提出"实现小农户和现代农业发展有机衔接"是实施乡村振兴战略的重要举措。

改革开放以来，国家一直在思考农业现代化的出路问题。受经济学家生产要素最优配置的影响，[②③] 国家将农业规模化视为农业现代化发展的主要方向。在很长一段时期内，国家将农业规模化与小农经营对立起来，认为农业规模化直接等同于农业规模化经营。在家庭联产承包农地制度上，农业规模化经营的前置条件是土地集中，因此，推动土地流转成为实现农业规模化的必经之路。地方政府在国家政策的引导下积极推动土地大规模流转，[④⑤] 由此，各类规模化经营主体一时在我国农业中遍

---

[*] 本部分内容由西北农林科技大学陕西省乡村治理与社会建设协同创新研究中心曾红萍博士撰写，曾以《托管经营：小农经营现代化的新走向》为题发表于《西北农林科技大学学报》（社会科学版）2018年第5期。

[①] 姚洋：《重新认识小农经济》，《中国合作经济》2017年第8期，第20—21页。

[②] [美]西奥多·W·舒尔茨：《改造传统农业》，梁小民译，商务印书馆1987年版。

[③] 蔡昉、李周：《我国农业中规模经济的存在和利用》，《当代经济科学》1990年第2期，第25—34页。

[④] 孙新华、钟涨宝：《地方治理便利化：规模农业发展的治理逻辑》，《中国行政管理》2017年第3期，第31—37页。

[⑤] 曾红萍：《政府行为与农地集中流转——兼论资本下乡的后果》，《北京社会科学》2015年第3期，第22—29页。

地开花。然而，实践证明农业规模化经营并没有实现预期降低生产成本、提高农业经营效率以及保障粮食安全的目标，反而因地租、雇工、监督等因素提高了农业的生产成本，同时还降低了土地的产出率。[1][2] 同时，规模经营主体在自主经营过程中出现普遍亏损现象，有的选择直接退出经营，有的则将土地进行再分割后转包给代耕户耕种。[3] 此外，农地大规模流转对农村阶层分化、乡村治理产生了负面的影响。[4]

以规模经营为基础的农业规模化之路出现了一系列问题，国家开始重新审视小农经营与农业现代化的衔接问题。在保持小农经营不变的条件下，以农业服务规模来实现生产要素的合理优化配置，是近两年政策和实践层面探索出的小农农业现代化的可能路径。例如，山东、江苏、陕西等地正在实施"土地托管""联耕联种"等农业社会化服务。农业规模化服务也引起了学者们的关注。韩启明对内蒙赤峰市的案例研究发现，农业规模化并不以土地的集中和小农经济的消亡为前提，农业服务的规模化既构建了一种"新型农业经营体系"，同时还保持了农村乡土社会的原貌。[5] 陈义媛以鲁西南W县土地托管的实践，分析了土地托管中各行为主体的行为逻辑和动力机制，并指出了当前土地托管中面临组织成本过高的困境。[6] 孙新华通过对"土地托管"和"联耕联种"两种农业规模化服务运作机制的对比，研究发现村社组织作为连接社会化服务主体和小农的桥梁，在"土地托管"和"联耕联种"中发挥了主导作用。[7]

---

[1] 贺雪峰：《论农地经营的规模—以安徽繁昌调研为基础的讨论》，《南京农业大学学报》（社会科学版）2011年第2期，第6—14页。

[2] 王德福、桂华：《大规模土地流转的经济与社会后果分析—基于皖南林村的考察》，《华南农业大学学报》（社会科学版）2011年第2期，第13—22页。

[3] 陈义媛：《资本下乡：农业中的隐蔽雇佣关系与资本积累》，《开放时代》2016年第5期，第92—115页。

[4] 杨华：《阶层分化背景下不同类型的土地流转及其影响》，《杭州市委党校学报》2013年第3期，第66—72页。

[5] 韩启民：《城镇化背景下的家庭农业与乡土社会》，《社会》2015年第5期，第122—141页。

[6] 陈义媛：《土地托管的实践与组织困境》，《南京农业大学学报》（社会科学版）2017年第6期，第120—130页。

[7] 孙新华：《村社主导、农民组织化与农业服务规模化——基于土地托管和联耕联种的分析》，《南京农业大学学报》（社会科学版）2017年第6期，第131—140页。

既有研究主要以分散的小农户如何与规模化服务进行对接为问题意识，分析如何将小农户组织起来及其运作过程中的困境，而对农业规模化服务如何重新配置生产要素以适应农业现代化的研究较少。

本文以农业规模化服务如何重新配置小农经营的各生产要素为问题意识，分析农业托管这种农业服务规模化的实践逻辑及其动力机制。本文采用质性研究中的案例研究方法①，资料来自笔者及所在的农业治理研究团队成员于2017年8月在陕西白水县开展的专题田野调研，主要通过半结构式访谈收集资料。白水县位于陕西省东北部，全县耕地面积72万亩，地处黄土高原沟壑区，气候适宜苹果种植，白水县从1980年代初期开始种植苹果，经过三十多年的发展，全县苹果种植面积已达50多万亩。

二 三种经营模式比较

白水县的苹果种植主要以小农经营为主。在当前果农分化、农村人口外流以及公益性农技服务体系悬浮②的背景下，白水县苹果种植一方面在向规模化经营方向发展，另外通过发展农业托管这种农业规模化服务来进行应对。本文的托管是指，小农将果园经营中的全部或部分生产环节委托给农业公司经营管理，小农以不同的方式从农业服务公司获得一定的报酬，小农与公司共担生产中的风险。

农业托管介入到白水县苹果种植业中，形成了小农果园当前的不托管、半托管、全托管三种生产经营模式。如表1所示，下文主要通过以下四个要素比较三种经营模式，包括技术、劳动力、土地、资金和农资。笔者试图通过不同生产经营模式中各生产要素的对比分析，指出分化的小农在农业现代化过程中的可能路径。

---

① ［美］罗伯特·K. 殷：《案例研究：设计与方法》，李永贤、张蘅参译，重庆大学出版社2010年版。

② 冯小：《公益悬浮与商业下沉：基层农技服务供给结构的变迁》，《西北农林科技大学学报》（社会科学版）2017年第3期，第51—58页。

表1　　　　　　　　　　　三种经营模式比较

	不托管	半托管	全托管
技术	自我搜寻	企业提供	企业提供
劳动力	自雇	自雇	雇工
土地	自营	自营	他营
资金/农资	自购	定点自购	企业购买

（一）在不同模式中的技术来源比较

苹果种植属于技术密集型产业。具体而言，苹果种植中的技术主要涉及土、肥、水、病虫害防治、果园修剪、品种等一系列的知识体系。技术的采纳与更新直接决定了苹果的产量与质量，也就直接决定了苹果种植的收益。

20世纪80年代以来，白水县果农的技术主要来源于四个方面：一是来源于政府公益性农技推广体系，果农参加县、乡农技部门组织的培训，或者是农技部门的工作人员下村进行指导；二是从经营性的农资服务店获取，果农在农资店购买化肥、农药等农资时，农资店提供免费的技术指导；三是从村内技术娴熟的"土专家"那里获取，果农在农闲时经常聚在一起交流果园管理技术以及市场行情等，由此，构建了农村内部"土专家"向普通果农传播技术的场域；四是通过种植过程中的反复实践积累经验。

然而，近几年，白水县果农获取技术的途径出现了变化。首先，白水县的公益性农技服务体系基本瘫痪，农技服务组织出现经费、人员短缺、农技人员不愿意下乡的现象；其次，近几年，规模化经营主体在白水县发展迅速，一大批"土专家"被吸纳到农业企业中做技术指导员，有的"土专家"则升级成为种植大户，"土专家"自顾不暇，不再有时间与普通果农交流技术。同时，由于农资店主要负责销售农资，免费提供的农技服务水平参差不齐，不参加托管的果农面临技术更新的困境。

在半托管经营模式中，小农户主技术来源于农业企业，但技术的落实仍然由果农承担。具体而言，提供服务的农业企业每年都会对半托管农户的果园进行测土配方，并在相应的时间点通知半托管的农户施肥、打药、剪枝。在全托管经营模式中，小农户的技术也是由农业企业提供，不同的是，在全托管模式下技术的实施也由农业企业承担。

（二）不同模式中的劳动力配置方式比较

苹果种植属于劳动力密集型产业，疏果、套袋、下果子等生产环节均需要大量的劳动力。根据我们调查的统计数据显示，白水县小农户的果园面积集中在4—10亩。不参加托管的小农户，劳动力主要由家庭内部供给，只在套袋、下果等劳动力需求量大的生产环节少量雇工。同时，由于种植规模不大，小农户的家庭劳动力在代际之间进行了再分配，一般是父母在家种植苹果，年轻的夫妻外出打工。半托管模式的劳动力配置与不参加托管的小农户相同，主要依靠家庭内部供给劳动力，本文将之概括为劳动力自雇模式。

在全托管模式中，小农将苹果种植中全部生产环节的控制权转让给农业企业。因此，劳动力的使用和配置由企业统一安排。企业主要通过雇工解决劳动力需求问题，主要从周边农村雇用劳动力，托管农户也时常被雇佣参加果园生产。值得注意的是，被雇佣的托管户不再拥有生产安排以及自身劳动力的控制权。因此，白水县已经开展的农业托管主要以半托管为主，全托管的农户较少，选择全托管的农户主要有两种类型：一种是家庭中青壮年劳动力外出务工，在家的父母年龄偏大，劳力跟不上苹果种植的需求；另一种是家庭自有资金不足，无法在苹果生产上进行有效投资的贫困小农。

（三）不同模式中的土地权益比较

土地是农民最重要的生产资料，是农民经济收入的重要来源，土地对农民而言具有保障功能。[1] 在产权制度安排上，土地权是集体所有制下的一类权利：包括所有权、占有权、使用权、收益权、处分权和经营权等。土地下放到户以来，农村土地通过家庭联产承包经营制度，实现了土地所有权和土地承包经营权的"两权分置"。近几年，随着农村土地流

---

[1] 孙中华：《关于深化农村土地制度改革的几个问题》，《理论学刊》2016年第2期，第40—45页。

转大规模发生，土地承包经营权在实践中出现了承包主体和经营主体相分离的现象，随后中央通过政策法规将土地的承包经营权进行了细分，形成了当前土地所有权、承包权、经营权的"三权分置"。[①]

不参加托管的小农户通过承包经营享有土地的使用权、经营权和收益权。即果农在承包地上种植苹果、安排生产活动以及享有苹果的收益权。参加半托管模式的农户由于只让渡了生产过程中对技术的控制权，果园仍然由农户经营、苹果的收益权也归农户。在全托模式下，果园土地的承包主体和经营主体实现了分离，果农仍然享有土地的承包权，经营权则转让到农业企业手上。

就土地权属而言，农业全托管模式与土地流转模式有共通性，即，实现了土地承包主体和经营主体的相分离，但二者在土地收益分配上存在差异。按照所有权、承包权、经营权"三权分置"的政策法规规定，土地所有者集体、承包者、经营者均有权参与分配土地收益，而在实际的运作中，集体作为土地的所有者基本不参与农地收益分配，土地收益一般在承包者和经营者之间分配。在土地流转模式中，土地经营者通过地租向土地承包者支付土地收益，而承包者获得的地租收益一般低于自己经营土地的收益。以白水县为例，小农将土地流出来的市场价格为每年500元/亩，连树带地承包的果园依据果树的质量，市场价格为每年300—500元/亩。在农业全托模式中，农业公司虽然参与土地收益的分配，但农业公司只从土地收益中拿走较少的部分，土地的绝大部分收益仍然归农户。以白水县兴农公司[②]的全托管模式为例，兴农公司向农户承诺保底亩产4000斤，亩产不足4000斤由兴农公司补足，超过4000斤的部分按照公司与农户6∶4分成。由此可见，同样是将土地经营权转让出去，小农户从农业全托模式中获取的收益比土地流转模式多。

（四）不同模式中的农资比较

苹果种植属于资金密集型产业，农资投入的多少与苹果果径的大小、

---

① 肖卫东、梁春梅：《农村土地"三权分置"的内涵、基本要义及权利关系》，《中国农村经济》2016年第11期，第17—29页。

② 附录中涉及的信息敏感的人名、地名已按学术惯例进行了匿名化处理。

产量直接相关。以白水县小张村的赵文明和高启发两户果农为例，赵文明代表小张村苹果种植收益很好的农户，他在每亩苹果上的投入是：农药300元、水400元、化肥4000—5000元、雇工费用1500元左右，他家的苹果直径在80厘米以上，亩产能达到8000斤，且苹果的商品率达到95%以上，每斤苹果的价格能高出市场平均价格0.2元以上。高启发代表小张村苹果种植收益一般的农户，他在每亩苹果上的投入是：农药500元、水400元、化肥2000元、雇工费用1000元左右，他家的苹果直径在75厘米以上，亩产能达到4000—5000斤。而在小张村，有一部分农户在每亩苹果上的投资在2000元左右，苹果的直径在70—75厘米，亩产在3000斤左右，且商品率比较低。

不同经营模式在资金和农资来源上存在差异。在不托管模式下，农户自筹资金并自由选择购买农资的点；在半托管模式下，资金仍然由农户自筹，但农资必须从提供技术服务的农业企业那里购买；在全托管模式下，生产过程中的资金投入由代管的企业垫资，农资也由企业统一购买，全托管农户的苹果一般也是由代管企业收购，苹果售卖后企业统一跟代管的农户结算。

通过对技术、劳动力、土地、资金、农资几个重要生产要素的比较，我们可以得出以下几点推论：第一，在农业托管模式下，无论是半托管还是全托管，农业企业提供的社会化服务为小农农业技术更新提供了新途径，由此架起了小农农业与农业现代化之间的桥梁；第二，在农业半托管模式下，农业企业代替传统公益性农技推广组织为小农农业提供技术服务，保留了小农经营的主体地位；第三，在农业全托管模式下，虽然小农的土地经营权转让到了农业企业手中，但在土地的收益分配上则主要归小农，这为缺乏劳动力、资金的小农家庭提供了农业增收的途径，同时也实现了农业的现代化。农业托管实质上便是对农业所有的关键生产要素进行重新配置，使其按照新模式来组合，进而发挥更大的效用，应对不同情况又保持灵活。

三 农业托管的动力机制分析

农业托管服务在白水县的苹果种植业兴起较晚，但发展却呈现出燎原之势。以其中的华阳农业公司为例，2016年初，华阳公司在薛村托管了公司基地周边的小农果园22户，托管面积100亩左右，2017年第二次签合同时覆盖了王村80%的农户，同时还拓展了2个村庄，托管的总户数达到367户，托管面积2025亩。值得追问的是：农业公司实施农业托管服务和小农户参与托管的动力机制何在？

（一）小农户：生产要素优化配置，实现增产增收

由于村庄开放、人口外流、农民分化，即使同样面临着经济作物的种植，不同农户因为拥有不同的劳动力、资金、技术等要素，分化带来多样化的需求，因此产生了半托管和全托管两种模式。

半托管主要是在农业种植领域有更多劳动力、更丰富资金的小农户中开展他们在生产要素中其所缺乏的是技术。然而，苹果种植属于劳动力、资金、技术三重密集型产业，技术对于苹果种植而言是刚需，对作物的品质和产量发挥着决定性作用。技术原本是由政府将其作为一种公共物品向农户提供，并由政府建立起一套完善的推广体系，但在这套体系不通畅时，半托管农户转而向市场搜寻技术服务，并承担着较高的搜寻成本和经济成本，抬高了农业生产的整体成本，而且技术服务本身的质量也难以保证，直接影响农户的收益。一批农业公司进入这一领域后，以提供技术服务的形式降低半托管农户的技术搜寻成本，保障技术质量，实际解决了半托管农户的问题。

简言之，参加半托管的小农户的动力机制在于弥补技术匮乏的短板，以适应市场需求，从而实现增产增收。实践也证明，参加半托管的小农户也确实因为农业公司提供的技术支持获得了实际的收益。以薛村参加华阳农业公司半托管的薛年友家为例。2016年初，薛年友将自家的一处过了丰产期的老果园放到华阳公司进行技术托管，华阳公司指导其对果园进行间伐，并对果园进行测土配方。薛年友在提及托管对果园的改变时说道："刚开始间伐的时候，我的树长势都良好，当时很想不开，间伐这么多，得少套多少袋子啊。但是间伐后，果园的通风效果变好了，果子的着色时间变短了。间伐前1亩地150棵只套了三万个袋子，间伐后100棵树套了五万个袋子，而且苹果的单果直径、重量和着色明显比平常好。"薛年友家的果园在参加半托管后实现了增产增收。

全托管的农户，除缺乏技术要素外，同时在劳动力、资金两个要素上有一项缺乏或同时缺乏。由于村民外出务工，一些农户家中只有老人小孩，农业劳动力供给不足，带来种植领域的压力，而村庄中存在经济分化，有的农户则较难承担经济作物种植中的资金投入。劳动力短缺的农户，要么从市场上雇用劳动力，要么家庭的青壮年劳动力返乡务农，再或者继续采取粗放式的经营，前者因为雇工增加了生产成本且并未解决技术问题，青壮年劳动力返乡务农家庭就减少了一份务工收入、成本较高，后者则直接影响苹果的品质与产量。资金缺乏的贫困农户则因在生产过程中农资投入不足经营收益甚微，从而不断再生产出贫困。

以上两种类型的小农户，将果园生产环节交由农业公司经营，公司利用自有资源对果园的生产要素进行重新配置，使得果园的技术、劳动力和资金投入得到改进，极大地提高了这两类果园的产量和产值。在果园的收益分配上，前面已然提到，公司只从托管果园的生产环节中获取小部分的收益，绝大部分的果园收益归农户。这比劳动力和资金两个要素缺乏一项或者两项的小农户自己经营果园获得的收益要高。这是上述两类小农户选择全托模式的动力所在。

（二）农业企业的动力：通过技物配套销售农资以及技术的标准化控制果品质量

在半托管模式下，农业企业为小农户提供的农技服务是免费的，农业企业不从生产环节获取利润；在全托管模式下，农业企业只是从生产环节获取小部分的利益。与此同时，农业企业在为小农户果园提供托管服务时是有组织成本的。而农业企业又是以盈利为目的，其为小农户提供农业托管服务的动力何在？

首先，通过技物配套销售农资。提供托管服务的农业公司多为产业一体化公司，公司的经营业务范围涉及上游的农资销售、中间的生产以及下游的销售和冷藏。农业公司提供的技术托管服务与农资销售是配套的。对于半托管户而言，参加公司托管则必须从公司那里购买化肥、农药等农资套餐，其构成了托管合同的重要组成部分。如果半托管农户不遵守公司的规定，擅自在别的地方购买农资，农户与公司的契约关系自动解除。仍然以华阳公司在薛村的托管为例，华阳公司为薛村的托管户提供免费的技术指导，但是托管户的农资套餐必须从华阳公司那里统一购买。虽然华阳公司提供的农资价格基本与市场持平，但是在数量和种类上明显比小农户自主安排生产时要多，有农户反映，参加美华的技术托管后果园的农资投入明显增加。华阳公司的农资直接来源于厂商，由此，公司可以通过走量和赚取中间层级的差价获得利润。而对于全托管的农户，农业公司不仅获得了上述技物配套的利润，同时还获取了部分中间生产环节的利润。

其次，通过技术的标准化控制果品质量。当前农资市场的竞争激烈，整个行业的利润微薄，农业公司通过技物配套销售农资在上游获取的利润也不是特别高，而销售苹果是农业公司利润的主要来源。苹果的品质的好坏直接决定了公司从下游流通领域内获取利润的多少，此外，在保障食品安全的大背景下，国家相关食品部门对农残的质检也日趋严格。因此，把控水果的质量对农业公司来说至关重要。虽然大多数农业公司都有自己的生产基地，但由于销售量大，苹果主要靠从农户手中收购。自主经营的小农户因技术水平和管理能力存在差异，生产出的苹果品质也存在差异，且生产过程难以追踪和回溯。公司通过向小农户提供托管服务，统一了小农户生产过程中的技术与管理，对果品的质量实现了严格把控，由此保障了公司在流通公司的利润。在调研访谈中，华阳公司的总经理林勇就谈道："以前农民用药，只求把虫杀下去，只要能杀下去就是好药，从不考虑农残和土地污染，收上来的苹果，一箱一箱口感也不一样。现在这样的操作实施方案（指托管），种植过程中以生物制药和有机肥为主，无农残，提倡大家果园覆草当绿肥，再一个是稀释土壤中的重金属。实施统一标准化种植后，苹果大小、口感都一样。现在苹果从树上直接摘下来，就可以吃，包括今天打过农药后，可以直接摘下来吃，也是没有问题的。"其中值得注意的是，农业公司并不承诺一定收购托管果园的苹果，而是享有托管农户果园的优先购买权，其作为农业公司的一项权利写进了托管双方的合同中。由此，公司通过农业托管控制了果品质量，同时又不担心产品积压。因此，通过技物配套销售农资以及技术实施的标准化来控制产品质量，是农业公司开展农业托管服务的主要动力。

四 总结与讨论

小农经营对中国社会经济发展和稳定都有着重要意义，而在中国经济各个维度现代化背景下小农也面临现代化改造，小农经营原有的一些弊端也突显出来，因此当前中国农业治理要解答的一个关键问题便是，如何在保持小农经营重要优势的前提下实现中国农业的现代化。农业现代化的一个重点是如何实现农业中更高的技术转化率，即在更广的范围内使农业科研机构研发的技术得到推广，使农业生产获得更加高质高效高收益。

在原有技术推广体系运转困难的情况下，各地兴起的农业托管服务体系开始在实现小农技术升级、利润提高等方面发挥重要作用，成为小农经营实现现代化的一条可能路径，也为农业治理模式的探索提供诸多参考。

在实践中，农业托管服务分为半托管和全托管两种类型。半托管主要针对的是家庭经济基础好、劳动力充足的小农户，这部分家庭在农业生产中不缺资金和劳动力，缺的是有效的技术及其更新。通过农业公司的托管服务解决了这部分小农户的技术采纳与更新的问题，同时，通过农业托管服务有效地实现了苹果技术的标准化。全托管主要针对除缺乏技术外，还缺乏资金和劳动力两项生产要素中的一项或两项的小农户。因为主要生产要素投入的缺乏，这部分小农户经营果园的收益极低，通过农业公司的托管经营，果园的生产要素投入得以改善，实现了小农果园生产的现代化。同时，农业托管极大地提高了果园的产值，托管的小农户从中分享了绝大部分收益，实现了小农户的增产与增收。其中值得关注的是，农业全托管为贫困果农走出贫困陷阱提供了一条途径，是产业扶贫中值得总结与借鉴的经验。

总之，农业托管实质上便是对农业中所有的关键生产要素进行重新配置，使其按照新模式来组合，进而发挥更大的效用，应对不同情况又保持灵活。而农业现代化正是要解决这个问题，即一方面是改善各个生产要素的状况，另一方面实现各要素的更加有机、灵活的组合。农业生产要素的改善和有机组织的过程中，关键是如何探索出更加契合农村社会需求的模式，如本文中所呈现的半托管和全托管便结合农村社区中不同农户的实际情况进行了策略性改进，使得技术有效推广，提高农民的收益，又保证了小农经营的灵活性、自主性。简言之，农业托管服务为小农农业与农业现代化的有效衔接提供了一条可能路径。

附录二

基层农技服务供给结构的变迁*

一 问题的提出

在当前以城带乡、以工促农的背景下，政府大力推动农业现代化发展，各地农业普遍进行生产方式的调整与创新性探索，使得我国农村农业急速转型。我国农业发展主要有两方面大的调整。按照黄宗智划分，可分为以大粮作物为主的低产值的旧农业和以经济作物以及种养结合的饲养业为主的高产值和高劳动投入的新农业。[①] 在旧农业领域，目前主要是提高机械化[②][③]和推进规模化经营[④][⑤][⑥]以及培育新型农业经营主体[⑦]的问题。另一方面主要是多种形式的向高新技术为主的高产值的新农业的发展。在实地调研中我们发现，无论是大规模的大粮作物的种植和管理，

---

* 本部分内容由西北农林科技大学陕西省乡村治理与社会建设协同创新研究中心冯小副教授撰写，曾以《公益悬浮与商业下沉：基层农技服务供给结构的变迁》为题发表于《西北农林科技大学学报》（社会科学版）2017年第3期。

[①] 黄宗智：《中国的隐性农业革命》，法律出版社2010年版，第133页。

[②] 侯方安：《农业机械化推进机制的影响因素分析及政策启示——兼论耕地细碎化经营方式对农业机械化的影响》，《中国农村观察》2008年第5期，第42—48页。

[③] 张月群、李群：《新中国前30年农业机械化发展及其当代启示》，《毛泽东邓小平理论研究》2012年第4期，第53—59+115页。

[④] 尹成杰：《关于农业产业化经营的思考》，《管理世界》2002年第4期，第1—6+87页。

[⑤] 北京天则经济研究所《中国土地问题》课题组、张曙光：《土地流转与农业现代化》，《管理世界》2010年第7期，第66—85+97页。

[⑥] 郭熙保：《"三化"同步与家庭农场为主体的农业规模化经营》，《社会科学研究》2013年第3期，第14—19页。

[⑦] 陈晓华：《大力培育新型农业经营主体——在中国农业经济学会年会上的致辞》，《农业经济问题》2014年第1期，第4—7页。

还是高产值的经济作物的生产，都对农业生产技术有较高的内在需求。正如黄宗智和彭玉生的相关研究所认为的，我国未来农业的发展方向是从大粮作物向高劳动投入的新农业转型。① 农民的小农家庭生产会逐步发展高技术、高资本、高劳动投入的园艺型农业。因此，农业生产过程中的技术要素极为关键。

为了继续提高我国农业质量效益和竞争力，党的十八届五中全会在《中共中央关于制定国民经济和社会发展第十三个五年规划的建议》中提出要着力强化物质装备和技术支持，构建完备的现代农业产业体系发展战略。其中重要的措施之一，即强化现代农业科技创新推广体系建设，健全适应现代农业发展要求的农业科技推广体系。② 在我国，历来有自上而下从省、市、县、乡到村一级的完备的农技推广体系，长期积累的经验是，国家一直是农技推广资源投资的主体，并且基层农技推广机构是农技推广体系建设的重点，③ 因此，学界关注最多的仍是基层农技推广，即农技"最后一公里"问题。④ 因为基层农技推广体系在保证国家粮食安全和主要农产品有效供给以及农产品质量安全、农业生态安全等技术服务领域发挥着主力军的作用。⑤⑥ 但是20世纪90年代农技体系的"断奶"改革抽空了基层农技体系的财政和组织基础，基层农技体系逐渐出现"线断、人散、网破"现象，并越来越普遍。⑦ 2003年后在湖北掀起的新型公共服务的改革，即农技体系的"以钱养事"改革。"以钱养事"改革

---

① 黄宗智、彭玉生：《三大历史性变迁的交汇与中国小规模农业的前景》，《中国社会科学》2007年第4期，第74—88+205—206页。

② 《中共中央国务院关于落实发展新理念加快农业现代化实现全面小康目标的若干意见》，2016年1月27日，中央政府门户网站（www.gov.cn/zhengce/2016-01/27/content_5036698.htm）。

③ 高启杰：《我国农业推广投资现状与制度改革的研究》，《农业经济问题》2002年第8期，第27—33页。

④ 倪锦丽：《打通"最后一公里"：基层农业技术推广创新的必然选择》，《农村经济》2013年第5期，第89—91页。

⑤ 胡瑞法、黄季焜：《中国农业技术推广投资的现状及影响》，《战略与管理》2001年第3期，第25—31页。

⑥ 黄季焜、胡瑞法、智华勇：《基层农业技术推广体系30年发展与改革：政策评估和建议》，《农业技术经济》2009年第1期，第4—11页。

⑦ 周曙东、吴沛良、赵西华、费贵华、汤成快：《市场经济条件下多元化农技推广体系建设》，《中国农村经济》2003年第4期，第57—62页。

的本质是农村公益性服务市场化。[1] 对此学界也有诸多争议，[2][3] 至今仍无定论。

  无论改革效益的争论孰是孰非，但整体来说，我国的农技体系存在两方面的问题，一是投入不足，由于投入不足而导致一系列的后果：农技推广人员待遇低，从而导致队伍不稳定，[4] 基层经费不足，推广使用的设施、仪器、设备难以满足现代需要；[5] 推广经费的不足，使得推广的覆盖面小，农业科技成果转化率降低，[6] 等等。另一方面是体制不顺，从中央到地方，推广部门被自上而下的科层化的行政体系分割，从而导致农业推广体系作为一个整体效率极其低下，[7] 集中的表现是，基层农技推广体系目前所从事的工作已经脱离了它为广大农民提供公益性农技推广服务的本职工作，而党政中心工作[8]已成为基层农技干部的主要的日常业务。

  从以上我们可以发现，一方面乡村农民有迫切的技术需求，现代农业的发展或农民种植结构的调整将会凸显农业生产、管理技术（统称农技）将是制约农业发展的重大瓶颈。另一方面，我国基层农技推广体系逐步式微，愈来愈远离农民的诉求。然而，笔者以及所在团队通过对皖南繁昌、湖北、湖南粮食作物生产区，陕西白水、洛川的苹果种植和眉县等以水果为主的园艺型农业生产区的调查发现，虽然体制性的基层农技推广资源日趋匮乏，但是农民可选择的市场上的商业性农技资源却非

---

[1] 王甲云、陈诗波：《"以钱养事"农技推广体系改革成效分析——基于湖北江夏、襄阳和曾都三地的实地调研》，《农业经济问题》2013 年第 10 期，第 97—103 页。

[2] 吴理财、张良：《"以钱养事"后续改革推进的问题与对策》，《学习月刊》2009 年第 3 期，第 33—34 页。

[3] 贺雪峰：《"以钱养事"为何不宜推广》，《决策》2008 年第 6 期，第 54—55 页。

[4] 胡瑞法、黄季焜：《中国农业技术推广投资的现状及影响》，《战略与管理》2001 年第 3 期，第 25—31 页。

[5] 周宣东：《基层农技推广体系建设存在的问题及改革建议》，《山东农业（农村经济）》2002 年第 7 期，第 19—20 页。

[6] 何传新、窦敬丽：《当前农业科技推广体系的现状及对策》，《中国科技产业》2004 年第 10 期，第 57—60 页。

[7] 《中国农业技术推广体制改革研究》课题组：《中国农技推广：现状、问题及解决对策》，《管理世界》2004 年第 5 期，第 50—57 +75 页。

[8] 这些工作包括以前的计划生育、税费征收和现在的补贴发放、社会纠纷调解、教育卫生、地方选举、土地征用、拆迁、移民等。

常丰富，各大农资生产商和经销平台在乡村竞争非常激烈（后文再详叙），商业性农技服务进村入户早已成为其品牌营销常态。我们通过粮食作物生产和经济作物生产的农技推广体系的调查对比发现，一个共同的趋势是，伴随着基层公益性农技推广力量的式微，乡村商业性农业推广力量却在日益向乡村渗透，已经覆盖到了偏远村庄、农户的田间地头。因此，本文借鉴周飞舟基于税改后对国家与农民关系的描述中关于基层政权的变化，即"悬浮性政权"概念，将当前乡村的农技推广现象概括为"公益悬浮、商业下沉"，以此来解释乡村基层农技推广供给结构的重大变化，以及这种结构变化的具体实践路径和对农民农业生产带来的影响。①

二 乡村两大农技推广力量的现状

经过安徽、湖北、陕西等地的实地调查，笔者发现无论是大粮作物的规模化生产，还是经济作物的小农生产格局，无一例外的是农民对作物生产、管理技术有迫切的需求。在粮食种植区，现在水稻种子更新快，且又是新型的规模化种植，加上相应的水肥管理和病虫害防治，较以往的生产已完全不同。水果等园艺类的作物生产，以苹果为例，很多品种都是国外引进，土壤、水肥、气候和花果管理都需专业知识，单靠农民自己盲目的摸索，无法让农民家庭承担生产过程的高经济风险带来的损失，由此可见当前转型时期市场化的农业生产对专业化技术具有高度的刚性需求。面对农民对农技的高度刚性需求，乡村主要有两大农技供给力量，即公益性农技力量和商业性农技力量。

（一）公益性农技体系的半瘫痪状态

由国家财政提供的普惠式的农技服务，被称为公益性农技资源。由于 20 世纪 90 年代的改革以及后期的市场化改革，农村组织化的农技网络已经逐步沦为形式化的存在。首先，农技干部的工作性质发生变化，专

---

① 周飞舟：《从汲取型政权到"悬浮型"政权——税费改革对国家与农民关系之影响》，《社会学研究》2006 年第 3 期，第 1—38 + 243 页。

职工作已被行政工作代替。虽然县、乡一级的农技机构和农技干部按照行政或事业编制设置都有不同的岗位设置，正如已有研究①所揭示的，他们的服务工作都已被其他行政工作所累，无法脱身做自己的本职工作（农技服务）。其次，工作方式的变化。下村入户转变为坐办公室的电话网络通知。我们在调查中发现，80%以上的农民都不知道乡镇里的农技干部是谁，这些机关单位里的农技干部几乎不下乡，对农情（农业生产的作物特性、季节性的病虫害等）完全不了解。这些农技干部对接的无一例外的都是村书记，工作方式已经变为电话通知，向村书记交接科普宣传单，这些宣传单最后多半都成了村干部家里或者办公桌上的一堆废纸。最后，上传下达的双向沟通机制瓦解。农技干部不下乡、不了解农情，对于田间出现的问题和新出现的病虫害，农民和村干部也无信息上报的动力。正如许多村干部所反映的，"找干部（县乡农技干部），他们都不种地，一天坐在冬暖夏凉的办公室里，忙得连一年四季都快分不清了，指望他们，汇报到专家那里，估计都过了攒（农时节令）了"。因此，市场化改革以来，地方政府农技体系在基层的组织基础和其所发挥的公益性服务功能可谓为半瘫痪状态。

（二）商业性农技体系的强势发展

20世纪90年代市场经济快速推进，政府原有的农技体系和物资供销体系开始面对市场经济的冲击，农资市场全面放开，任何投资主体（国企、外企、个体私营企业）都可以进行投资，抢占农资市场的利润空间。笔者在调研中发现一个显著的变化，自从2010年之后，乡村的农资市场竞争异常激烈，在各乡镇或中心村、行政村，一个街道均能发现十几家甚至二十多家农资零售、代销店。在激烈的竞争中，农资厂商不仅仅着眼于销售体系，寻找乡村的代理点来为其抢占农资市场，同时也在努力提供农技推广服务，以农技推广服务来销售自己的化肥、农药。他们在相应的农时节令来村里组织技术指导、培训，通过专职的技术员，包村、包镇的方式全面力抓旗下品牌的目标客户群。诸多大型农资销售平台或

---

① 《中国农业技术推广体制改革研究》课题组：《中国农技推广：现状、问题及解决对策》，《管理世界》2004年第5期，第50—57＋75页。

者农资生产商中流行的是"地毯式搜索"的市场发展方式，具体操作是，公司在当地下设销售服务部，有 2 名员工，公司制定了周期性拜访计划，这 2 名员工每人每周需要拜访 40 名农户，登记拜访对象的信息，收集农户遇到的技术问题，然后由公司的技术人员针对性地提供指导。他们还将这些拜访过的农户加到一个微信技术群里，农户如果遇到技术问题，可以把问题拍照发到群里，由群里的技术人员解决。此外，公司要求这 2 名员工在拜访时绘制当地地图，方便以后拜访和日后农资配送。这被企业业务员称为"地毯式搜索"。

这类农资厂商、企业以销售农资为本质的农技推广服务，就是本文所指的商业性农技推广服务，它的农技服务和农资销售是捆绑在一起的。然而，这种技术服务与农资供应于一体的组织力量具有强大的竞争力。[①] 例如企业的技术专家和业务员到村里进行农技指导培训，是带着化肥和农药下村的，使得技术指导可以落到实处。同时，企业一方面用很多赠品来吸引农户，一方面用虚假的低价、折扣来"欺骗"农户购买农资。这在农村非常普遍，乡村街道和中心的农资零售店也是农民获取农业科技信息和农技指导服务的重要力量。

三 公益悬浮：体制性农技推广力量的变迁

我国政府组织设置的农技推广体系建设和推广路线自中华人民共和国成立以来也发生了两次重大转变，主要是集体时代的国家供给和改革开放后的逐步市场化。

（一）农技推广体系建设的变革：政府到市场

根据国家的历史改革轨迹可知，集体时代的农业生产完全是组织化

---

① 据白水县农技中心已退休的吴主任告知，这种技术服务加农贸供应型的农技推广服务就是一种形式化的技物配套，虽然形式化，但是它有相应的农资供给，公益性农技服务恰恰是比较缺乏这一点，仅有技术服务，没有相应物资配套。虽然 20 世纪 90 年代改革时，基层农技单位或农技干部在做技术服务的同时，也在经销农资，但都是较低程度的技物配套。因为服务是公益品，农资是商品，而集体时代将农资定位为生产物资而非商品，并且有相应的国有的农资供应渠道来保证。

的行政体系来督导，推进农业生产。笔者在村里针对老年农民做口述史调查，发现集体时代农技推广的两大特点：第一，在技术层面，有技术培训方面的层层传导，从中央到地方的农技员以培训、学习的方式，一级一级传递技术，最终由农技干部在生产队的试验田进行示范，给农户手把手地指导来完成，此为"下达"；也由于各个生产队的农技员生产、生活均在村庄，并不断进行实践和实验，能够准确把握农田的最新动向，对于他们自己无法解决的问题和新出现的病虫害，可以逐级上报，上报以后由省市农科所的科研人员处理和解答，此为"上传"。因此，集体时代的农技体系可以做到上传下达，在技术传播上没有阻滞。第二，在物资方面，有国企的生产体系和供销社的流通体系作为支撑，物资与技术的配套使用可以有效解决农民生产中的技术需求。值得指出的一个重要前提，是集体时代对"农资"的定位是"农业生产物资"而不是商品，这决定了国家对农资生产、定价、销售等的严格控制。集体时代农业生产中的农技推广体系、国企体系以及供销社体系三者配合，解决了当今基层农技推广体系普遍面临的"技物配套"问题。因此，农业技术推广问题，从来都不是简单的技术问题，它是农村工作全面的组织问题和农业发展方向问题。

改革初期为适应联产承包责任制，各种农技推广中心快速增加，[①] 农技推广体系得到了快速发展。20世纪80年代末到90年代初，国务院发布《关于依靠科技进步振兴农业加强农业科技成果推广工作的决定》，允许农技推广单位从事技物结合的系列化服务后，农技单位均成立了自己的农资销售部门，从事农资的经营工作。[②] 这一发展的直接结果便是，推进了农技服务的市场化发展，导致国家财政开始给农技部门断奶。这一改革在1992的初步效应便是使得44%的县和41%的乡农技站被减拨或被停拨事业经费，约1/3的农技员离开推广岗位，[③] 这便是今天普遍所见到的

[①] 1989年全国共成立县级农业技术推广中心1003个，畜牧技术服务中心198个，水产技术推广服务中心198个。参见黄季焜、胡瑞法、智华勇：《基层农业技术推广体系30年发展与改革：政策评估和建议》，《农业技术经济》2009年第1期。

[②] 黄季焜、胡瑞法、智华勇：《基层农业技术推广体系30年发展与改革：政策评估和建议》，《农业技术经济》2009年第1期，第4—11页。

[③] 宋洪远：《中国农村改革30年》，中国农业出版社2008年版，第32页。

基层农技推广体系功能半瘫痪的组织基础，导致公益性农技资源也开始逐步远离农民，日渐退出乡村。

（二）农技推广路线的转变：群众路线向精英路线的过渡

集体时代的行政促生产和改革初期的税费促生产，都内在地要求基层农技推广工作践行群众路线。这两个时期，农技干部的工作与农民的生产密切结合，农技干部的办公室与农民的田园村庄融为一体，日常工作与农民的生产生活互动频繁，农技干部的技术知识既来自政府的系统化培训，也来自农民的实践与乡土知识。这一时期专家下村指导，农技干部入户了解农情，他们与群众生活在一起，"技术指导＋情感交流"的推广思路可谓群众路线式的推广。在群众路线式的推广实践中，农民与农技干部相互交流、在生产实践双向学习的过程中进行农技推广，效果显著。

20世纪90年代的农业产业化发展和近些年来新型农业经营主体的培育，地方政府的农业治理思路也有了明显的转变，即由小农转向新型经营主体的服务。[①] 一方面，由于政府体系的组织化公益性服务力量已经弱化。另一方面，近些年来，随着地方示范园、种植大户和家庭农场的发展，政府通过政策鼓励、生产资料（果树苗木、地膜等）的补贴，对基础设施项目（灌溉设施、生产道路等）和粮食储藏库水果冷库建设项目的扶持，在大力培育新型经营主体的同时，农技推广思路和方式也在逐步发生转变。首先服务对象在调整，由之前的普遍的小农户为主的普通果农逐步向作为新型经营主体的家庭农场、企业农场（示范园）、合作社方向倾斜。另外推广方式现如今也转变为专家讲课和给企业管理者、种植大户、合作社带头人等举办培训讲座的方式。在此可简称为，农技推广的精英路线。

在调查中，按照农民的话语，"现在的农技培训都是走上层路线"。上层路线主要是指，现在县乡组织的技术培训，是集中式的授课学习。将家庭农场主、合作社理事或技术员以及企业技术员等统一集中起来，

---

① 冯小：《新型农业经营主体培育与农业治理转型——基于皖南平镇农业经营制度变迁的分析》，《中国农村观察》2015年第2期，第23—32＋95页。

拉到某地培训中心，进行封闭式的、讲课式的技术指导和培训，逐步远离乡村普通农民的生产、生活空间。精英式的农技培训工作，培训重点是新型的适度规模化农业的生产、管理和销售，目标是培养高素质专业化农业经营者。这种精英式的培训只是服务于少数相关利益主体，其后续的示范带动作用所受质疑正如已有研究[①]指出的依靠企业大户带动农户所存质疑是一样的。因此，精英式的农技培训工作的带动示范效应受到质疑，其自身还存在不同程度的技术排斥。这种集中式培训将使技术培训建立新的技术壁垒，形成新的技术排斥效应，家庭农场主通过免费培训能够较快、较系统地获得新技术，而普通小规模农户则由于基层公益性农技力量撤出村庄而难以获得新技术的信息、指导和学习机会。所以，在一定程度上，可以说精英式的农技推广路线在客观上加速了农民群体的分化。因此，面对多元化的经营主体需要建立多层次、多渠道的推广方式，不能一叶障目，用新型农业经营主体的视野来完全替代小规模农户。农业技术培训和推广应该统筹、全面地考虑，才能最大化的发挥农业科技服务于社会、服务于产业、服务于农民的作用，不能让公益性的国家科技资源和政府体制性资源成为少数精英主体的私有资源。

因此，从以上两个方面来看，不论是公益性农技推广体系建设的变革，还是农技推广路线的转变，都凸显出公益性农技资源日渐远离普通农民、远离村庄，导致政府的公益性农技力量在农村走向悬浮状态。

四 商业下沉：商业性农技推广力量崛起的实践机制

商业性农技体系发展市场在大众的视野中主要是通过一级一级的代理商和公司技术员在推广。首先，公司人力有限，一个大的区域一般只有一个专职技术员，依靠农资代理人或者经销店主做兼职技术员，对购买农资的农民做一些服务、指导工作。在乡村的农资店那里，这些店主自身的生产实践技术很难与一般的老农相比。他们主要进行农资经营，

[①] 熊万胜、石梅静：《企业"带动"农户的可能与限度》，《开放时代》2011年第4期，第85—101页。

较少进行相关农作物生产实践。其次，他们仅仅只是向农民介绍农药的药性、药效，化肥的功效，并没有系统的技术指导能力和知识体系，而且农资店主对农民介绍的这些特性还需要果农自身的判断和辨别，进而选择接受与否。但是，他们有低程度的"技物配套"优势：一是以农资店为代表的商业性技术力量与农民的物理距离最近，就在农民身边，而且与农民是乡土社会的熟人关系。这相比公益性力量具有便捷的时效性。二是农资店一般会给农民赊贷农资，解决果农的部分生产资金困难的问题。因此，商业公司依靠遍布乡村的农资代销店主的熟人关系解决了低程度的技物配套问题。农业生产中遇到什么问题，就会有相应的药物来防治，这是商业性农技体系可以快速反应的优势，但这只是其迅速发展的基础，其近十来年的快速发展关键性的实践机制主要是"农企合作"，即政府的农技部门与生产或者销售农资的公司合作。这种合作的本质是商业公司对相关公益性农技组织力量的嫁接与借用，其主要有以下几种方式。

（一）项目制下的"招商合作"

原有的公益性农技推广体系式微的同时，国家也在不断尝试新的农技服务和推广方式。以测土配方肥为例，地方政府通过把国家的测土配方数据提供给招标来的企业，由企业进行生产，政府协助企业进行推广。一方面，企业的农资因为部分有项目补贴，所以可以"低价"进入市场；另一方面，因为项目产品有政府的协助力量，便在产品销售上有一些行政命令式的作风。比如，在陕西省调查时，某市农业局依据与企业的招商合作合同就给各县分配测土配方肥的销售任务，在 2014 年 B 县的任务是 3000 吨。在 B 县，测土配方肥的推广主要借助农业局体系下的科技示范村和科技示范户。据土肥站的工作人员介绍，全县共有 103 个科技示范村，每个村设有村级工作站，每村有 10 个科技示范户，测土配方肥就由这 10 户科技示范户先使用，起到示范带动作用。政府耗费大量资源实行测土配方肥项目，但受益最大的并不是农户，而是中标的企业。在实地调研中，农户对这个测土配方肥却颇有抱怨。一是对肥料质量的质疑，认为其效果并不明显，与普通化肥没有显著区别。二是对价格有质疑。政府为了吸引农户购买这种配方肥，特意给每家农户都发放了 20 元/张的代金券，然而事实却是原本应该按照市场定价120元/袋的配方肥，企业提高到140元/包，农户购买时抵扣20元代金券，优惠后仍然是市场价。名义上补给了农户，实际上则补给了生产配方肥的企业。这种以"项目"为主导的"农企合作"是为了解决农技推广工作中技物配套问题的尝试，已经运行了十来年了。但发展的结果是商业农资公司得到了好处，扩大了市场，可谓之公益性农技推广项目实践的意外之果——商业性农技力量的市场快速发展。

（二）资源平台的整合："农商合作"

目前在类似于测土配方肥项目主导的"农企合作"模式上改进新出了一种"升级版农商合作"，即县农业局的农技中心、地方银行和企业合作，搭建一个资源整合平台。例如，在B县的北环农资公司，作为一个资源整合平台，同时连接5类主体，即他们所说的5W模式。一是农业局的农技中心，他们提供技术指导，同时公司对接县农技部门的相关推广项目；二是邮政储蓄银行，它主要给农户提供贷款，贷款数额为2000—4000元/亩，每亩果园最多不超过1万元，贷款总额最多不超过5万元，用于农户进行农资购买。由北环公司下设在各乡村的工作站为购买北环公司农资的农民作担保，以农户的果园作抵押，贷款利息由北环农资支付；三是农资生产厂家，它们提供产品，由北环农资统一采购，保证产品质量；四是乡村工作站，这些站长由农技中心推荐，基本都是以前在老的农企合作模式下（即测土配方肥项目）工作的站长，站长基本上以村书记或主任为主；五是农户，愿意参与进来的农户，由北环农资统一提供银行卡，农户持银行卡到北环农资下设的乡村工作站刷卡购买农资。这种银行卡是充值卡，农户使用前必须先充值，而充值主要由北环农资协助农户从邮政储蓄银行贷款，北环农资公司会将贴息部分也一并打到农户卡里，利息通常为5—7个点。据北环农资的负责人介绍，这个"5W"模式目前正在陕西全省的9个县同时推行。

这种模式，是基于乡村大约70%的农户会通过农资店赊购农资，经营家里的果园，农资经销店主都需要通过银行贷款来缓解资金问题，贷款利息自然以农资代销点的高价农资转嫁到农民头上。北环农资是想缩短交易链、减少中间环节，从农资厂商直接提供给农民，同时借助政府项目和技术权威，扩大公司市场。这种模式的特点，一方面融合了政府的农技服务体系，增加技术保证；同时，也通过工作站的方式囊括了乡村熟人社会的信用体系，大大降低了公司的管理成本和自身风险。这种模式目前仍处于探索之中。

（三）原有基层公益性农技组织体系的嫁接与利用

在乡村强势崛起的商业性农技推广力量在各自的品牌推广过程中，一些大型企业不断地给农民做技术培训、讲座，借此推销各自的产品。其中，一个鲜明的特点就是企业在乡村寻找的代理人与原来公益性农技系统或供销社系统的工作人员重合。换言之，我们发现已经瘫痪或半瘫痪的公益性组织网络被大型企业嫁接，被整合进这类企业的产品销售、资本积累的体系中。

我们在实地调查中发现，从农资商业性公司的一级级的代理商到基层的经销商店主，大部分人以前都是本地的县乡农技部门或者供销系统下岗或者分流的工作人员。例如陕西 B 县的三农公司[①]（主要是销售有机化肥、农药等产品）领办的合作社，超过 60% 的合作社理事长都是当年在农技系统工作过的人员。公司在村里寻找的服务站点负责人大多数都与县农技中心系统下所配备的村级农技推广员重合。他们既是政府公益性技术体系推广的负责人，同时又是公司的代理人。

无论是农技体系还是供销社体系，这两个体系的共同点都是曾经有覆盖全县所有乡镇的站点，且在 20 世纪 80 年代后期以来，都因经费问题散落或处于半瘫痪状态。尽管原有体系处于半瘫痪状态，这两个体系所带动的农村熟人社会的关系网却一直存在。农技体系内部，从县级农技中心到各乡镇的农技站，原先有非常紧密的联系，即便后来体系瘫痪，这些工作人员因原来为农户提供过技术指导和服务，在农户中多少有些信誉。大型的农资厂商和农资经销公司在寻找乡村代理人时，最先联系的就是这两个体系中的多年从事农资经销的人，他们的社会关系资源被利用来打开农资产品的销售市场，可便捷地进入农户。

---

① 公司名称在此均已按照学术惯例进行了匿名化处理。

五 农技供给结构变化对农技推广市场的影响

自从国家公益性的农技推广组织体系瘫痪，农技力量逐步退出乡村，走向悬浮状态时，市场上的商业性农技推广力量顺势崛起，随着后续商业性农技推广力量的竞争与发展，乡村的农技推广市场出现了前所未有的繁荣景象，即技术培训和农资销售轮回宣讲，但总是绕不开农资销售这个主题。这种形式的繁荣背后未有相应水平的农技服务，同时也出现了新的市场秩序的混乱。

（一）技术培训的泛滥

笔者调研发现，农村有80%以上的农民接受过不同类型的技术指导，但多数人分不清自己接受的技术指导属于哪个单位组织的，分不清是政府组织的还是企业组织的。但有一点，他们基本能够判断的是政府组织的培训不卖化肥、农药，企业培训都是假培训，目的是卖化肥。这是老百姓唯一能够区分的标准。

一般村级组织应农技系统的要求组织培训，进行技术宣讲，都是号召大家集中到大队部或者村小学现场听课或者看视频，农技系统也都是请的农林类专家，有农业局系统的相关技术人员，甚至有大学的专家，现场讲解病虫害防治和土肥管理。但有的时候，政府公益性技术培训宣讲会刚刚结束，后面跟着就有企业来兜售化肥，这使得老百姓们分不清，摸不着头脑。不巧的是，很多农民会将企业的这种兜售农资的行为归责到政府头上，以为是政府组织的，又来骗人买化肥了。

据农民讲，这种靠兜售农资为目的的商业营销型农技培训在乡村盛行多年后，现在不断变换手法，赠送礼品吸引大家前去参观，但是去的人是越来越少了。因为大家都有或多或少的上当吃亏的经历。在我们调研中，B县3个乡镇的512份问卷统计中，约有92%的农户有过农资的上当或被骗经历。因为市场化肥品牌很多，杂乱无章，很多化肥、农药只有用了，过段时间才能从作物的长势来判断是否有效。这种效验的滞后性，使用方法以及自然变化的复杂性往往可以给企业以合理的理由规避责任。此外，培训地点很多是集体的公共场所（大队部或者小学），召集人往往是村干部，使得企业的商业兜售性质更具有迷惑性，更能够让大家误以为是公家（政府）办的培训。

商业性的农技力量组织的培训都是流于形式，并未有实质的技术含量，农民被这些繁杂的技术培训消磨了耐力和情感，同时也消解了政府公益性技术培训的权威。即使在农时节令时节，政府耗费大量资源组织专业化的公益性技术培训也很难调动农民的参与热情。

（二）假农资：市场上的人为天灾，熟人社会的情感兜底

兜售假农资，农民上当被骗在乡村是普遍的，但农民只能靠经验或者试错[①]的办法去市场挑选。其实遍布农村的农资经销店店主，也并没有充分的辨别化肥真假的能力，他们通常是销售多家品牌农资。在选择代销某个品牌时，更多考虑的是其盈利空间，而非其农资品质。在日常的生产中，农民购买农资的主要渠道仍然是代销店。农民与代销店主都属于亲朋邻居低头不见抬头见的熟人关系，有时候出现假化肥，或农药无效的问题使得农户出现大量损失时发生矛盾和纠纷，农民也只能内部化解。因此，假农资带来的市场经营风险完全由熟人社会的情感兜底。所以在农村调研时，会发现，假农资或者农民被骗上当的现象很普遍，但鲜有公司承担责任的，大多是假农资带来的私人矛盾在亲朋邻里之间依靠时间、持续的往来互动最终得以化解，并未演化为恶性的社会性事件。

由于农业技术属于公共物品，公共物品的特性使得市场无法提供最优的服务。只能由政府相关部门提供。所以，总的来说，公益性农技力量的供给弱化之后，看似多样化的繁荣的商业性农技供给资源并非给农民带来好处，农民只有被迫承担高价农资来获得些许低水平的农技指导和服务。此外，商业型农技力量的虚伪或欺骗行为由于农民辨识度的迟钝而使得公益性农技力量的信誉受损。

[①] 去市场同时购买几种化肥，先在一小块地上试用观察，然后再决定主要采用哪一个品牌的化肥。

六 结论与讨论

通过以上两种普遍渗透在乡村的农技推广力量的发展转变以及在实践中的运作机制的比较发现，政府组织的公益性推广量在乡村的有效推广功能虽然看似逐步弱化，但是公益性技术力量仍然是百姓信任的技术权威，拥有社会大众信任的社会基础。恰恰正因为公益性力量的缓慢退出或者转型，商业性力量顺势而为，嫁接在公益性农技推广力量的组织基础上，获取农资暴利。

这一变化的根本原因是政府对农技推广的公益性定位和相应投入不足，以及农技推广的技物配套分离逐步出现的。当前流行的"农企合作"的模式，核心是公司依托政府公益性的农技项目、农技推广体系，以及农技推广人才，用企业的管理方式和运行方式在做农技推广和农资配送。商业性农技推广力量利用二者的合作逐步丰富农村的社会化服务资源。然而，市场可获得性农技服务资源的便利是以其高价农资或者农民上当受骗的高额风险来承担的。公益性农技力量在农村的退出，转而走精英路线，与商业公司合作，其广告效应扩大了农资品牌市场和公司知名度的覆盖面，然而其负面效果是，商业性农技力量组织的农技培训都是流于形式，并未有实质的技术含量，农民被这些具有虚伪和欺骗性质的无用的技术培训消磨了耐力和情感，同时也消解了政府公益性技术培训的权威。因此，在未来的农技服务改革思路中，如何将农技服务的公益性力量与商业性力量进行有机结合，才能共同有效实现农业技术服务效率和质量效益的提升。

附录三

阳县苹果产业科技扶贫成效研究[*]

一 引言

从 1986 年我国开始科技扶贫工作开始，科技参与扶贫工作已经走过了近 30 个年头。在这个过程中，科技扶贫对于促进农民增收，产业发展和贫困地区经济发展做出了有目共睹的贡献，其积极意义也获得了社会各界的认可，科技扶贫是中国扶贫工作的重要构成，这方面的研究成果很多。[①②③④⑤] 但是不可否认的是科技扶贫在多年的实践过程中也面临着自身难以克服的困境，[⑥] 而针对此方面的研究则比较少见。在农村社会分化日益显著、农村人口流动不断加快和农村社会转型的背景下，科技扶贫的意外性负面效果也愈发突出。在集中连片贫困区的贫困治理格局中，

---

[*] 本部分内容由西北农林科技大学陕西省乡村治理与社会建设协同创新研究中心邢成举副教授撰写，曾以《科技扶贫、非均衡资源配置与贫困固化——基于对阳县苹果产业科技扶贫的调查》为题发表于《中国科技论坛》2017 年第 1 期。

① 刘冬梅、石践:《对我国农村科技扶贫组织形式转变的思考》，《中国科技论坛》2005 年第 1 期，第 115—119 页。

② 张峭、徐磊:《中国科技扶贫模式研究》，《中国软科学》2007 年第 2 期，第 82—86 页。

③ 薛庆林、王国旗、陈广义等:《新时期科技扶贫工作面临的挑战和对策》，《河北农业大学学报》(农林教育版) 2004 年第 2 期，第 10—11 页。

④ 褚琳、劲草:《科技扶贫是摆脱贫困的根本途径》，《科学·经济·社会》1999 年第 2 期，第 3—6 页。

⑤ 李云、张永亮、孙沁:《深入推进科技扶贫开发的战略思考》，《文史博览:理论》2011 年第 4 期，第 54—56 页。

⑥ 杨起全、刘冬梅、胡京华等:《新时期科技扶贫的战略选择》，《中国科技论坛》2007 年第 5 期，第 3—4 页。

在精准扶贫的国家战略中，科技扶贫仍然肩负着十分重要的责任，因而全面系统地认识科技扶贫的功能与不足就是显得十分必要。2015 年 8 月和 9 月，笔者针对关中阳县的苹果产业科技扶贫进行了 2 次实地调查，而调查促使我们对上述问题进行了更多的思考和分析。本文正是基于以上考虑而开展的学术讨论。

科技本身并没有明显的对受众群体的偏好性，但是当科技与政策、制度相结合的时候，科技就会对使用者产生选择效应，或者，我们也可以说，科技本身并不会选择使用者，但是科技的门槛效应和使用成本则会让受众群体在客观上形成两个部分，其中一部分能够支付科技及其配套工作的成本，而另一部分人则被排斥在了科技扶贫的受众范围以外。若我们的科技扶贫工作不能充分吸纳贫困人口的参与，而是依据市场原则而选取扶持对象的时候，科技扶贫就难以取得亲贫性的效果，在客观上也就难以帮助贫困人口脱贫致富。而这也是我们深入讨论科技扶贫工作的一个基本立足点或者说是假设。下面，本文将结合实地调查获得的资料，围绕以上的关切来展开具体的论述。

二 阳县科技扶贫：经验材料与实践后果

（一）经验材料

阳县位于陕西省西部，处于渭北旱塬沟壑区，全县共有人口 13 万，其中农业人口超过 11 万人；全县耕地面积 22 万亩，基本上都是传统粮食作物种植区。阳县为陕西省省定贫困县，其脱贫攻坚任务艰巨。统计数据显示，2014 年阳县贫困人口为 3.02 万，贫困人口 2014 年人均纯收入为 2630 元。对于阳县来说，让更多的贫困人口脱贫致富首先要解决的就是农民的增收问题，而传统以来以粮食为主的农业种植模式则很难完成脱贫任务。科技扶贫被当地视为是扶贫工作的根本动力，[①] 因而，从 2011 年阳县就确立了以苹果产业为核心和主导的产业扶贫和科技扶贫工程，目标是在 2017 年实现全县整体脱贫。这里，我们以阳县科技扶贫工作为

[①] 杨名刚：《科技·制度·共富：农村扶贫治理的三重维度——江泽民同志扶贫思想的现实启示》，《毛泽东思想研究》2012 年第 5 期，第 83—86 页。

例进行分析。

阳县针对苹果产业的科技扶贫工作正式开始于2012年，以西北农林科技大学阳县苹果试验示范站建立为标志。通过3年多的努力，阳县成为国家级的"现代矮砧苹果示范县"，由此也形成了现代果业发展的"阳县模式"，此后该县更是成为全国现代矮砧密植苹果种植的技术示范和传播中心。而此前该县的苹果种植只在部分村庄零星出现。阳县苹果产业科技扶贫的具体工作如下：

第一，充分依托高校科研力量。在阳县苹果产业的科技扶贫工作中，西北农林科技大学的科研力量发挥了巨大作用。在阳县苹果试验示范站成立之前，西北农林科技大学已经在多个领域建立了试验示范站，苹果是其中之一。在试验示范站老师的带动下，当地原有的农技推广部门的人员也通过不断地接受培训和学习，成为了掌握现代苹果种植和管理的专家。

第二，选择科技扶贫核心技术。在阳县的科技扶贫中，针对苹果产业，通过试验示范站专家及其与当地政府的不断讨论，他们确立了现代矮砧密植集约高效的苹果种植栽培技术。该技术具有大苗建园、立架栽培、水肥一体和机械务果等特点和优势。该栽培模式不仅省水省肥省力，而且能够有效提升果品质量与产量，使果树丰产期提早到3—4年。

第三，确立科学的科技扶贫生产组织模式。为了推进科技扶贫工作，阳县确立了"政府规划，企业带动，合作社引领和农民紧跟"的生产组织模式。不同的农业经营主体在苹果产业发展中扮演不同角色，其中农业企业是政府扶持的最优对象和产业引领者，而后则是扶持农民专业合作社发展苹果产业，最后是有选择和有重点地扶持农户发展现代苹果产业。

第四，建立科技扶贫的产业模式依托。具体来讲，这个产业模式是"企业引领，示范户带动和园区化发展"。也就是说，在苹果产业的发展中，地方政府赋予了农业企业引领产业发展的责任，为了进一步扩大苹果产业规模还确立了示范户带动机制，用园区化、工业化的思维来发展现代苹果产业。

(二)实践后果

如上文所述,科技扶贫工作让阳县在3年多的时间内获得了诸多荣誉,如"国家现代矮砧苹果示范基地""中国现代矮砧苹果苗木繁育中心"和"农业部国家现代苹果产业技术体系示范基地"等,其工作成效值得肯定。具体看,科技扶贫展现了如下方面的积极功能:

第一,科技扶贫回应了陕西省乃至全国果树更新换代的客观要求。据相关机构测算,未来10年,陕西省将有400万亩老果树需要更新换代,未来二十年全省的绝大多数果园需要更新换代。现代矮砧密集集约高效的栽培技术不仅创新了苹果的栽培模式,而且注重新品种的培育与引进。近3年,阳县科技扶贫工作陆续引进了十余个新品种,这些新品种不仅优化了陕西省的苹果品种结构,同时也为新品种果苗繁育打下了坚实基础。从更大的范围看,这也将有助于解决全国范围内的苹果更新换代问题。

第二,现代矮砧密植集约高效的苹果栽培技术将能有效解决农村劳动力不断外流背景下"谁来务果"的问题。在城乡二元结构和区域经济发展差异的影响下,全国范围内都出现了大量农村劳动力进城务工的社会现象。相关数据统计,2014年底,陕西省有农民工近500万人,如此大量的农村劳动力流动导致农业劳动力的锐减,农业劳动力出现了明显的中老年化。在农村劳动力大量减少和农业劳动力中老年化的背景下,传统果树种植已面临多方面的困境:在苹果种植的关键环节,劳动力难以保障,进而导致雇工价格上涨,果业成本增加;果树种植作为劳动密集型产业,其对劳动者的体力要求较高,规模扩张困难。调查中发现,尽管多数果树种植者都希望扩大果园种植面积,但因年龄问题,他们对扩大规模早已"有心无力"。矮化自根砧苗木的集约栽培模式具有省工省力、省肥省水和便于机械化操作等特性,能够有效减轻果农的劳动强度。

第三,现代矮砧密植集约高效的苹果栽培技术的大面积推广有助于保障粮食安全。矮化自根砧果树每亩的苹果产量是传统乔化果园的3—4倍,这意味着,要产出同样数量的苹果,矮化自根砧果园只需传统乔化果园1/4—1/3的土地面积。该技术通过对老果园的淘汰而让部分耕地退出苹果种植而再次种植粮食作物,从而避免出现果粮争地的情况。

以上，我们主要是分析和阐述了以矮砧密植为核心的科技扶贫工作所具有的积极和正面价值，但不可否认的是，在阳县的科技扶贫工作中也出现了消极和负面的后果。具体表现为：

1. 科技扶贫的最大受益者是企业

从2012年开始，阳县地方政府就开始通过招商引资的方式引入农业企业发展现代苹果产业。为了增强吸引力，企业流转土地的第一年租金由县财政补贴50%；通过陕西省果业局等单位，阳县为来本县发展现代果业的4家企业共争取到了超过1500万元的科技扶贫资金；通过地方政府的协助，苹果企业流转了县域内最优质的土地，这些土地平整连片且水源条件较好。公司流转了大量农户的土地，但只能提供有限的务工机会。扶贫效果的大小与政府对扶贫投入的多少成正比。① 但对非贫困主体的大量投入并不一定能带来减贫效果。

2. 科技扶贫偏好少数富裕农民的参与

从2012年开始，阳县就确定了农户参与现代果业发展的基本政策，即全县重点扶持家庭农场发展现代果业。按照规定，种植果树面积不低于10亩的农户才能获得政府补贴。按照这个标准，家庭自有土地难以达标，要满足规模要求就必须从其他农户流转土地。调研中我们发现南村只有2个农户符合家庭农场的要求。多数贫困农户则难以达标，其也就难以获得扶持项目的支持。参与是贫困者脱贫的基本前提，没有参与自然就难以脱贫。②

3. 贫困人口受科技扶贫的排斥

调研发现，当地的贫困户多具有疾病、劳动力弱、文化程度低和土地面积小等特征，而要参与科技扶贫就要建立家庭农场，而贫困户无法满足这个要求，这些也就影响了科技扶贫的效果。③ 首先，贫困户没有足

---

① 许佳贤、谢志忠、苏时鹏等：《科技扶贫过程中利益相关主体的博弈分析》，《中南林业科技大学学报》（社会科学版）2011年第4期，第68—70页。

② 李东鸿、赵惠燕、田芙晔：《社会性别敏感的参与式技术传播与科技扶贫探索——以陕西省淳化县孙家咀村为例》，《西北农林科技大学学报》（社会科学版）2006年第5期，第25—28页。

③ 甄若宏等：《农业科研单位科技扶贫模式研究》，《农学学报》2013年第11期，第65—69页。

够面积的土地,而如果流转,他们缺乏厚实的经济基础;其次,按照矮化密植集约高效的果园种植技术,每亩果园的一次性投资成本在2万元左右,这样的投资门槛是贫困者难以跨越的。因此,贫困群体难以与科技扶贫项目进行对接,[①] 这样的科技扶贫就在客观上排斥了贫困群众。

4. 科技扶贫将导致贫困固化

科技扶贫中贫困人口被排斥而富裕人口被接纳的这一情况是普遍存在的。对于贫困人口来说,来自财政和政策的扶持是其脱贫的重要机遇和资源,但是科技扶贫的高成本、高门槛,地方政府的规模偏好,加上贫困人口对农业科技的缓慢接受进度、富裕农户对科技的较高认同等,都会让贫困人口成为科技扶贫工作的边缘群体。贫困固化在空间分布和社会阶层两个层次上同时出现。[②] 在科技扶贫工作中,如果科技的应用成本无法下降到贫困人口可以接受的程度,且科技扶贫不能加大对贫困人口的支持,那么未来的贫困阶层分布就会更加稳固,贫困人口的社会流动也将越发艰难。贫困固化使得贫困人口缺失初始的竞争条件和平等的竞争机会,[③] 社会结构在固化贫困的结构,[④] 因而摆脱贫困的难度很大。

5. 科技扶贫导致扶贫资源的非均衡配置

所谓扶贫资源的非均衡配置主要是指,在科技扶贫中真正的贫困人口较难获得扶贫资源,而那些经济基础较好、受教育水平较高和科技观念较强的富裕农户成为科技扶贫的主要受益对象,新技术造成了对公共资源分配的不均。[⑤] 扶贫资源本应瞄准贫困人口,但在实践层面,农户的科技应用水平和投资能力则成为获得扶贫资源的核心依据。在高新农业技术的科技扶贫工作中,科技水平和经济能力成为分配扶贫资源的标准。

[①] 相萌萌:《我国高校农业科技成果促进农村扶贫开发的现状、问题和原因——基于中外比较分析的视角》,《聊城大学学报》(社会科学版)2010年第2期,第290—292页。

[②] 何思玮:《破除贫困固化现象的方法探讨》,《法制博览》2015年第10期,第295—296页。

[③] 王文龙:《社会资本、发展机会不均等与阶层固化》,《吉首大学学报》(社会科学版)2010年第4期,第75—79页。

[④] 冯晓平、夏玉珍:《社会结构对贫困风险的建构——以农村艾滋病患者的家庭贫困为例》,《学习与实践》2008年第4期,第132—135页。

[⑤] 于志刚:《防止新技术造成公共资源分配不公》,《光明日报》2014年3月26日,第005版。

这样的标准只能构建出对富裕农户、农业公司有利的扶贫资源配置结构，而贫困人口难以在这种结构内获得应有的利益。部分扶贫工作无效的深层次原因正是扶贫资源分配的非均衡性质，[①] 扶贫资源分配中的贫富差距与两类群体的现实差距惊人的一致。我们对技术给予了美好期待，但技术却带来充斥性不稳定和社会风险。[②] 这是需要我们充分关注的。

三　对科技扶贫的反思

科技扶贫之所以导致多重负面效果，是因为在科技扶贫内部及其与地方政策结合的过程中有着我们通常忽略的内在困境和矛盾，以人为中心的科技扶贫和可持续发展[③]没能得到落实。

（一）科技扶贫的"门槛效应"

对于多数的科技工作者以及农业技术推广人员来说，他们的关注点在技术本身，即被推广的技术是否能够增产，是否有利于提高收入，是否有助于产品品质的提高，是否有利于降低生产成本等，而他们较少关注技术与对象结合过程，或者说，他们常常忽视技术的社会后果。正如，在其他扶贫项目当中存在门槛效益一样，在科技扶贫项目当中也存在门槛效益，只不过这里的门槛效益或许更加隐蔽，其可能直接来自我们在扶贫工作中要推广应用的技术本身。[④] 矮化密植集约高效的苹果栽培技术先进实用，其本身也是技术进步和创新的表现，但是如果将如此高成本的技术作为科技扶贫的重要手段，这就会引发负面的效应。门槛效应会成为科技扶贫的一种筛选机制，即只有那些能够跨越技术应用和投资门槛的人才能够成为科技扶贫的对象，而无法跨越这道门槛的话，就难以

[①] 任兆昌：《物质、技术、教育与制度结构：对农村贫困问题的再思考》，《云南农业大学学报》（社会科学版）2013年第S1期，第40—46页。

[②] 叶敬忠、王为径：《规训农业：反思现代农业技术》，《中国农村观察》2013年第2期，第2—10页。

[③] 胡竹枝、李大胜：《农业技术项目的社会评价：一个新视角》，《科学管理研究》2010年第4期，第82—85页。

[④] 邢成举、李小云：《精英俘获与财政扶贫项目目标偏离的研究》，《中国行政管理》2013年第9期，第109—113页。

拥有科技扶贫的资格。

（二）科技扶贫中的"规模偏好"

科技扶贫引发的消极社会后果还与科技扶贫的"规模偏好"紧密相关。从科技工作者的角度看，小农对农业科技的认知是比较保守的，其知识结构和科技观念等都使得针对小农的科技推广和科技扶贫过程成本较高，收效缓慢。① 正如，在调查中，我们访谈西北农林科技大学阳县苹果试验示范站专家时，专家告诉我们的那样："给农民推广技术比较麻烦，还是向公司推广技术方便，他们有资金、有基础，对科技的认识还全面，也相信我们这些人。"科技扶贫的规模偏好不仅是因为不同主体的科技推广成本差异较大，同时也源于针对不同主体的科技扶贫和农技推广（扶贫工作）收益也会相差很大。② 针对农民的科技扶贫被视为一种公共服务，农技人员的这些工作被视为是其本职工作；而针对公司主体的农技推广，不仅能够让科技人员的成果尽快实现转化，同时也能够通过农技推广获得相应的报酬。例如，阳县试验示范站的专家就从其服务的农业企业那里获得了相应的报酬，每位专家每年的报酬约为6000元。

（三）科技扶贫的政策导向性

在科技扶贫工作中，科技只是扶贫工作的载体或是手段，其要发挥好的扶贫效果必须与相应政策相结合。③ 在科技扶贫工作中，科技本身并没有太多的能动空间，科技是否能够与贫困人口紧密结合，这要看相关政策的导向。在阳县关于科技扶贫的相关政策中，我们能看到的是，在苹果产业的生产模式中，企业发挥的是带动作用；在产业模式中企业发挥的是引领的作用，也就是说地方政府在苹果产业的扶贫工作中出现了显著的倾向，即重点扶持农业龙头企业，这就意味着科技扶贫也要按照政策的指挥棒来与企业进行优先的对接和结合；其次，我们看到，在相

---

① 邢成举：《村庄视角的扶贫项目目标偏离与"内卷化"分析》，《江汉学术》2015年第5期，第18—26页。
② 邢成举：《乡村扶贫资源分配中的精英俘获》，博士学位论文，中国农业大学，2014年。
③ 葛志军、邢成举：《精准扶贫：内涵、实践困境及其原因阐释——基于宁夏银川两个村庄的调查》，《贵州社会科学》2015年第5期，第157—163页。

关政策中,科技示范户在扶贫工作中也拥有一定的位置,他们成为科技扶贫的次优选择对象;而所谓的农户跟随发展在实践层面并没有得到充分落实,且贫困农户的现实情况也导致他们很难脱离政府的扶持而成为科技扶贫对象。要取得相对一致的扶贫成效,就需要有区分地使用科技扶贫手段,区分不同类型的扶持对象。① 扶贫工作具有显著的政治意义,科技扶贫也应该遵循政治制度,② 显示出社会主义的体制特色。当科技扶贫的相关政策不具备显著亲贫性时,科技扶贫或者说是科技本身就难以获得我们期望的效果。科技扶贫的消极后果不仅与科技本身的高成本相关,更与扶贫相关政策的导向性相关。

(四) 科技扶贫的间接效益性

科技,尤其是农业新型科技,其效果的发挥必须依托一定的产业基础,否则扶贫的社会技术容量就十分有限。③ 正如我们在文中讨论的现代矮砧密集集约高效苹果栽培技术一样,这种技术的应用必须有果园。阳县原有的果园种植面积非常小,广大贫困农户并没有种植果园,而已经拥有果园的农户并非扶贫意义上的贫困户。由此,我们看到,科技扶贫并不像其他扶贫那样,扶贫的内容和资源可以直接转化为贫困人口的资金、资源甚至财富,科技扶贫的扶贫效益具有间接性的特征,只有贫困户具备科技扶贫所需的应用基础和对象时,科技扶贫的供给者、受众和载体间才能形成长效合作机制时,贫困对象才能够从科技扶贫中获得相应的收益,科技才能够转化为贫困人口的经济收入和发展资源。④ 从这个意义上,我们认为,科技更多的是贫困人口脱贫致富的工具性途径和辅助性手段,脱离了科技应用的对象和载体,科技扶贫工作的推进就会捉襟见肘。因此,在科技扶贫中,我们不仅要关注贫困人口的科技认知、

---

① 邢成举、葛志军:《集中连片扶贫开发:宏观状况、理论基础与现实选择——基于中国农村贫困监测及相关成果的分析与思考》,《贵州社会科学》2013 年第 5 期,第 123—128 页。

② 张红、高天跃:《农业技术应用与乡村社会变迁——以陕西 YL 现代农业园区西村为例》,《农村经济》2012 年第 8 期,第 92—97 页。

③ 司汉武:《社会技术容量和技术创新能力——两个技术社会学的分析工具》,《社会科学家》2010 年第 6 期,第 117—120 页。

④ 赵慧峰、李彤、高峰:《科技扶贫的"岗底模式"研究》,《中国科技论坛》2012 年第 2 期,第 138—142 页。

科技应用能力，还要充分关注贫困人口是否具备使用科技的基础性条件和平台。

四 结语与讨论

科技作为一种生产力，其对经济发展和社会进步的积极意义毋庸置疑，而这也正是我们将科技扶贫作为我国开发式扶贫的重要构成部分的出发点。通过对阳县科技扶贫工作的分析，我们能够看到，在科技扶贫推动当地苹果产业发展和栽培技术更新的同时，不少的贫困人口并没能参与到科技扶贫的工作中来，没有参与就不可能从扶贫工作中受益，因此，这样的科技扶贫不利于贫困人口的脱贫，反而可能会加重贫富分化，导致贫困人口陷入结构性贫困陷阱。在科技扶贫中过分强调科技，就会出现文中所提及的那些结果，即扶贫资源的非均衡配置，贫困人口的结构固化等。这样的结果不利于扶贫工作的持续健康发展，也更加不利于贫困人口的脱贫致富。因此在科技扶贫工作中，这里提出两个针对性的改进意见，供大家参考：

（一）科技扶贫应突出技术的亲贫性

通过上文的内容，我们深刻地认识到：如果科技扶贫工作中科技应用成本过高的话，众多的贫困人口很难参与科技扶贫工作，更难以成为扶贫工作的受益者。因此，在科技扶贫工作中选择使用的技术最好具有亲贫性的特征，所谓的亲贫性是指该技术要便于贫困人口使用，能够为贫困人口使用带来积极功能。我们这里对技术亲贫性的期待主要是两个方面的内容，其一是亲贫的技术简单易学，对使用者的技术水平和知识水平要求不高；其二，亲贫的技术具有低廉的使用成本，或者说技术推广主体或是地方政府能够承担大部分的技术使用成本，从而化解贫困人口被排斥的困境。如此才可以避免贫困固化的问题，才不至于让贫困人口陷入结构性贫困困境而难以跨越。

（二）科技扶贫应舍弃对科技推广成果的过分关注

科技扶贫过程在本质上是一种科技推广的活动，科技要想发挥作用就必须与科技使用者结合。上文中的内容也提醒我们，在科技扶贫中出现了主体偏好和规模偏好的现象，这种现象与科技扶贫追求科技推广效果的导向密切相关，尤其是科技推广者从自身利益的角度去实施科技扶贫工作。如果我们的科技推广人员从追求科技推广短期效益的角度去开展科技扶贫工作，那么我们的科技扶贫一定会出现对非贫困对象的偏爱，因为这类主体更有利于科技成果的推广和转化，也更有利于实现科技工作者的利益。在科技扶贫工作中科技推广工作提供了公共产品，因此对科技推广效果、科技短期经济效益的过分追求都是应该被舍弃的。在以往科技扶贫工作中，我们没能做到上述的要求，因此出现了科技扶贫工作中非均衡地配置资源，贫困人口在资源配置中处于边缘地位，而相对富有的个人和组织则构成了扶贫资源配置的核心和最大受益者。

扶贫工作在本质上是一种资源分配和能力发展的工作，因此，科技扶贫工作需要做好科技资源的分配工作，同时还要做好科技应用能力的扶贫工作。多数贫困者因起点较低和基础薄弱而丧失了很多的成长机会和发展空间，我们的扶贫工作是要改善贫困人口的资本存量，要为贫困人口争取更多更大的成长机会和发展空间。因此，扶贫工作不能在过程中丧失其公共性、社会正义性和亲贫性特征，谨记这些原则和特征有助于我们在复杂的扶贫工作中收获更多、成效更大。